FILOTEIA

Dados Internacionais de Catalogação na Publicação (CIP)
(Câmara Brasileira do Livro, SP, Brasil)

Francisco, de Sales, Santo, 1567-1622.
 Filoteia, ou, Introdução à vida devota /
São Francisco de Sales : Bispo e príncipe de Genebra;
tradução de Frei João José P. de Castro. – Petrópolis,
RJ : Vozes, 2021.

 Título original: Introduction à la vie devote.

 5ª reimpressão, 2025.

 ISBN 978-65-5713-199-2

 1. Deus 2. Devoção 3. Francisco, de Sales, Santo,
Bispo de Genebra. 4. Igreja Católica – Bispos
I. Título. II. Título: Introdução à vida devota.
III. Série.

18-21434   CDD-248.4

Índices para catálogo sistemático:
1. Santos : Igreja Católica : Vida espiritual :
Cristianismo   248.4

Maria Alice Ferreira – Bibliotecária – CRB-8/7964

São Francisco de Sales
Bispo e príncipe de Genebra

FILOTEIA
OU INTRODUÇÃO
À VIDA DEVOTA

Tradução de
Frei João José P. de Castro, OFM

Petrópolis

Tradução do original em francês intitulado
Introduction à la vie devote

© desta tradução 1986, 2021,
Editora Vozes Ltda.
Rua Frei Luís, 100
25689-900 Petrópolis, RJ
www.vozes.com.br
Brasil

Todos os direitos reservados. Nenhuma parte desta obra poderá ser reproduzida ou transmitida por qualquer forma e/ou quaisquer meios (eletrônico ou mecânico, incluindo fotocópia e gravação) ou arquivada em qualquer sistema ou banco de dados sem permissão escrita da editora.

Reimprimatur
Por comissão especial do Exmo. e Revmo.
Sr. Dom Manoel Pedro da Cunha Cintra, bispo de Petrópolis,
Frei Desidério Kalverkamp, OFM.

Petrópolis, 30-06-1958.

CONSELHO EDITORIAL
Diretor
Volney J. Berkenbrock

Editores
Aline dos Santos Carneiro
Edrian Josué Pasini
Marilac Loraine Oleniki
Welder Lancieri Marchini

Conselheiros
Elói Dionísio Piva
Francisco Morás
Gilberto Gonçalves Garcia
Ludovico Garmus
Teobaldo Heidemann

Secretário executivo
Leonardo A.R.T. dos Santos

PRODUÇÃO EDITORIAL
Aline L.R. de Barros
Eric Parrot
Jailson Scota
Marcelo Telles
Mirela de Oliveira
Natália França
Otaviano M. Cunha
Priscilla A.F. Alves
Rafael de Oliveira
Samuel Rezende
Vanessa Luz
Verônica M. Guedes

Diagramação: Raquel Nascimento
Revisão gráfica: Alessandra Karl
Capa: WM design
Ilustração de capa: Lúcio Américo de Oliveira

ISBN 978-65-5713-199-2

Este livro foi composto e impresso pela Editora Vozes Ltda.

Sumário

São Francisco de Sales – Vida, 15

Obras, 18

Prefácio de São Francisco de Sales, 23

Oração dedicatória, 31

PARTE I
Avisos e exercícios necessários para conduzir uma alma, que começa a sentir os primeiros desejos da vida devota, até possuir uma vontade resoluta e sincera de abraçá-la

1. A natureza da devoção, 33

2. Propriedades e excelência da devoção, 38

3. A devoção é útil a todos os estados e circunstâncias da vida, 42

4. Necessidade de um diretor espiritual para entrar e progredir nos caminhos da devoção, 46

5. Necessidade de começar pela purificação da alma, 50

6. Antes de tudo é necessário que a alma se purifique dos pecados mortais, 54

7. Em seguida é necessário purificar a alma de toda a afeição ao pecado, 56

8. Como alcançar este grau de pureza, 59

9. Meditação sobre a criação do homem, 61

10. Meditação sobre o fim do homem, 65

11. Meditação sobre os benefícios de Deus, 69

12. Meditação sobre os pecados, 73

13. Meditação sobre a morte, 76

14. Meditação sobre o último juízo, 80

15. Meditação sobre o inferno, 83

16. Meditação sobre o paraíso, 86

17. Meditação sobre uma alma que delibera a escolha entre o céu e o inferno, 90

18. Meditação para deliberar entre a vida mundana e a vida devota, 93

19. Espírito necessário para fazer bem a confissão geral, 98

20. Protestação da alma a Deus para confirmar-se numa resolução inabalável de servir-lhe e para concluir os atos de penitência, 101

21. Conclusão de tudo o que fica dito sobre o primeiro grau de pureza da alma, 104

22. Necessidade de purificar a alma de todos os afetos ao pecado venial, 106

23. Necessidade de purificar a alma das coisas inúteis e perigosas, 110

24. Necessidade de purificar a alma mesmo das imperfeições naturais, 112

PARTE II
Diversos avisos para elevar a alma a Deus por meio da oração e da recepção dos sacramentos

1. A necessidade da oração, 115

2. Breve método de meditação. Primeiro ponto da preparação: pôr-se na presença de Deus, 120

3. Segundo ponto da preparação: a invocação, 125

4. Terceiro ponto da preparação: propor-se um mistério, 126

5. Segunda parte da meditação: as considerações, 128

6. Terceira parte da meditação: os afetos e as resoluções, 129

7. A conclusão e o ramalhete espiritual, 131

8. Avisos utilíssimos acerca da meditação, 132

9. A aridez espiritual na meditação, 136

10. A oração da manhã, 139

11. A oração da noite e o exame de consciência, 141

12. Do recolhimento, 143

13. As aspirações ou orações jaculatórias e os bons pensamentos, 148

14. A santa missa e como se deve ouvi-la, 157

15. Outros exercícios públicos e comuns de devoção, 161

16. Devemos honrar e invocar os santos, 163

17. Como se deve ouvir e ler a Palavra de Deus, 166

18. Como se devem receber as inspirações, 168

19. A santa confissão, 172

20. A comunhão frequente, 178

21. Como se deve comungar, 183

PARTE III
Avisos necessários para a prática das virtudes

1. A escolha das virtudes, 189

2. Continuação das reflexões necessárias sobre a escolha das virtudes, 197

3. A paciência, 204

4. A humildade nas ações exteriores, 211

5. A humildade interior é a mais perfeita, 216

6. A humildade nos faz amar a nossa própria abjeção, 225

7. Modo de conservar a reputação juntamente com o espírito de humildade, 231

8. A mansidão no trato com o próximo e os remédios contra a cólera, 238

9. A mansidão para conosco, 245

10. Deve-se tratar dos negócios com muito cuidado, mas sem inquietação nem ansiedade, 249

11. A obediência, 253

12. Necessidade da castidade, 257

13. Conselhos para conservar a castidade, 263

14. O espírito de pobreza unido à posse de riquezas, 266

15. Modo de praticar a pobreza real, permanecendo na posse das riquezas, 271

16. As riquezas de espírito no estado de pobreza, 278

17. A amizade em geral e suas espécies más, 281

18. As mais perigosas amizades, 284

19. As verdadeiras amizades, 291

20. Diferença das amizades vãs e verdadeiras, 296

21. Avisos e remédios contra as más amizades, 304

22. Outros avisos sobre as amizades, 306

23. Exercício de mortificação exterior, 310

24. A sociedade e a solidão, 319

25. A decência dos vestidos, 323

26. As conversas e, em primeiro lugar, como se há de falar de Deus, 327

27. Honestidade das palavras e respeito que se deve ao próximo, 329

28. Os juízos temerários, 332

29. A maledicência, 341

30. Alguns outros avisos acerca do falar, 350

31. Os divertimentos; em primeiro lugar os honestos e lícitos, 353

32. Os jogos proibidos, 356

33. Os bailes e outros divertimentos permitidos, mas perigosos, 358

34. Quando se pode jogar ou dançar, 362

35. A fidelidade devida a Deus tanto nas coisas pequenas como nas grandes, 363

36. Devemos ter um espírito justo e razoável, 368

37. Os desejos, 372

38. Avisos para os casados, 376

39. Da honestidade do leito conjugal, 388

40. Avisos para as viúvas, 395

41. Uma palavra sobre a virgindade, 404

PARTE IV
Avisos necessários contra as tentações mais comuns

1. Não se deve fazer caso do que dizem os mundanos, 407

2. É preciso dotar-nos de coragem, 411

3. Natureza das tentações; diferença entre o sentir e o consentir, 413

4. Dois belos exemplos sobre este assunto, 417

5. Consolação para uma alma que se acha tentada, 421

6. Como a tentação e a deleitação podem ser pecados, 423

7. Meios contra as grandes tentações, 426

8. É preciso resistir às pequenas tentações, 429

9. Meios contra as pequenas tentações, 431

10. Modo de fortificar o coração contra as tentações, 433

11. A inquietação, 435

12. A tristeza, 440

13. As consolações espirituais e sensíveis e como nos devemos portar nelas, 444

14. Securas e esterilidades espirituais, 455

15. Frisante exemplo para esclarecimento da matéria, 463

PARTE V
Avisos e exercícios necessários para renovar e conservar a alma na devoção

1. Necessidade de renovar todos os anos os bons propósitos, 471

2. Consideração da bondade de Deus em nos chamar ao seu serviço, segundo as protestações feitas na primeira parte, 473

3. Exame da alma sobre o seu adiantamento na vida devota, 477

4. Exame do estado da alma para com Deus, 479

5. Exame do estado da alma para consigo mesma, 482

6. Exame do estado da alma para com o próximo, 484

7. Exame sobre as paixões, 485

8. Afetos que se devem seguir a este exame, 487

9. Considerações próprias para renovar os bons propósitos, 488

10. Primeira consideração: a excelência de nossa alma, 488

11. Segunda consideração: excelência das virtudes, 490

12. Terceira consideração: o exemplo dos santos, 492

13. Quarta consideração: o amor de Jesus Cristo por nós, 493

14. Quinta consideração: o amor eterno de Deus por nós, 496

15. Afetos gerais sobre as considerações precedentes para concluir este exercício, 497

16. Sentimentos que se devem conservar depois deste exercício, 499

17. Resposta a duas objeções possíveis contra esta introdução, 500

18. Três avisos importantes para terminar esta introdução, 502

Índice alfabético, 507

I
São Francisco de Sales

Vida – São Francisco de Sales, que em sua atraente personalidade nos apresenta o mais fiel retrato da caridade cristã, nasceu aos 21 de agosto de 1567, oriundo de nobre família, no Castelo de Sales, na Saboia, hoje França. Até aos 17 anos o jovem Francisco passou a feliz adolescência sob os cuidados de seus pais, Francisco de Sales e Francisca de Sionas. Só então é que foi cursar as aulas do colégio de Annecy.

Dotado de inteligência viva, sentimento profundo e de grande força de vontade, entregou-se desde logo a estudos sérios, que se tornaram a ocupação constante de toda a sua vida. Em 1578 dirigiu-se a Paris, a fim de estudar retórica e filosofia, sob a direção dos padres da Companhia de Jesus, e em 1584 foi terminar os estudos na Universidade de Pádua, doutorando-se em teologia e direito.

Cultivando Francisco com tanto esmero e brilhantismo o espírito, não se descuidava, entretanto, de ornar a alma das mais belas virtudes. Mesmo no meio das múltiplas ciladas que lhe armara a sua estadia em Paris e em Pádua, o seu coração permaneceu puro e intacto, ligando-se até por um voto perpétuo de castidade, levado do grande amor de Deus que o inflamava.

Ao regressar ao lar paterno, esperavam seus pais que contraísse núpcias e encetasse uma carreira de honrarias e dignidades no mundo. Francisco, porém, já tinha decidido dedicar-se ao estado eclesiástico e viver unicamente para Deus, o único objeto de seu amor. Inquebrantável neste propósito, apesar de todas as contradições do pai e parentes, dominou todas as dificuldades, e aos 18 de dezembro de 1593 recebeu o sacerdócio das mãos do bispo de Genebra, Dom Cláudio Granier.

Entre os muitos trabalhos que assumiu em sua atividade de padre, merecem especial menção: a reconciliação dos habitantes de Chablas com a Igreja e a sua viagem a Paris, onde pregou os sermões quaresmais.

Falecendo o Bispo Dom Granier, todos os olhos se volveram para Francisco, como o seu mais digno sucessor; e o papa, que não ignorava as heroicas virtudes do zeloso sacerdote, não duvidou um instante em dar o consentimento.

Em 1602, depois de um retiro espiritual de 20 dias, Francisco foi sagrado bispo de Genebra, diocese essa que se tornou até à sua morte a arena de muitas lutas e trabalhos em prol das ovelhas do rebanho de Cristo.

À custa de muita abnegação tornava-se tudo para todos, a fim de ganhar a todos para Jesus Cristo. Uma caridade santa e sempre igual, que se manifestava principalmente para com os clérigos subalternos e para com os pobres e desamparados, uma humildade e uma simplicidade de coração inexcedíveis, uma mansidão e paciência inalteráveis em todas as vicissitudes da vida – eis aí os seus traços mais característicos. A Congregação das Visitandinas, fundada por ele juntamente com Santa Francisca de Chantal, sua filha espiritual, é um monumento perene de seu espírito belíssimo e de seu coração todo terno e compassivo.

A sua vida, tão cheia de trabalhos, foi relativamente curta. Aos 55 anos de idade já entregava a alma nas mãos do Criador, de seu Deus, único objeto de seu amor, aos 28 de dezembro de 1622. Canonizado em 1665, pelo Papa Alexandre VII, e Pio IX, em 1877, acedendo ao pedido de muitos bispos, elevou-o à dignidade de *Doutor da Igreja*. Em 1923 foi declarado por Pio XI Padroeiro da Boa Imprensa e dos jornalistas católicos.

Obras – No meio de suas múltiplas e importantíssimas ocupações, São Francisco de Sales achou, entretanto, tempo bastante para uma grande e preciosíssima atividade literária, exarando excelentes obras de ascética cristã, que primam principalmente pela suavidade, solidez, simplicidade e uma sublime elevação de espírito. Eis aqui as principais:

1) Filoteia, ou Introdução à vida devota.
2) Teotimo ou Tratado do Amor de Deus.
3) Controvérsias.
4) Sermões.
5) Instruções às Irmãs da Visitação.
6) Cartas (cerca de 2.000).

Para a apreciação dessas obras, limitamo-nos aqui a transcrever alguns textos de insignes autores que não acham palavras para encomiá-las condignamente:

"Os escritos de São Francisco de Sales – diz Fénelon – abundam de graça e de experiência".

"Nenhum outro santo – escreve o Padre Huguet – contribuiu tanto como São Francisco de Sales, com seus escritos imortais, para fazer amar e praticar a piedade em todas as classes da sociedade".

"Ninguém sabe como ele – acrescenta o Padre Alet (no livro *Divinas oportunidades do doutoramento de São Francisco de Sales*) – erguer uma alma prostrada, inerte, e animá-la, fortalecê-la, conduzi-la suavemente pelos caminhos fáceis da salvação e, em seguida, da perfeição. Sem esforço encontra o caminho do coração, descobre-lhe os horizontes eternos e faz resplandecer diante dele a beleza divina".

"São Bernardo – continua o mesmo autor – é o amor que transborda [...] São Boaventura é o seráfico abrasado nas chamas da caridade, espalhando-as com profusão comunicativa [...] Santo Afonso é a abelha infatigável, que durante sessenta anos recolhe sobre todas as flores da tradição cristã o suco dos seus piedosos opúsculos [...] São Francisco de Sales tem muito deste amor ardente, muitos destes arrebatamentos seráficos, muito dessa atividade industriosa; mas nos sobreleva principalmente pela beleza dos conceitos, pela regularidade dos planos, pela vastidão da doutrina e mais ainda pela admirável riqueza das observações, pelo caráter eminentemente prático dos ensinamentos, pelo encanto inimitável do estilo, que compensa todas as graças duma cândida simplicidade por todas as seduções da poesia e da eloquência".

"Nos escritos de São Francisco de Sales – são palavras do Padre Desjardin – admiramos a maravilhosa expressão da alma santa que se compraz nas belezas da natureza pelo atrativo que o impele para as belezas do céu; para ele toda criatura é um prisma, onde se refrange em mil cores o raio único da infinita caridade".

A essas apreciações e louvores poderíamos acrescentar inúmeros outros testemunhos de estima e veneração, quais foram os que nos legaram Fénelon, Bossuet, o Cardeal Duperron, Olier, o célebre historiador M. Sayons, o Papa Alexandre VII, Mons. de Ségur. Mas para que citá-los? Abra-se este livro da *Introdução à vida devota*, folheie-se o *Tratado do Amor de Deus*, tomem-se à mão as suas *Cartas*. Outro testemunho mais eloquente do alto valor dos escritos de São Francisco de Sales não existe do que essas mesmas páginas, tão cheias de salutares ensinamentos e de uma celeste unção.

O tradutor

Prefácio de
São Francisco de Sales

Peço-te, caro leitor, que leias este prefácio, tanto para a tua como para a minha satisfação.

Uma mulher por nome Glicéria sabia distribuir as flores e formar um ramalhete com tanta habilidade que todos os seus ramalhetes pareciam diferentes uns dos outros. Conta-se que o célebre pintor Pausias, tendo procurado imitar com o seu pincel tamanha variedade, não o pôde conseguir e declarou-se vencido. De modo semelhante o Espírito Santo dispõe e arranja com uma admirável variedade as lições de virtude que nos dá pela boca e pela pena de seus servos. É sempre a mesma doutrina, apresentada de mil modos diferentes. Na presente obra outro fim não temos em mira senão repetir o que já tantas vezes se tem dito e escrito sobre esta matéria. São as mesmas flores, benévolo leitor, que te venho ofertar aqui; a única diferença que há é que o ramalhete está disposto diversamente.

A maior parte dos autores que trataram sobre a devoção dirigiram-se exclusivamente a pessoas retiradas do mundo ou ao menos se esforçaram por lhes ensinar o caminho deste retiro. O meu intento, porém, é ser útil àqueles que se veem obrigados a viver no meio do mundo e que não podem levar uma vida diversa da dos outros. Acontece muitas vezes que estas pessoas, sob o pretexto de uma impossibilidade pretensa, nem sequer pensam em aspirar à devoção. Imaginam que, assim como animal algum ousa tocar naquela erva chamada *Palma Christi*, do mesmo modo pessoa alguma que vive no meio de negócios temporais pode fomentar pretensões à palma da piedade cristã. Mas vou mostrar-lhes que muito se enganam e que a graça é em suas operações ainda muito mais fecunda que a natureza. As madrepérolas são banhadas pelas águas do mar, e contudo não são penetradas por elas; perto das Ilhas de Celidônia existem fontes de água doce no meio do mar; os piranetas voam por entre as chamas sem se queimar; as almas generosas vivem no mundo sem impregnar-se do seu espírito, acham a doce fonte da devoção no meio das águas amargas das corrupções mundanas sem queimar as asas de santos desejos de uma vida virtuosa.

Não ignoro as dificuldades do grande trabalho que empreendo e bem desejara que outros mais doutos e santos o tomassem a si; todavia, apesar da minha impotência, farei o que possível for de minha parte para auxiliar esses corações generosos que aspiram à devoção.

Não era meu desejo nem minha intenção publicar esta obra; uma alma de esmerada virtude, tendo recebido de Deus, há tempo, a graça de aspirar à vida devota, pediu-me que lhe ajudasse a conseguir este desígnio. Muito devia eu a essa pessoa, que aliás eu julgava plenamente disposta para esse árduo trabalho. Considerei, pois, como um dever, instruí-la, o melhor possível, deixando-lhe uma direção por escrito, que lhe poderia ser útil no futuro. Aconteceu que essa obra caiu nas mãos de um santo e sábio religioso que, tendo em vista o proveito que muitas almas daí poderiam haurir, me aconselhou publicá-la. De bom grado anuí ao seu conselho, porque esse santo homem tinha grande influência e autoridade sobre mim.

A fim de aumentar um pouco a utilidade desta obra, eu a revi e pus em ordem, acrescentando diversos avisos e conselhos, conforme me permitia o pouco tempo de que disponho. Ninguém procure aqui uma obra exarada com esmero. É apenas uma série de avisos que julgo necessários e a que procurei dar uma forma clara e precisa. Quanto aos ornamentos de estilo, nem sequer pensei neles; tenho mais que fazer.

Dirijo minhas palavras a Filoteia, porque Filoteia significa uma alma que ama a Deus e é para essas almas que escrevo.

Toda a obra se divide em cinco partes: na primeira esforço-me, por meio de alguns avisos e exercícios, a converter o simples desejo de Filoteia numa resolução decidida, tomada depois da confissão geral, por uma protestação firme e seguida da sagrada comunhão. Esta comunhão, em que ela se entrega inteiramente ao Divino Salvador, enquanto o Salvador se dá a ela, fá-la entrar auspiciosamente no amor divino.

Para a levar adiante, mostro-lhe dois grandes meios de se unir mais e mais com a Majestade divina: o uso dos sacramentos, pelos quais Deus vem a nós, e a oração, pela qual nós vamos a Deus. Nisto consiste a matéria da segunda parte. A terceira contém a prática de diversas virtudes que muito contribuem para o adiantamento espiritual; limito-me, porém, a certos avisos particulares que não se podem achar de si mesmos ou raramente se encontram nos autores. Na quarta parte faço ver a Filoteia os embustes do inimigo e lhe mostro como livrar-se deles e vencê-los. Por fim, na quinta parte, eu levo a alma à solidão, para que aí se refrigere um pouco, tome alento e recupere as forças, de modo que possa caminhar em seguida, com mais ardor, nas veredas da vida devota.

Nosso século é extremamente bizarro e já estou vendo dizerem-me que uma obra semelhante devia ser escrita por um religioso ou ao menos por alguém que professe a vida devota e não por um bispo encarregado de uma diocese tão difícil como a minha, a qual requer para si toda a atenção do prelado.

Mas, caríssimo leitor, posso responder, com São Dionísio, que são exatamente os bispos que antes de todos estão incumbidos de encaminhar as almas para a perfeição. Eles ocupam o primeiro lugar entre os homens, como os serafins entre os anjos, e o seu tempo não pode ser empregado de uma forma melhor.

Os antigos bispos e padres da Igreja, que não se ocuparam menos de suas funções do que nós, encarregaram-se, entretanto, da direção de certas almas, que recorriam aos seus avisos e à sua prudência. É o que se vê por suas cartas e faziam-no a exemplo dos apóstolos, que, por mais sobrecarregados que estivessem com a evangelização do mundo, acharam tempo para escrever as suas epístolas, cheias dum amor e afeto extraordinários para com as diversas almas, suas filhas espirituais.

Quem não sabe que Timóteo, Tito, Filêmon, Onésimo, Santa Tecla, Ápia eram filhos espirituais muito caros ao grande São Paulo, como São Marcos e Santa Petronilha o eram a São Pedro? E ponho neste número a Santa Petronilha porque, como sabiamente provam Barônio e Galônio, não foi filha carnal, mas espiritual de São Pedro. E São João não escreveu uma das suas epístolas canônicas à devota senhora Electa?

É penoso, confesso-o abertamente, conduzir as almas em particular, mas esse trabalho não deixa de ter as suas consolações. Os ceifadores nunca estão tão satisfeitos como quando têm muito que ceifar. É um trabalho que alivia e fortifica o coração. Diz-se que, se a fêmea do tigre acha um de seus filhotes que o caçador abandona no meio do caminho para caçar outros, imediatamente o carrega, por mais pesado que seja, e, ajudada pelo amor de mãe, corre ainda mais depressa do que de costume. Como, pois, um coração paterno não tomará a si uma alma que anseia por sua própria perfeição, carregando-a como uma mãe a seu filho, sinta embora o seu peso?

Sem dúvida, esse coração deve ser verdadeiramente paterno; razão pela qual os apóstolos e os homens apostólicos chamavam os seus discípulos de filhos e até de filhinhos.

De mais, caro leitor, é verdade que escrevo sobre a vida devota, sem que possua eu mesmo a devoção, mas não sem que tenha um grande desejo de a ter; e é este desejo que me anima. Um douto dizia: Um bom modo de aprender é estudar; um melhor é escutar, mas o melhor de todos é ensinar. Acontece muitas vezes, diz Santo Agostinho à piedosa Florentina, que, dando, adquire-se um título para receber e que, ensinando, obrigamo-nos a aprender.

Diz-se que os pintores se apegam não só aos quadros que pintam, mas também às coisas que querem desenhar. Mandou Alexandre ao insuperável Apeles que lhe pintasse a formosa Campaspe, sua amada. Apeles, tendo que fixar demoradamente Campaspe para ir copiando suas feições na tela, acabou gravando-a também no coração. Apaixonou-se tanto por ela que Alexandre bondosamente lha deu em casamento, privando-se, por amor dele, da mulher que mais amou na terra. E nisso, diz Plínio, revelou a grandeza de seu coração, tanto quanto poderia manifestá-la numa das suas maiores vitórias. Meu caro leitor, penso que, sendo eu bispo, Nosso Senhor quer que eu desenhe nos corações não só as virtudes comuns, como também a devoção que lhe é tão cara; e eu o faço de bom grado, cumprindo o meu dever e esperando que, gravando-a no espírito dos outros, o meu também receberá alguma coisa. E a Divina Majestade, vendo que me apego vivamente à devoção, se dignará de infundi-la em meu coração. A bela e casta Rebeca, dando de beber aos camelos de Isaac, tornou-se sua esposa e recebeu dele os brincos e pulseiras de ouro. Espero, pois, também, da imensa bondade de meu Deus, que conduzindo as suas caras ovelhas às águas salutares da devoção, ele escolherá minha alma para sua esposa, pondo em meus ouvidos as palavras de ouro de seu amor e em meus braços a força de praticá-las. Nisto consiste, pois, a essência da devoção verdadeira, que suplico à Majestade divina de conceder a mim e a todos os membros da Igreja, à qual quero submeter para sempre meus escritos, minhas ações, minhas palavras, minha vontade e meus pensamentos.

Annecy, no dia de Santa Maria Madalena, 1609.

Oração Dedicatória

"Ó doce Jesus, meu Senhor, meu Salvador e meu Deus, aqui me tendes prostrado diante de Vossa Majestade, para oferecer e consagrar este escrito à vossa glória. Vivificai com vossa bênção as palavras que contém, a fim de que as almas, para quem as escrevi, possam delas retirar as inspirações sagradas que lhes desejo e particularmente a de implorar em meu favor a vossa imensa misericórdia. Não se dê o caso de que, mostrando aos outros o caminho da piedade neste mundo, venha eu a ser eternamente reprovado e confundido no outro. Antes pelo contrário, em companhia deles quero vir a cantar por todo o sempre, como hino de triunfo, a expressão que de todo o coração, em testemunho de fidelidade, no meio dos perigos e vicissitudes desta vida mortal: VIVA JESUS! VIVA JESUS! Sim, Senhor Jesus, vivei e reinai em nossos corações pelos séculos dos séculos. Assim seja."

PARTE I

Avisos e exercícios necessários para conduzir uma alma, que começa a sentir os primeiros desejos da vida devota, até possuir uma vontade resoluta e sincera de abraçá-la

Capítulo 1
A natureza da devoção

Aspiras à devoção, Filoteia, porque a fé te ensina ser esta uma virtude sumamente agradável à Majestade divina. Mas, como os pequenos erros em que se cai ao iniciar uma empresa vão crescendo à medida que se progride e ao fim já se avultam de um modo quase irremediável, torna-se absolutamente necessário que, antes de tudo, procures saber o que seja a devoção.

Existe, pois, uma só devoção verdadeira e existem muitas que são vãs e falsas. É mister que saibas discernir uma das outras, para que não te deixes enganar e não te dês a exercícios de uma devoção tola e supersticiosa.

Um pintor por nome Aurélio, ao debuxar seus painéis, costumava desenhar neles aquelas mulheres a quem consagrava estima e apreço. É este um emblema de como cada um se afigura e traça a devoção, empregando as cores que lhe sugerem as suas paixões e inclinações. Quem é dado ao jejum tem-se na conta de um homem devoto, quando é assíduo em jejuar, embora fomente em seu coração um ódio oculto; e, ao passo que não ousa umedecer a língua com umas gotas de vinho ou mesmo com um pouco de água, receoso de não observar a virtude da temperança, não se faz escrúpulos de sorver em largos haustos tudo o que lhe insinuam a murmuração e a calúnia, insaciável do sangue do próximo. Uma mulher que recita diariamente um acervo de orações se considerará devota, por causa destes exercícios, ainda que, fora deles, tanto em casa como alhures, desmande a língua em palavras coléricas, arrogantes e injuriosas. Este alarga os cordões da bolsa pela sua consideração com os pobres, mas cerra o coração ao amor do próximo, a quem não quer perdoar. Aquele perdoa ao inimigo, mas satisfazer as dívidas é o que não faz sem ser obrigado à força. Todas estas pessoas têm-se por muito devotas e são talvez tidas no mundo por tais, conquanto realmente de modo algum o sejam.

Indo os soldados de Saul à casa de Davi, para prendê-lo, entreteve-os em conversa Micol, sua esposa, para ocultar-lhes a sua fuga; mandou meter num leito uma estátua coberta com as roupas de Davi e com a cabeça envolta em pelos. Feito isso, disse aos soldados que o esposo estava enfermo e que presentemente estava dormindo. É esse o erro de muitos que aparentam um exterior muito devoto e são tidos por homens realmente espirituais, mas que, na verdade, não passam de uns fantasmas de devoção.

A verdadeira devoção, Filoteia, pressupõe o amor de Deus, ou, melhor, ela mesma é o mais perfeito amor a Deus. Esse amor chama-se graça, porque adereça a nossa alma e a torna bela aos olhos de Deus. Se nos dá força e vigor para praticar o bem, assume o nome de caridade. E, se nos faz praticar o bem frequente, pronta e cuidadosamente, chama-se devoção e atinge então ao maior grau de perfeição. Vou esclarecê-lo com uma explicação tão simples quão natural.

Os avestruzes têm asas, mas nunca se elevam acima da terra. As galinhas voam, mas têm um voo pesado e o levantam raras vezes e a pouca altura. O voo das águias, das pombas, das andorinhas é veloz e alto e quase contínuo. De modo semelhante, os pecadores são homens terrenos e vão se arrastando de contínuo à flor da terra. Os justos, que são ainda imperfeitos, elevam-se para o céu pelas obras, mas fazem-no lenta e raramente, com uma espécie de peso no coração.

São só as almas possuidoras de uma devoção sólida que, à semelhança das águias e das pombas, exalçam-se a Deus por um voo vivo, sublime e, por assim dizer, incansável. Numa palavra, a devoção não é nada mais do que uma agilidade e viveza espiritual, da qual ou a caridade opera em nós, ou nós mesmos, levados pela caridade, operamos todo o bem de que somos capazes.

A caridade nos faz observar todos os mandamentos de Deus sem exceção, e a devoção faz com que os observemos com toda a diligência e fervor possíveis. Todo aquele, portanto, que não cumpre os mandamentos de Deus não é justo e, muito menos, devoto; para se ser justo é necessário que se tenha caridade e, para se ser devoto, é necessário ainda por cima que se pratique com um fervor vivo e pronto todo o bem que se pode.

E como a devoção consiste essencialmente num amor acendrado, ela nos impele e incita não somente a observar os mandamentos da Lei de Deus, pronta, ativa e diligentemente, mas também a praticar as boas obras, que são apenas conselhos ou inspirações particulares. Um homem ainda convalescente de uma enfermidade anda com um passo lento e só por necessidade: assim um pecador recém-convertido vai caminhando na senda da salvação devagar e arfando, só mesmo pela necessidade de obedecer aos mandamentos de Deus, até que se manifeste nele o espírito da piedade. Então, sim; como um homem sadio e robusto, caminha, não só com alegria, como também enereda corajosamente pelos caminhos que parecem intransitáveis aos outros homens, para onde quer que a voz de Deus o chame, já pelos conselhos evangélicos, já pelas inspirações da graça. Por fim a caridade e a devoção não diferem mais entre si do que o fogo da chama; a caridade é o fogo espiritual da alma, o qual, quando se levanta em labaredas, tem o nome de devoção, de sorte que a devoção nada acrescenta, por assim dizer, ao fogo da caridade além dessa chama, pela qual a caridade se mostra pronta, ativa e diligente na observância dos mandamentos de Deus e na prática dos conselhos e inspirações celestes.

Capítulo 2
Propriedades e excelência
da devoção

Aqueles que desanimavam os israelitas da empresa de conquistar a terra prometida, diziam-lhes que esta terra consumia os habitantes, isto é, que os ares eram tão insalubres que aí não se podia viver, e que os naturais da terra eram homens bárbaros e monstruosos a ponto de comer os seus semelhantes, como gafanhotos. Deste modo, Filoteia, o mundo anda a difamar diariamente a santa devoção, espalhando por toda parte que ela torna os espíritos melancólicos e os caracteres insuportáveis e que, para persuadir-se, é bastante contemplar o semblante enfadonho, triste e pesaroso das pessoas devotas. Mas, como Josué e Caleb, que tinham ido explorar a terra prometida, asseguravam que eram, muito ao contrário, paragens deliciosas e encantadoras por sua fertilidade e beleza, assim também todos os santos, animados do Espírito Santo e da palavra de Jesus Cristo, asseveram que a vida devota é suave, aprazível e ditosa.

Vê o mundo que as pessoas devotas jejuam, rezam, sofrem com paciência as injúrias que lhes fazem, cuidam dos enfermos, dão esmolas, guardam longas vigílias, reprimem os ímpetos da cólera, detêm a violência de suas paixões, renunciam aos prazeres sensuais e fazem tantas outras coisas que são de si custosas e contrárias à nossa natureza, mas o mundo não vê a devoção interior, que torna tudo agradável, doce e fácil. Presta atenção às abelhas no lomilho: o sumo que aí encontram é muito amargo, mas, ao chuparem-no, as abelhas o convertem em mel. Confessamos à puridade, almas mundanas, que no começo muitas amarguras encontram as pessoas devotas nos exercícios de mortificação e penitência, mas com o tempo e a prática essas amarguras se vão mudando em suavidades e delícias.

Os mártires, no meio das chamas e amarrados às rodas, pensam estar deitados num leito de flores, perfumado deliciosamente. Ora, se a devoção pôde suavizar por sua doçura os maiores tormentos e a mesma morte, que não fará ela na prática das virtudes, por mais dificultosas e ásperas que sejam! Não se poderá dizer que a devoção é para esses atos de virtude o que o açúcar é para as frutas que ainda estão verdes, suavizando-lhes o sabor, e, se já estão maduras, tirando-lhes o resto que ainda possa sobrar de amargo? Na verdade, a devoção sazona todas as coisas com uma afabilidade extrema; atenua o amargor das mortificações; preserva o pesar dos pobres; consola os oprimidos; humilha o orgulho na prosperidade; soleva o enjoo da solidão; torna recolhidos os que andam a lidar com o mundo; é para nossas almas o que o fogo é no inverno e o orvalho no verão; faz-nos moderados na abundância e pacientes no sofrimento e pobreza; tira proveito tanto das honras como dos desprezos; enfrenta com a mesma disposição o prazer e a dor, e inunda nossa alma de uma admirável suavidade.

Contempla a escada de Jacó, a qual é uma verdadeira imagem da vida devota. Os dois lados da escada representam, um a oração que suplica o amor de Deus, e o outro a recepção dos sacramentos que o conferem. Os degraus são os diversos graus de caridade, pelos quais se sobe de virtude em virtude, ora abaixando-se até a servir o próximo e suportar-lhe as fraquezas, ora guindando o espírito, pela contemplação, até à união caritológica com Deus.

Considera como esses anjos resplandecentes, revestidos de um corpo humano, sobem e descem pela escada, lembrando-nos os verdadeiros devotos, que possuem um espírito evangélico. Parecem jovens e com isso estão indicando o vigor e a atividade espiritual da devoção. Suas asas representam o voo e o enlevo da alma para Deus, por meio da oração; e, como eles têm também pés, parece que nos estão inculcando o nosso dever, aqui na Terra, de viver com os outros homens em santa harmonia e sociedade. A beleza e o júbilo que transparecem em seus semblantes nos ensinam com que tranquilidade devemos encarar os incidentes da vida; sua cabeça, suas mãos e pés descobertos dão-nos a refletir que nenhum outro motivo devemos ter em nossas intenções e ações além do de agradar a Deus. O resto do corpo trazem-no coberto de uma gaze finíssima, dando-nos a entender que, na necessidade de nos servirmos do mundo e das coisas mundanas, devemos tomar somente o que é de todo imprescindível.

Crê-me, Filoteia, que a devoção é a rainha das virtudes, sendo a perfeição da caridade como a nata para o leite, a flor para a planta, o brilho para a pedra preciosa, o perfume para o bálsamo. Sim, a devoção exala por toda parte um odor de suavidade que conforta o espírito dos homens e alegra os anjos.

Capítulo 3
A devoção é útil a todos os estados e circunstâncias da vida

O Senhor, criando o universo, ordenou às árvores que produzissem frutos, cada uma segundo a sua espécie; e ordenou do mesmo modo a todos os fiéis, que são as plantas vivas de sua Igreja, que fizessem dignos frutos de piedade, cada um segundo o seu estado e vocação. Diversas são as regras que devem seguir as pessoas da sociedade, os operários e os plebeus, a mulher casada, a solteira e a viúva. A prática da devoção tem que atender à nossa saúde, às nossas ocupações e deveres particulares. Na verdade, Filoteia, seria porventura louvável se um bispo fosse viver tão solitário como um cartuxo? Se pessoas casadas pensassem tão pouco em ajuntar para si um pecúlio, como os capuchinhos? Se um operário frequentasse tanto a igreja como um religioso o coro? Se um religioso se entregasse tanto a obras de caridade como um bispo? Não seria ridícula uma tal devoção, extravagante e insuportável? Entretanto, é o que se nota muitas vezes, e o mundo, que não distingue nem quer distinguir a devoção verdadeira da imprudência daqueles que a praticam desse modo excêntrico, censura e vitupera a devoção, sem nenhuma razão justa e real.

Não, Filoteia, a verdadeira devoção nada destrói; ao contrário, tudo aperfeiçoa. Por isso, caso uma devoção impeça os legítimos deveres da vocação, isso mesmo denota que não é uma devoção verdadeira. A abelha, diz Aristóteles, tira o mel das flores, sem as murchar, e as deixa intactas e frescas como as achou; a devoção verdadeira ainda faz mais, porque não só em nada estorva o cumprimento dos deveres dos diversos estados e ocupações da vida, mas também os torna mais meritosos e lhes confere o mais lindo ornamento. Diz-se que, lançando-se uma pedra preciosa no mel, esta se torna mais brilhante e viçosa, sem perder a sua cor natural; assim, na família em que reina a devoção, tudo melhora e se torna mais agradável; diminuem os cuidados pelo sustento da família, o amor conjugal é mais sincero, mais fiel o serviço do Príncipe, e mais suaves e eficazes os negócios e ocupações.

É um erro e até uma heresia querer expulsar a devoção da corte dos príncipes, dos exércitos, da tenda do operário e da vivenda das pessoas casadas. É verdade, Filoteia, que a devoção meramente contemplativa, monástica ou religiosa, não se pode exercer nesses estados; mas existem muitas outras devoções adequadas a aperfeiçoar os que as seguem.

Já no Antigo Testamento deparam-se-nos insignes exemplos da vida devota no lar doméstico; assim, Abraão, Isaac, Jacó, Davi, Jó, Tobias, Sara, Rebeca, Judite e, na nossa era, São José, Lídia e São Crispim levaram uma vida devota nos seus trabalhos manuais, Santa Ana, Santa Marta, Santa Mônica, Áquila e Prisca, nos trabalhos da casa, o centurião Cornélio, São Sebastião e São Maurício, no exército, o grande Constantino, Santa Helena, São Luís, Santo Amadeu e Santo Eduardo, em seus tronos. Aconteceu, de fato, que muitos perderam a perfeição nas solidões que são tão propícias à santidade e houve muitos também que a conservaram no meio do bulício do mundo, por mais prejudicial que lhe fosse.

"Ló – diz São Gregório – não guardou na solidão aquela castidade admirável que tinha conservado no meio de uma cidade corrompida."

Enfim, onde quer que estivermos, podemos e devemos aspirar continuamente à perfeição.

Capítulo 4
Necessidade de um diretor espiritual para entrar e progredir nos caminhos da devoção

Querendo Tobias mandar o filho a uma terra longínqua e estranha, disse-lhe: *Vai em busca de algum homem que te seja fiel, que vá contigo*. É o que te digo também a ti, Filoteia; se tens uma vontade sincera de entrar nas veredas da devoção, procura um guia sábio e prático que te conduza. Esta é a advertência mais necessária e importante.

Em tudo o que fazemos – diz o devoto Ávila – só temos certeza de estar fazendo a vontade de Deus, enquanto não nos apartamos daquela obediência submissa, que os santos tanto encomendaram e praticaram tão fielmente.

Ouvindo Santa Teresa da austeridade e penitências de Catarina de Cardona, concebeu grande desejo de imitá-la e foi tentada a não seguir o seu confessor, que lho proibia.

Entretanto, como se submetesse, Nosso Senhor lhe disse: "Minha filha, o caminho que segues é bom e seguro; tu estimavas muito essas penitências, mas eu estimo mais ainda tua obediência". Desde então ela devotou-se tanto a esta virtude que, além da obediência devida a seus superiores, ela se ligou, por um voto especial, a seguir a direção de um homem prudente e de bem, o que sempre a edificou e consolou muito. De modo semelhante, já antes e depois dela, muitas almas santas, que queriam viver inteiramente sob a dependência de Deus, submeteram a sua própria vontade à de um de seus ministros. É essa a sujeição humilde que Santa Catarina de Sena tanto encomia em seus diálogos. Foi também a prática da santa Princesa Isabel, que prestava uma obediência perfeita à direção do sábio Conrado. Nem outro foi o conselho que, ao morrer, deu a São Luís, seu filho.

"Confessa-te a miúdo e escolhe um confessor insigne por sua ciência e sabedoria, o qual te ajude com suas luzes em tudo o que for necessário para a tua direção espiritual."

O amigo fiel é uma forte proteção – diz a Sagrada Escritura – *Quem o achou achou um tesouro. O amigo fiel é um medicamento de vida e de imortalidade, e os que temem o Senhor acharão um tal amigo.*

Trata-se aqui principalmente da imortalidade da vida futura; e, se a quisermos alcançar, convém ter um amigo fiel ao nosso lado, que dirija as nossas ações com uma mão segura, através das ciladas e embustes do inimigo. Ele será para nós um tesouro de sabedoria para evitar o mal e praticar o bem de uma maneira mais perfeita; ele nos dará conforto para aliviar-nos em nossas quedas e nos dará o remédio mais necessário para a cura perfeita de nossas enfermidades espirituais.

Mas quem achará um tal amigo? Diz o sábio que é *aquele que teme a Deus*, isto é, o homem humilde que anseia com ardor o seu adiantamento espiritual. Se é, pois, tão importante, Filoteia, ter um guia experimentado nos caminhos da devoção, pede com todo o fervor a Deus que te mande um segundo o seu coração e não duvides nem um instante que Ele te enviará um diretor sábio e fiel, ainda que fosse um anjo do céu, como ao jovem Tobias.

De fato, esse amigo deve ser um anjo para ti, isto é, uma vez que o tenhas obtido de Deus, já não o deves considerar como um simples homem. Não deposites a tua confiança nele senão com respeito a Deus, que, por seu ministério, te quer guiar e instruir, suscitando no seu coração e nos seus lábios os sentimentos e as palavras necessárias para a tua direção. Por isso deves ouvi-lo como a um anjo que vem do céu para te dirigir. Ajunta a esta confiança uma sinceridade a toda prova, tratando-o franca e abertamente e deixando-lhe ver em tua alma todo o bem e o mal que aí se encontram: o bem será mais certo e o mal menos profundo; a tua alma será mais forte nas adversidades e mais moderada nas consolações. Um religioso respeito também deves ajuntar à confiança, de tal forma que o respeito não diminua a confiança, nem a confiança o respeito. Confia nele como uma filha em seu pai e respeita-o como um filho sua mãe. Numa palavra: esta amizade, que deve unir a força com a doçura, tem que ser toda espiritual, toda santa, toda sagrada, toda divina.

"Escolhe, pois, um entre mil – diz Ávila" – e eu te digo: escolhe um entre dez mil, porque se acham muito menos do que se cuida, que sejam capazes deste ofício. Deve ser cheio de caridade, ciência e prudência; se faltar uma destas três qualidades, a escolha será arriscada. Repito-te ainda uma vez: suplica a Deus um diretor e, quando o achares, agradece à Divina Majestade; persevera então em tua escolha, sem ir procurar outros; caminha para Deus com toda a simplicidade, humildade e confiança e tua viagem será certamente feliz.

Capítulo 5
Necessidade de começar pela purificação da alma

Apareceram as flores em nossa terra – diz o Esposo sagrado –, *chegou o tempo da poda*. Que flores são estas, para nós, ó Filoteia, senão os bons desejos? Logo que eles despertam em nossos corações, é preciso envidar todo o esforço para purificá-los de todas as obras mortais e supérfluas. Prescrevia a lei de Moisés que a donzela, noiva de um israelita, tirasse o vestido do seu cativeiro, cortasse os cabelos e aparasse as unhas. Serve isto de lição à alma que aspira à honra de ser esposa de Jesus Cristo, a qual se deve despojar do homem velho e se revestir do novo, deixando o pecado e em seguida ir cortando com os demais impedimentos acessórios que podem ser um empecilho para o amor.

A cura da alma, assim como a do corpo, só se consegue começando por combater os maus humores corrompidos, e é o que chamo purificar o coração. Num instante operou-se isto em São Paulo e o mesmo lê-se nas vidas de Santa Madalena, Santa Pelágia, Santa Catarina de Sena e de alguns outros santos e santas. Mas uma transformação tão repentina é na ordem da graça um milagre tão grande como na ordem da natureza a ressurreição de um morto, e por isso não a devemos pretender. A cura da alma, Filoteia, assemelha-se à do corpo; é vagarosa, vai progredindo gradualmente, aos poucos, com muito custo e intervalos; mas neste seu passo lento ela é tanto mais segura. Creio que não te é desconhecido o antigo provérbio – que as doenças vêm a cavalo e a galope e se vão a pé e muito devagar; outro tanto podes dizer das enfermidades espirituais.

É, pois, necessário, Filoteia, que te armes de muita paciência e coragem. Ah! que pena me fazem aquelas pessoas que, por se verem cheias de imperfeições, depois de alguns meses de devoção, começam a inquietar-se e perturbar-se, já quase a sucumbir à tentação de deixar tudo e tornar atrás.

Mas um outro extremo, igualmente perigoso, é o de certas almas que, deixando-se seduzir por uma tentação contrária, desde os primeiros dias se têm na conta de livres de suas inclinações más, que já pensam ser perfeitas antes de fazer algum progresso e que, arrojando-se a voar sem asas, elevam-se ao que há de mais sublime na devoção.

Ó Filoteia, muito de temer é uma recaída de quem se subtrai tão cedo das mãos do médico! Deveriam considerar os anjos da escada de Jacó, os quais, tendo asas, subiam, no entanto, de degrau em degrau. Diz o profeta: *Em vão vos levantais antes de amanhecer.*

A alma que surge do pecado para uma vida devota pode-se comparar ao despontar do dia, que não dissipa as trevas num instante, mas pouco a pouco, quase imperceptivelmente.

Ninguém seguiu ainda tão bem o conselho de purificar o coração, como aquele santo penitente que, embora já fosse lavado de suas iniquidades, pedia sempre de novo a Deus, durante a sua vida, que o lavasse sempre mais desses pecados. Por isso não nos devemos perturbar à vista de nossas imperfeições, porque a luta contra elas não pode nem deve acabar antes de nossa morte. A nossa perfeição consiste em combatê-las; mas não as podemos combater e vencer sem que as sintamos e conheçamos; a própria vitória que esperamos conseguir sobre elas de modo algum consiste em não as sentir, mas exclusivamente em não consentir nelas.

Demais, sentir as suas impressões não é dar o próprio consentimento. Neste combate espiritual convém muitas vezes que, para o exercício da humildade, suportemo-lhes os ataques molestos; entretanto, só seremos vencidos se perdermos a vida ou a coragem. Ora, as imperfeições e faltas veniais não nos podem tirar a vida espiritual da graça, de que só o pecado mortal nos priva; portanto, o que temos que temer aí é a perda da coragem; mas digamos, com Davi, a Nosso Senhor: *Salvai-me, Senhor, da pusilanimidade e do desânimo.*

É, pois, sumamente consoladora e feliz a nossa condição nesta milícia espiritual: poderemos vencer sempre, uma vez que queiramos combater.

Capítulo 6
Antes de tudo é necessário que a alma se purifique dos pecados mortais

Libertar-se do pecado deve ser o primeiro cuidado de quem quer purificar o coração, e o meio de fazê-lo se depara no Sacramento da Penitência. Procura o confessor mais digno que possas achar; toma um desses livrinhos próprios para ajudar a consciência no exame que se deve efetuar sobre a vida passada, como os de Granada, Bruno, Árias, Auger; lê-os com atenção, notando, ponto por ponto, tudo em que ofendeste a Deus desde o uso da razão e, se não confias em tua memória, assenta por escrito o que notaste. Depois do exame, detesta e abomina os pecados cometidos, pela contrição mais viva e perfeita que podes suscitar em ti, considerando estes motivos valiosíssimos: *que pelo pecado perdeste a graça de Deus, abandonaste os teus direitos sobre o céu, mereceste as penas eternas do inferno e renunci*aste a todo o amor de Deus.

Já vês, Filoteia, que te estou falando da confissão geral de toda a vida; mas digo francamente, ao mesmo tempo, que não a julgo sempre de uma necessidade absoluta; contudo, considerando a sua utilidade e proveito para o começo, aconselho-ta encarecidamente. Acontece não raras vezes que as confissões ordinárias de pessoas que levam uma vida negligente e comum são defeituosas e malfeitas; não se preparam nada ou quase nada; não têm a contrição devida; confessam-se com uma vontade secreta de continuar a pecar, ou porque não querem evitar as ocasiões do pecado ou porque não querem envidar todos os meios necessários para a emendação da vida; e nesses casos uma confissão geral torna-se necessária para assegurar a salvação. Além disso, a confissão geral nos dá um conhecimento mais perfeito de nós mesmos; nos enche duma salutar confusão em vista de nossos pecados; livra o espírito de muitas inquietações; tranquiliza a consciência, excita-nos a bons propósitos; faz-nos admirar a misericórdia de Deus, que nos tem esperado com tanta paciência e longanimidade; abre o fundo de nossa alma aos olhos do nosso pai espiritual, de sorte que este nos possa dar avisos mais salutares; facilita-nos a confessar futuramente os pecados com mais confiança.

Tratando-se, pois, Filoteia, de uma renovação completa de tua vida e de uma conversão perfeita de tua alma a Deus, não é sem razão, a meu ver, que te aconselho fazeres uma confissão geral.

Capítulo 7
Em seguida é necessário purificar a alma de toda a afeição ao pecado

Todos os israelitas saíram do Egito, mas muitos deixaram lá o seu coração preso; por isso é que no deserto se lhes despertaram desejos das cebolas e viandas do Egito. Assim também há muitos penitentes que efetivamente saem do pecado, porém não lhe perdem o afeto; quero dizer: eles se propõem não recair no pecado, mas com uma certa relutância e pesar de abster-se de seus deleites. O coração os denuncia e afasta de si, mas sempre tende novamente para eles, à semelhança da mulher de Ló, que virou a cabeça para Sodoma. Privam-se do pecado, como os doentes dos melões; é verdade que não os comem com medo da morte, de que o médico os ameaçara; mas aborrecem-se da dieta, falam dela com aversão e não sabem o que fazer; ao menos, querem cheirá-los muitas vezes e têm por ditosos os que os podem comer. Eis aí um retrato fiel dos penitentes fracos e tíbios. Passam algum tempo sem pecado, mas com pesar; muito estimariam poder pecar se não fossem condenados por isso; falam do pecado com um certo gosto que o vão prazer lhes proporciona e pensam sempre que os outros se satisfazem e deleitam cometendo-o. Renuncia alguém na confissão ao propósito de vingar-se, mas daí a pouco vê-lo-ás numa roda de amigos, conversando de bom grado sobre o motivo de suas queixas; diz que sem o temor de Deus faria isso ou aquilo; que a lei divina, quanto a esse ponto de perdoar os inimigos, é muito difícil de observar; que prouvesse a Deus que fosse permitida a vingança! Ah! quão enredado está o coração deste mísero homem pela afeição ainda que livre do pecado, e quanto se assemelha aos israelitas de que falei acima. É isso exatamente o que devemos dizer também daquelas pessoas que, detestando seus amores pecaminosos, conservam ainda um resto de prazer em familiaridades vãs e em demonstrações demasiado vivas de acatamento e amizade. Oh! que perigo imenso está correndo a salvação destes penitentes!

Portanto, Filoteia, uma vez que aspiras sinceramente à devoção, não só deves deixar o pecado, mas é também necessário que teu coração se purifique de todos os afetos que lhe foram as causas e são presentemente as consequências; pois, além de constituírem um contínuo perigo de recaídas, enfraqueceriam a tua alma e te abateriam o espírito – duas coisas que, como deixei dito – são irreconciliáveis com a vida devota. Essas almas, que, tendo deixado o pecado, são tão tíbias e vagarosas no serviço de Deus, assemelham-se a pessoas que têm uma cor pálida: não é que estão verdadeiramente doentes, mas bem se pode dizer que seu aspecto, seus gestos e todas as suas ações estão doentes. Comem sem apetite, riem sem alegria, dormem sem repouso e mais se arrastam do que andam. Deste modo aquelas almas, em seus exercícios espirituais, que nem são numerosos nem de grande mérito, praticam o bem com tanto dissabor e constrangimento que perdem o brilho e graça que o fervor dá às obras de piedade.

Capítulo 8
Como alcançar este grau de pureza

Para isso é necessário formar uma ideia viva e a mais perfeita possível do mal imenso que traz o pecado, a fim de que o coração se compunja e desperte em si uma contrição veemente e profunda. Uma contrição, por mais tênue que seja, mas verdadeira, é bastante para alijar da alma o pecado, máxime se for unida à virtude dos sacramentos; mas, se é penetrante e veemente, então pode purificar o coração também de todas as más inclinações que provêm do pecado. Considera os seguintes exemplos: Se odiamos alguém pouco profundamente, aborrecemo-nos simplesmente de sua presença e o evitamos; mas, se o nosso ódio é violento e de morte, não nos limitamos a esta repugnância interior e a esta fugida: o rancor que lhe guardamos estende-se também às pessoas de sua casa, a seus parentes e amigos, cuja convivência nos é insuportável. O seu retrato mesmo nos fere os olhos e o coração, e tudo o que lhe diz respeito nos desagrada. Assim, o penitente que odeia de leve os seus pecados e tem uma contrição fraca, se bem que verdadeira, fácil e sinceramente se determina e propõe a não os cometer de novo; mas, se seu ódio é vivo e profunda a sua dor, não só detesta o pecado, mas abomina também os hábitos maus e tudo aquilo que o pode atrair e servir-lhe de ocasião de pecar. É, pois, necessário, Filoteia, que dês à dor de teus pecados a maior intensidade e extensão de que fores capaz, para que abranjas até as mínimas circunstâncias do pecado. Foi assim que Madalena, desde o primeiro instante de sua conversão, perdeu todo o gosto aos prazeres, a ponto de não os conservar sequer no pensamento, e Davi protestava *que odiava o pecado e os caminhos e veredas do pecado*. É nisso que consiste a renovação da alma, que o mesmo profeta comparava ao remontar da águia.

Mas, para persuadires-te vivamente da ruindade do pecado e concebres-lhe uma dor verdadeira, cumpre aplicares-te a fazer bem as meditações seguintes, cujo exercício destruirá, com a graça de Deus, em teu coração, todo o pecado até às raízes. Com este intento eu as escrevi para ti, segundo o método que me pareceu melhor. Faze-as uma por uma, conforme a ordem que seguem; toma apenas uma em cada dia e, se for possível, eu te aconselho que seja de manhã, porque este é o tempo mais próprio para estes exercícios de espírito; depois pensa durante o dia, contigo mesmo, sobre aquilo de que ainda te lembras e, se ainda não tens prática em meditar, lê, para ta tornar mais fácil, a segunda parte deste livro.

Capítulo 9
Meditação sobre a criação do homem

Preparação

1. Põe-te na presença de Deus.
2. Pede a Deus que te inspire.

Consideração

1. Considera que se passaram tantos e tantos anos antes que viesses ao mundo, sendo teu ser um puro nada. Onde estávamos nós, minha alma, durante este tempo? O mundo

já existia desde uma longa série de séculos e nada havia de tudo aquilo que nós somos.

2. Pensa que Deus te tirou do nada para te fazer o que és, sem que tu lhe fosses necessária, mas unicamente por sua bondade.

3. Forma uma ideia elevada do ser que Deus te deu, porque é o primeiro e o mais perfeito de todos os seres deste mundo visível, criado para uma vida e felicidade eternas e capaz de unir-se perfeitamente à Majestade divina.

Afetos e resoluções

1. *Humilha-te* profundamente diante de Deus, dizendo com o salmista: *Oh! minha alma, sabe que o Senhor é teu Deus e que foi Ele que te fez e não tu que te fizeste a ti mesma. Ó Deus, sou uma obra de vossas mãos. Ó Senhor, toda a minha substância é um puro nada diante de Vós; e quem sou eu, para que me queiras fazer este bem?* – Ah! minha alma, tu estavas mergulhada no abismo do nada e aí estarias ainda se Deus não te tivesse tirado.

2. *Agradece a Deus*. Ó meu Criador, vós, cuja beleza iguala à grandeza infinita, quanto vos devo, porque me tendes feito por vossa

misericórdia tudo isso que eu sou. Que farei eu para bendizer condignamente o vosso santo nome e para agradecer a vossa infinita bondade?

3. *Confunde-te.* Mas, ah! meu Criador, em vez de me unir convosco pelo amor e por meus serviços, minhas paixões revoltaram meu coração contra Vós, separaram e afastaram minha alma de Vós e ela entregou-se ao pecado e devotou-se à injustiça. Respeitei e amei tão pouco a vossa bondade, como se não tivésseis sido meu Criador.

Eis aqui, pois, as boas resoluções que vossa graça me faz tomar! Renuncio a estas vãs complacências que, desde há tanto, têm ocupado o meu espírito e o meu coração unicamente comigo mesmo, que sou nada. *De que te glorificas, pó e cinza!* ou melhor, que tens em ti, verdadeiro e miserável nada, em que te possas comprazer? Quero humilhar-me, e por isso farei isto ou aquilo, sofrerei este ou aquele desprezo; quero absolutamente mudar de vida; seguirei dora em diante o movimento desta inclinação que meu Criador me deu para Ele; honrarei em mim esta qualidade de criatura de Deus e como tal me considerarei unicamente; consagrarei todo o ser que recebi dele à obediência que lhe devo, com todos os meios que tenho e sobre os quais pedirei conselhos a meu pai espiritual.

Conclusão

1. *Agradece a Deus. Bendizei, ó minha alma, ao Senhor e todas as coisas que há dentro de mim bendigam o seu santo nome!*
2. *Oferece-te a Deus.* Ó meu Deus, eu vos ofereço o meu ser, que Vós me destes com todo o meu coração; eu vo-lo consagro.
3. *Ora humildemente a Deus.* Ó meu Deus, eu vos suplico que me conserveis, pelo vosso poder, nestas resoluções e sentimentos, ó Virgem Santíssima, eu vos peço que as recomendeis ao vosso Filho divino, com todos aqueles por quem tenho obrigação de rezar. *Pai-nosso, Ave-Maria.*

Depois da meditação, colhe daí o assim chamado fruto, isto é, uma verdade qualquer que te produziu maior impressão e comoveu mais o teu coração; durante o dia recorda-te dela de vez em quando, para te conservares nas boas resoluções. É o que costumo chamar de *ramalhete espiritual*. Comparo esta prática ao costume daquelas pessoas que tomam consigo pela manhã um ramalhete de flores e o cheira muitas vezes durante o dia, para em seu suave odor deleitar e fortificar o coração.

Este aviso que te dou aqui servirá também para as meditações seguintes.

Capítulo 10
Meditação sobre o fim do homem

Preparação

1. Põe-te na presença de Deus.
2. Pede a Deus que te inspire.

Consideração

1. Não foi por nenhum motivo de interesse que Deus nos criou, pois nós lhe somos absolutamente inúteis; foi unicamente para nos fazer bem, facultando-nos, com sua graça, participar de sua glória; e foi por isso, Filoteia,

que ele te deu tudo o que tens: o entendimento, para o conheceres e adorares; a memória, para te lembrares dele; a vontade, para o amares; a imaginação, para te representares os seus benefícios; os olhos, para admirares as suas obras; a língua, para o louvares, e assim as demais potências e faculdades.

2. Sendo esta a intenção que Deus teve, em te criando, com certeza deves abominar e evitar todas as ações que são contrárias a este fim; e quanto àquelas que não te conduzem a Ele, tu as deves desprezar, como vãs e supérfluas.

3. Considera quão grande é a infelicidade do mundo, que nunca pensa nestas coisas; a infelicidade, digo, dos homens que vivem por aí, como se estivessem persuadidos de que seu fim neste mundo é edificar casas, construir jardins deliciosos, acumular riquezas sobre riquezas e ocupar-se de divertimentos frívolos.

Afetos e resoluções

1. *Confunde-te* considerando a miséria de tua alma e o esquecimento destas verdades. Ah! de que se tem ocupado o meu espírito, ó meu Deus, quando não pensei em Vós? De

que me lembrava, quando vos esqueci? Que amava eu, quando vos não amava? Ah! eu me devia alimentar da verdade e fui saturar-me na vaidade. Como escravo que eu era do mundo, eu o servia, a esse mundo, que foi feito para me servir e me ensinar a vos conhecer e amar.

2. *Detesta a vida passada.* Eu vos renuncio e aborreço, máximas falsas, vãos pensamentos, reflexões inúteis, recordações detestáveis. Eu vos abomino, amizades infiéis e criminosas, vãos apegos ao mundo, serviços perdidos, miseráveis afabilidades, generosidade falsa que, para servir aos homens, me levastes a uma imensa ingratidão para com Deus; eu vos detesto de toda a minha alma.

3. *Volta-te para Deus.* E Vós, ó meu Deus, ó meu Salvador, vós sereis dora em diante o único objeto de meus pensamentos; não darei atenção a nada que vos possa desagradar; minha memória se encherá todos os dias da grandeza e doçura de vossa bondade para comigo; Vós sereis as delícias de meu coração e toda a suavidade de meu interior.

Sim, assim seja; tais e tais divertimentos com que me entretinha, estes e aqueles exercícios vãos que ocuparam meu tempo, estas e aquelas afeições que prendiam meu coração, tudo isso será um objeto de horror para mim; e, para conservar-me nestas disposições, empregarei tais e tais meios.

Conclusão

1. *Agradece a Deus*. Eu vos dou graças, ó meu Deus, porque me destinastes para um fim tão sublime e útil, qual é o de vos amar nesta vida e gozar eternamente na outra da intensidade de vossa glória. Como serei digno dele? Como vos bendirei quanto mereceis?

2. *Oferece-te a Deus*. Eu vos ofereço, ó meu amabilíssimo Criador, todos estes propósitos e afetos com todo o meu coração e com toda a minha alma.

3. *Ora humildemente a Deus*. Eu vos suplico, ó meu Deus, que vos agradeis de meus desejos e votos, de dar à minha alma a vossa santa bênção, para que sejam levados a efeito, pelos merecimentos de vosso Filho, que por mim derramou todo o seu sangue na cruz. *Pai-nosso, Ave-Maria.*

Capítulo 11
Meditação sobre os benefícios de Deus

Preparação

1. Põe-te na presença de Deus.
2. Pede a Deus que te inspire.

Consideração

1. Considera, com respeito ao corpo, todos os dotes que tens recebido do Criador; este corpo, de uma conformação tão perfeita, esta saúde, estas comodidades tão necessárias à manutenção da vida, estes prazeres se ligam naturalmente ao teu estado, esta cooperação e assistência de teus inferiores, esta companhia suave e agradável de teus amigos. Compara-te então com outras pessoas que talvez mereçam mais do que tu e que no entanto não as possuem; pois quantas pessoas têm uma figura ridícula, um corpo disforme, uma saúde débil! Quantos não estão a gemer, abandonados de seus amigos e parentes, no desprezo, no opróbrio, em enfermidades longas ou nas an-

gústias da pobreza. Deus assim quis uma sorte para ti e outra para eles.

2. Considera tudo aquilo que se pode chamar dotes do espírito. Pensa quantos homens idiotas, insensatos, furiosos, existem, e quantos educados grosseiramente e na mais completa ignorância; por que não és tu deste número? Não foi Deus quem velou duma maneira toda especial por ti, para te dar um natural feliz e uma boa educação?

3. Considera ainda mais, Filoteia, as graças sobrenaturais, o teu nascimento no seio da Igreja, o conhecimento tão perfeito que tens tido de Deus desde a tua infância, a recepção dos sacramentos tão frequente e salutar. Quantas inspirações da graça, quantas luzes interiores, quantas repreensões de tua consciência, por causa de tua vida desregrada! Quantas vezes Deus te tem perdoado os pecados e velado sobre ti, para livrar-te das ocasiões, onde estavas prestes a perder eternamente a tua alma! Todos estes anos de vida que Deus te concedeu não te deram tempo bastante para progredir no aperfeiçoamento de tua alma? Examina estas graças minuciosamente e contempla quão bom

e misericordioso Deus tem sido sempre para contigo.

Afetos e resoluções

1. *Admira a bondade de Deus.* Oh! quão bom tem sido o meu Deus para mim! Oh! Ele é bom deveras! Ó Senhor, rico sois Vós em misericórdia e imenso em bondade! Oh! minha alma, com júbilo anuncia quantas maravilhas o teu Deus tem operado em ti!

2. *Arrepende-te de tua ingratidão.* Mas quem sou eu, Senhor, para que vos lembreis assim de mim? Oh! grande é a minha indignidade! Ah! calquei aos pés as vossas graças, abusando delas, afrontei a vossa bondade, desprezando-a, opus um abismo de ingratidão ao abismo de vossa misericórdia.

3. *Excita em ti um reconhecimento profundo.* Ó meu coração, já não sejas um infiel, um ingrato, um rebelde para um benfeitor tão grande! E como não será minha alma dora em diante sujeita a meu Deus, que operou em mim e por mim tantas maravilhas e graças?

Ah! Filoteia, começas, pois, a negar a teu corpo estes e aqueles prazeres, para acostumá-

-lo a levar o jugo do serviço de Deus; e em seguida aplica teu espírito a conhecê-lo mais e mais por meio de tais e tais exercícios conducentes a este fim. Emprega afinal os meios de salvação que Deus te oferece por sua santa Igreja. – Sim, eu o farei; exercitar-me-ei na oração, frequentarei os sacramentos, ouvirei a Palavra de Deus, obedecerei, à sua voz, seguindo à risca os conselhos do Evangelho e as suas inspirações.

Conclusão

1. Agradece a Deus, que te fez conhecer tão claramente as suas graças e os teus deveres.

2. Oferece-lhe o teu coração com todas as tuas resoluções.

3. Pede-lhe que te conserve nestes propósitos, dando-te a fidelidade necessária; pede-lhe isso pelos merecimentos da morte de Jesus Cristo; implora a intercessão da Santíssima Virgem e dos santos. *Pai-nosso, Ave-Maria.*

Capítulo 12
Meditação sobre os pecados

Preparação

1. Põe-te na presença de Deus.
2. Pede a Deus que te inspire.

Consideração

1. Vai em espírito àquele tempo em que começaste a pecar; pondera quanto tens aumentado e multiplicado os teus pecados de dia a dia, contra Deus e contra o próximo, por tuas obras, por tuas palavras, por teus pensamentos e por teus desejos.

2. Considera tuas más inclinações e com que paixão tu as seguiste; com estas duas considerações, verás que teus pecados sobrepujam o número de teus cabelos e mesmo as areias do mar.

3. Presta atenção especialmente à tua ingratidão para com Deus, pois este é um pecado geral que se acha em todos os outros e lhes aumenta infinitamente a enormidade. Conta,

se podes, todos os benefícios de Deus, dos quais a maldade de teu coração se serviu para desonrá-lo; todas as inspirações desprezadas, todas as moções da graça inutilizadas e todos os diferentes abusos dos sacramentos. Onde estão, pelo menos, os frutos que Deus esperava daí? Que é feito das riquezas com que o teu divino Esposo exornou a tua alma? Tudo foi deturpado por tuas iniquidades. Pensa que tua ingratidão foi a ponto de fugires da presença de Deus, para te perderes, enquanto Ele te seguia, passo por passo, para te salvar.

Afetos e resoluções

1. *Sirva aqui a tua miséria para confundir-te.* Ó meu Deus, como ouso apresentar-me diante de Vós? Oh! eu me acho num deplorável estado de corrupção, impureza, ingratidão e iniquidade. É possível que eu tenha levado a minha insensatez e ingratidão a ponto de já não haver um de meus sentidos que não esteja deturpado por minhas iniquidades, nenhuma das potências de minha alma que não esteja profanada e corrompida por meus pecados, e que não se tenha passado um só dia de minha vida que não fosse cheio de obras más?

É este o fruto dos benefícios de meu Criador e o preço do sangue de meu Redentor?

2. *Pede perdão de teus pecados e lança-te aos pés do Senhor, como o filho pródigo aos pés de seu pai; como Santa Madalena aos pés do seu amantíssimo Salvador, como a mulher adúltera aos pés de Jesus, seu juiz.* Ó Senhor, misericórdia para esta alma pecadora. Ó divino Coração de Jesus, fonte de compaixão e de bondade, tende piedade desta alma miserável.

3. *Propõe-te melhorar de vida.* Nunca mais, Senhor, me entregarei ao pecado, não, jamais, com o auxílio de vossa graça. Oh! amei-o demais, mas agora detesto-o de todo o meu coração. Eu vos abraço, ó Pai das misericórdias! Em vós quero viver e morrer.

Acusar-me-ei a um sacerdote de Jesus Cristo, com um coração humilde e sincero, de todos os meus pecados, sem espécie alguma de reserva ou dissimulação. Farei todo o possível para destruí-los em mim até à raiz, especialmente estes e aqueles que mais me pesam na consciência. Para isso empregarei com generosidade todos os meios que ele me aconselhar e nunca pensarei ter feito bastante para reparar minhas enormes faltas.

Conclusão

1. Agradece a Deus que até esta hora esperou por tua conversão e te deu estas boas disposições.

2. Oferece-lhe a vontade que tens de servi-lo o melhor possível.

3. Pede-lhe que te dê a sua graça e a força etc. *Pai-nosso, Ave-Maria.*

Capítulo 13
Meditação sobre a morte

Preparação

1. Põe-te na presença de Deus.
2. Pede a Deus a sua graça.
3. Imagina que te achas enfermo, no leito de morte, sem nenhuma esperança de vida.

Consideração

1. Considera, minha alma, a incerteza do dia da morte. Um dia sairás do teu corpo. Quando será? Será no inverno ou no verão ou

em alguma outra estação do ano? No campo ou na cidade, de noite ou de dia? Será de um modo súbito ou com alguma preparação? Será por algum acidente violento ou por uma doença? Terás tempo e um sacerdote para te confessares? Tudo isto é desconhecido, de nada sabemos, a não ser que havemos de morrer indubitavelmente e sempre mais cedo que pensamos.

2. Grava bem em teu espírito que então para ti já não haverá mundo, vê-lo-ás perecer ante teus olhos; porque então os prazeres, as vaidades, as honras, as riquezas, as amizades vãs, tudo isso se te afigurará como um fantasma, que se dissipará ante tuas vistas. Ah! Então haverás de dizer: por umas bagatelas, umas quimeras, ofendi a Deus, isto é, perdi o meu tudo por um nada. Ao contrário, grandes e doces parecer-te-ão então as boas obras, a devoção e as penitências, e haverás de exclamar: Oh! Por que não segui eu esta senda feliz? Então, os teus pecados, que agora tens por uns átomos, parecer-te-ão montanhas e tudo o que crês possuir de grande em devoção será reduzido a um quase nada.

3. Medita esse adeus grande e triste que tua alma dirá a este mundo, às riquezas e às vaidades, aos amigos, a teus pais, a teus filhos, a um marido, a uma mulher, a teu próprio corpo, que abandonarás imóvel, hediondo de ver e todo desfeito pela corrupção dos humores.

4. Prefigura vivamente com que pressa levarão embora este corpo miserável, para lançá-lo na terra, e considera que, passadas essas cerimônias lúgubres, já não se pensará mais de todo em ti, assim como tu não pensas nas pessoas que já morreram. "Deus o tenha em sua paz" – há de dizer-se – e com isso está tudo acabado para ti neste mundo. Ó morte, sem piedade és tu! A ninguém poupas neste mundo.

5. Adivinhas, se podes, que rumo seguirá tua alma, ao deixar o teu corpo. Ah! Para que lado se há de voltar? Por que caminho entrará na eternidade? – É exatamente por aquele que encetou já nesta vida.

Afetos e resoluções

1. *Ora ao Pai das misericórdias e lança-te em seus braços.* Ah! Tomai-me, Senhor, debai-

xo de vossa proteção, neste dia terrível, empenhai a vossa bondade por mim, nesta hora suprema de minha vida, para torná-la feliz, ainda que o resto de minha vida seja referto de tristezas e aflições.

2. *Despreza o mundo.* Já que não sei a hora em que hei de te deixar, ó mundo; já que esta hora é tão incerta, não me quero apegar a ti. Ó meus queridos amigos, permiti que vos ame unicamente com uma amizade santa e que dure eternamente; pois, para que unir-nos de modo que seja preciso em breve romper esses laços?

Quero preparar-me para esta última hora; quero tranquilizar minha consciência; quero dispor isso e aquilo em ordem e predispor-me do necessário para um passamento feliz.

Conclusão

Agradece a Deus por estas boas resoluções que te fez tomar, e oferece-as à Divina Majestade; suplica-lhe que, pelos merecimentos da morte de seu Filho, te prepare uma boa morte; implora a proteção da SS. Virgem e dos santos. *Pai-nosso, Ave-Maria.*

Capítulo 14
Meditação sobre o último juízo

Preparação

1. Põe-te na presença de Deus.
2. Pede a Deus que te inspire.

Consideração

1. Enfim, uma vez terminado o prazo prefixado pela sabedoria de Deus para a duração do mundo, daqueles inúmeros e vários prodígios e presságios horríveis, que consumirão de temor e tremor os homens ainda vivos, um dilúvio de fogo se alastrará pela terra afora, destruindo tudo, sem que coisa alguma escape às suas chamas devoradoras.

2. Depois deste incêndio universal, todos os homens hão de ressuscitar, ao som da trombeta do arcanjo, e comparecerão em juízo todos juntos, no vale de Josafá.

Mas – ah – bem diversa será a sua situação: uns terão o corpo revestido de glória e esplendor e outros se horrorizarão de si próprios.

3. Considera a majestade com que o soberano Juiz há de aparecer em seu tribunal, cercado de anjos e santos e tendo diante de si, mais brilhante que o sol, a cruz, como sinal de graça para os bons e de vingança para os maus.

4. À vista deste sinal e por determinação de Jesus Cristo, separar-se-ão os homens em duas partes: uns se acharão à sua direita e serão os predestinados; outros à sua esquerda e serão os condenados. Separação eterna! Jamais se encontrarão de novo juntos.

5. Então se abrirão os livros misteriosos das consciências: nada ficará oculto. Clara e distintamente há de ver-se nos corações duns e doutros tudo o que fizeram de bom e de mau – as afrontas a Deus e a fidelidade a suas graças, os pecados e a penitência. Ó Deus, que confusão duma parte e que consolação da outra.

6. Escuta atentamente a sentença formidável que o soberano Juiz pronunciará contra os maus: *Ide, malditos, para o fogo eterno, que foi preparado para o diabo e seus anjos.* Pondera bem estas palavras, que os hão de esmagar por completo: *Ide*. Esta palavra já nos está anunciando o abandono completo em

que Deus deixará a sua criatura, expulsando-a de sua presença e não a contando mais no número daqueles que lhe pertencem. *Ide, malditos.* Ó minha alma, que maldição esta! Ela é universal, pois encerra todos os males, e ela é irrevogável, porque se estende a todos os tempos, por toda a eternidade. *Ide, malditos, para o fogo eterno.* Considera, ó minha alma, essa eternidade tremenda. Ó eternidade de penas eternas, quão horrível és tu!

7. Escuta também a sentença que decidirá sobre a sorte feliz dos bons: *Vinde,* dirá o Juiz. Ah! esta é a doce palavra de salvação, pela qual o nosso Divino Salvador nos há de chamar a si, para receber-nos, bondoso, entre seus braços. *Vinde, benditos de meu Pai.* Ó bênção preciosa e incomparável, que encerra em si todas as bênçãos! *Possuí o reino que vos está preparado desde a criação do mundo.* Ó meu Deus, que graça! possuir um reino que nunca terá fim!

Afetos e resoluções

1. Compenetra-te, minha alma, de temor, com a lembrança deste dia fatal. Ah! com que segurança contas tu, quando as próprias colunas do céu tremerão de terror?

2. Detesta teus pecados. É só isso que te pode levar à perdição. Ah! julga-te a ti mesma agora, para então não seres julgada. Sim, eu quero fazer bem o exame de consciência, acusar-me, julgar-me, condenar-me, corrigir-me, para que o juiz não me condene naquele dia tremendo. Confessar-me-ei, pois, aceitarei os avisos necessários etc.

Conclusão

1. Agradece a Deus, que te deu tempo e meios de pôr-te em segurança pelo exercício da penitência.

2. Oferece-lhe teu coração, para fazer dignos frutos de penitência.

3. Pede-lhe a graça necessária para isso. *Pai-nosso, Ave-Maria.*

Capítulo 15
Meditação sobre o inferno

Preparação

1. Põe-te na presença de Deus.

2. Pede a Deus humildemente a sua graça.

3. Imagina uma cidade envolta em trevas, toda ardendo em chamas de enxofre e pez, que levantam uma fumaça horrível, e toda cheia de habitantes desesperados, que dela não podem sair nem morrer.

Consideração

1. Os condenados estão no abismo do inferno, como desventurados habitantes dessa cidade de horrores. Padecem dores incalculáveis em todos os seus sentidos e em todo o corpo; pois, assim como empregaram todo o seu ser para pecar, sofrerão também em todo ele as penas devidas ao pecado. Deste modo, sofrerão os olhos por seus olhares pecaminosos, vendo perto de si os demônios em mil figuras hediondas e contemplando o inferno inteiro. Aí só se ouvirão lamentos, desesperos, blasfêmias, palavras diabólicas, para punir por estes tormentos os pecados cometidos por meio dos ouvidos. E de modo análogo acontecerá aos demais sentidos.

2. Além destes tormentos, existe ainda um outro muito maior. É a privação e a perda

da glória de Deus, que jamais verão. Por mais ditosa que fosse a vida de Absalão em Jerusalém, ele não deixava de protestar que a infelicidade de não ver por dois anos seu pai querido lhe era mais intolerável que o tinham sido as penas do exílio. Ó meu Deus, que sofrimento será, pois, e que pesar imenso ser privado eternamente de vos ver e amar.

3. Considera sobretudo a eternidade, a qual por si só faz o inferno insuportável. Ah! se o calor de uma febrezinha torna uma breve noite comprida e enfadonha, que horrenda não será a noite do inferno, onde a eternidade se ajunta à abundância dos tormentos? É desta eternidade que procedem a desesperação eterna, as blasfêmias execráveis e os rancores sem fim.

Afetos e resoluções

1. Procura incutir temor em tua alma, dirigindo-lhe as palavras do Profeta Isaías: *Ó minha alma, poderás habitar com o fogo de corante? Habitarás com os ardores sempiternos?* Queres deixar teu Deus para sempre?

2. Confessa que tens merecido esses horríveis castigos; e quantas vezes? Ah! desde este

instante melhorarei de vida, seguirei um caminho diferente do que tenho seguido até agora. Para que precipitar-me neste abismo de misérias?

Conclusão

Agradece... oferece... ora etc. *Pai-nosso, Ave-Maria.*

Capítulo 16
Meditação sobre o paraíso

Preparação

1. Põe-te na presença de Deus.
2. Pede a Deus que te inspire.

Consideração

1. Representa-te uma noite serena e tranquila e pondera quão agradável é para a alma contemplar o céu todo resplandecente ao brilho de tantas estrelas. Ajunta a estes encantos inefáveis as delícias de um claro dia, em que os raios mais brilhantes do sol, entretanto,

não encobrissem a vista das estrelas e da lua; e, feito isso, dize a ti mesma que tudo isso não é absolutamente nada, em comparação com a beleza e a glória do paraíso. Ah! bem merece os nossos desejos esta mansão encantadora, ó cidade santa de Deus, quão gloriosa, quão deliciosa és tu!

2. Considera a nobreza, a formosura, as riquezas e todas as excelências da companhia santa daqueles que vivem aí; esses milhões de anjos, serafins e querubins; esses exércitos inumeráveis de apóstolos, de mártires, de confessores, de virgens e de tantos outros santos e santas. Oh! que união bem-aventurada a dos santos na glória de Deus. O menor de todos é mil vezes mais belo que o mundo inteiro; que dita será então vê-los todos juntos! Meu Deus, que felizes são eles! Sem cessar e sem fim levam a cantar os doces cânticos do eterno amor; regozijam-se num júbilo perene; dão-se mutuamente mil motivos de gozo e vivem cercados das consolações indizíveis duma companhia feliz e indissolúvel.

3. Considera muito mais ainda o auge de sua bem-aventurança, o qual consiste na felicidade de ver a Deus, que os honra e inunda de

gozos pela visão beatífica, fonte de bens inumeráveis, pela qual ele emite todas as luzes da sabedoria em suas mentes e todas as delícias do amor em seus corações. Que felicidade ver-se ligado tão estreitamente e para sempre a Deus com laços tão preciosos! Cercados e compenetrados de divindade, como os passarinhos no ar, ocupam-se, dia e noite, unicamente de seu Criador, adorando-o continuamente, amando e louvando, sem cansaço e com uma alegria inefável: – Bendito sejais para sempre, soberano Senhor e Criador nosso amantíssimo, que com tanta bondade manifestais em nós a vossa glória, pela participação que nos concedeis. E ao mesmo tempo Deus os faz ouvir aquelas palavras ditosas: Abençoados sejais, criaturas minhas, com uma bênção eterna, que me servistes com fidelidade; vós louvareis perpetuamente o vosso Senhor na união mais perfeita do seu amor.

Afetos e resoluções

1. *Entrega-te à admiração de tua pátria celeste.* Oh! quão formosa, rica e magnífica és tu, minha Jerusalém querida, e quão ditosos teus habitantes!

2. *Repreende a tua frouxidão em progredir no caminho do céu.* Por que fugi assim de minha felicidade suprema? Ah! miserável que eu sou! Mil vezes renunciei a estas delícias infinitas e eternas, para ir atrás de prazeres superficiais, passageiros e misturados de muita amargura. Onde tinha a cabeça, quando desprezei assim os bens estáveis e dignos de almejar, por causa dos prazeres vãos e desprezíveis?

3. *Reanima, entretanto, tua esperança* e aspira com todas as tuas forças a esta estância de delícias. Ó amantíssimo e soberano Senhor, já que vos aprouve reconduzir-me ao caminho do céu, nunca mais me desviarei daí, nem reterei meus passos, nem voltarei atrás. Vamos, minha alma querida, embora custe algum cansaço; vamos a esta estância de repouso; caminhemos sempre avante para esta terra abençoada, que nos foi prometida; que estamos nós a fazer no Egito?

Privar-me-ei, pois, disto e daquilo, destas coisas que me apartam do meu caminho ou me fazem parar.

Farei isto e aquilo, tudo que pode servir a me conduzir e adiantar no caminho do céu.

Conclusão

Agradece... oferece... ora etc. *Pai-nosso, Ave-Maria.*

Capítulo 17
Meditação sobre uma alma que delibera escolha entre o céu e o inferno

Preparação

1. Põe-te na presença de Deus.
2. Pede a Deus humildemente que te inspire.

Consideração

1. No começo desta meditação imagina que estás numa vasta região com o teu anjo da guarda, mais ou menos como Tobias, o jovem que viajava em companhia do Arcanjo Rafael, e que ele, abrindo o céu ante teus olhos, te mostra a beleza e glória dessa mansão, ao mesmo tempo que faz aparecer o inferno debaixo de teus pés.

2. Feita esta suposição, de joelhos, como em presença do teu bom anjo, considera que na realidade te achas neste caminho entre o céu e o inferno e que um e outro estão abertos para te receber, conforme a escolha que fizeres.

Mas pondera atentamente que a escolha que pode fazer-se agora, nesta vida, perdura eternamente na outra.

3. Com a escolha que fizeres conformar-se-á a providência de Deus por ti ou usando de misericórdia para te receber no céu ou de justiça para te precipitar no inferno; entretanto, é mais que certo que Deus, por sua bondade, quer sinceramente que escolhas a eternidade de delícias e que teu bom anjo quer te conduzir para lá com todas as suas forças, mostrando-te da parte de Deus os meios absolutamente necessários para merecê-la.

4. Escuta atentamente as vozes interiores que vêm do céu convidar-te a ir para lá. Vem, alma querida – diz Jesus Cristo – que amei mais do que o meu sangue; estendo-te os meus braços, para te receber no lugar das imortais delícias do meu amor. Vinde – diz-nos a Santíssima Virgem – não desprezeis a voz e o sangue de meu Filho e os desejos que tenho

de vossa salvação, e os pedidos que lhe faço para vos obter as graças necessárias. Vem – dizem-te os santos, que só desejam a união do teu coração com o deles –, para louvar eternamente a Deus; vem, o caminho do céu não é tão difícil como o mundo pensa. Nós o vencemos e eis-nos no termo: enceta-o, mas com coragem, e verás que, por um caminho incomparavelmente mais suave e feliz do que o do mundo, chegarás ao auge da glória e da felicidade.

Escolha

Ó detestável inferno, eu te aborreço com todos os teus tormentos e com tua tremenda eternidade. Detesto em especial essas blasfêmias horríveis e maldições diabólicas que vomitas eternamente contra meu Deus. Minha alma foi criada para o céu e é para aí que me leva o anelo de meu coração; sim, paraíso de delícias, mansão divina da felicidade e da glória eterna, é entre os teus tabernáculos santos e ditosos que escolho hoje para sempre e irrevogavelmente a minha morada. Eu vos bendigo, meu Deus, aceitando esta dádiva que vos aprouve fazer-me. Ó Jesus, meu Salvador, aceito com todo o reconhecimento de que sou capaz a honra e graça que me fazeis, de querer amar-me eternamente; reconheço que sois vós que me adquiristes estes direitos sobre o céu; sim, fostes vós que me preparastes um lugar na Jerusalém celeste e nenhuma das felicidades dessa pátria de gozos reputo igual àquela de vos amar e glorificar eternamente.

Coloca-te debaixo da proteção da Santíssima Virgem e dos santos; promete-lhes de os servir fielmente, para que te ajudem a conseguir esse céu, onde te esperam; estende as mãos a teu bom anjo, suplicando-lhe que te conduza para lá; anima tua alma a perseverar constantemente nesta escolha.

Capítulo 18
Meditação para deliberar entre a vida mundana e a vida devota

Preparação

1. Põe-te na presença de Deus.
2. Implora com humildade o seu auxílio.

Consideração

1. Imagina ainda uma vez que estás numa vasta região, que vês à tua esquerda o príncipe das trevas, assentado num trono muito alto e rodeado duma multidão de demônios, e que descobres ao redor desta corte infernal muitos pecadores e pecadoras, que, dominados do espírito do mundo, lhe rendem as suas homenagens. Observa com atenção todos os desventurados vassalos desse rei abominável; considera como uns estão fora de si, levados pelo espírito da cólera, da raiva e da vingança, que os torna furiosos, e como outros, dominados do espírito da preguiça, só se ocupam de frivolidades e vaidades; aqueles, embebidos no espírito da intemperança, igualam-se a loucos e a brutos; estes, empavesados no espírito do orgulho, tornam-se homens violentos e insuportáveis; alguns, possuídos do espírito de inveja, consomem-se pesarosos e tristes, muitos são corrompidos até à podridão, pelo espírito da impureza, e muitos outros, irrequietos pelo espírito da avareza, perturbam-se pela cobiça de riquezas. Considera como estão aí sem repouso e sem ordem, olha até que ponto se desprezam mutuamente, quanto se odeiam,

se perseguem, se dilaceram, se destroem, se matam. Eis aí, enfim, a república do mundo, tiranizada por este rei maldito: quão infeliz e digna de compaixão!

2. Considera à tua direita a Jesus Cristo crucificado, que, com uma ternura inexprimível de compaixão e amor, apresenta a seu Pai as suas orações e o seu sangue, para obter a liberdade destes infelizes escravos, e que os convida a romper seus laços e a vir para o seu lado.

Mas, principalmente, para, ao contemplar estes numerosos grupos de devotos e devotas que com os anjos estão em torno dele. Contempla a beleza do reino da devoção; admira tantas e tantas pessoas de ambos os sexos, cujas almas são puras e cândidas como lírios, tantas e tantas outras a quem a morte dum marido ou duma mulher tornou de novo livres em seu amor e que se consagram a Deus pela mortificação, caridade e humildade, e outras tantas, por fim, que governam a sua família no culto do verdadeiro Deus, unindo a posse dos bens com o desprendimento do coração, os cuidados da vida com os da alma, o amor que reciprocamente se prometeram com o amor a Deus, e o respeito devido com uma doce familiaridade. Presta atenção, nesta feliz companhia dos servos e das servas de Deus, à felicidade do seu estado, a esta perfeita tranquilidade da alma, a esta suavidade de espírito, a esta vivacidade de sentimentos; amam-se com um amor puro e santo; alegram-se duma alegria inalterável, mas ao mesmo tempo caritativa e regrada. Mesmo aqueles ou aquelas que sentem alguma aflição não se inquietam de todo com isso ou apenas de leve e não perdem a paz do coração. Todos eles têm assim os olhos presos em Jesus Cristo, que anseiam por ter no coração, e Ele mesmo desce, por assim dizer, com os seus próprios olhos e com o seu coração, até ao fundo de suas almas, para as iluminar, fortificar e consolar.

3. Pois bem, Filoteia, já há tempo que, levada pela graça, abandonaste a satanás com os seus sequazes, pelas tuas boas resoluções; mas ainda não tiveste ânimo de te lançar aos pés de Jesus e de te alistar no número dos seus servos fiéis. Até aqui estiveste como que no meio de dois partidos; hoje, por fim, te deves decidir.

4. A Santíssima Virgem, São José, São Luís, Santa Mônica e tantos mil outros, que no meio

do mundo formaram o reino de Jesus Cristo, te convidam a segui-los. Dá ouvidos principalmente a Jesus, que te chamou pelo teu próprio nome e te diz: *Vem, minha alma querida, vem, e eu te coroarei de glória.*

Escolha

1. Ó mundo enganador, eu te aborreço a ti e a teus seguidores. Jamais me hão de enxergar debaixo do teu jugo; para sempre reconheço a tua insensatez e digo adeus a tuas vaidades. E a ti, satanás, espírito infernal, abominável rei do orgulho e da infelicidade, eu te renuncio para sempre, com todas as tuas pompas fúteis, e detesto tuas obras.

2. É para vós, doce e amantíssimo Jesus, Rei da bem-aventurança e da glória imortal, a quem hoje me volvo. Eu me lanço a vossos pés e os abraço com toda a minha alma, eu vos adoro de todo o meu coração, eu vos escolho para meu Rei e me submeto inteiramente a vossas santas leis. Tudo aquilo que eu tenho vos ofereço em sacrifício universal e irrevogável, que pretendo, mediante a vossa graça,

manter toda a minha vida com uma fidelidade inviolável.

3. Ó Virgem Santíssima, permiti que vos escolha hoje por guia; ponho-me sob vossa proteção, devotando-vos um singular respeito e uma devoção toda especial.

Ó meu santo anjo, apresentai-me aos santos e às santas; não me abandoneis antes de me fazerdes entrar em vossa feliz companhia.

Só então, renovando e confirmando de dia em dia esta escolha, que agora faço, exclamarei eternamente, a exemplo vosso: Viva Jesus! Viva Jesus!

Capítulo 19
Espírito necessário para fazer bem a confissão geral

Aí temos, Filoteia, as meditações de maior necessidade para alcançar o teu fim. Depois que as tiveres realizado, determina-te então a fazer com coragem e humildade a tua confissão geral, mas toma sentido no meu conselho: não deixes tua alma perturbar-se por alguma vã apreensão. Bem sabes que o óleo do escorpião é o melhor remédio contra o seu veneno; assim também a confissão do pecado é o remédio mais salutar contra o mesmo pecado; ela destrói-lhe tanto a confusão como a malícia.

Sim, tantos encantos tem a confissão e tantos perfumes exala para o céu e a terra, que tira e sara toda a fealdade e podridão do pecado. Simão, o leproso, dizia que Madalena era uma pecadora; mas Nosso Senhor dizia que não, e já só falava do perfume que ela tinha espalhado por toda a sala do fariseu, e de seu imenso amor. Se somos verdadeiramente humildes, Filoteia, nossos pecados forçosamente nos desagradarão muitíssimo, porque são ofensas a Deus; ao contrário, a confissão de nossos pecados se tornará suave e consoladora, pela honra que com isso damos a Deus. É um consolo semelhante ao do doente que revela ao médico tudo o que sente. Estando ajoelhada aos pés do teu pai espiritual, pensa que estás no calvário, aos pés de Jesus crucificado, e que seu sangue precioso se derrama de suas feridas e, caindo em tua alma, a lava de tuas iniquidades; porque é, na verdade, a aplicação dos merecimentos do seu sangue derramado na cruz que santifica os penitentes na confissão. Manifesta, pois, inteiramente o teu coração ao confessor, para que o alivie de teus pecados, e o encherás ao mesmo tempo de bênçãos pelos merecimentos da paixão de Jesus Cristo.

Acusa-te, com a maior simplicidade e sinceridade e tranquiliza de uma vez para sempre a tua consciência, de sorte que nunca mais tenhas motivos para inquietação. Feito isso, ouve com atenção e docilidade os conselhos salutares do ministro de Deus, e a penitência que ele achar por bem impor-te. Sim, é sem dúvida a Deus que estás então a ouvir, porque Ele disse expressamente de seus ministros: *Aquele que vos ouve me ouve a mim.*

Depois de teres ouvido atentamente tudo o que Ele te disser, toma à mão a seguinte protestação que, depois de a teres lido e meditado antes da confissão, servirá de remate a este exercício de penitência. Recita-a com a maior atenção e compunção possível.

Capítulo 20
Protestação da alma a Deus para confirmar-se numa resolução inabalável de servir-lhe e para concluir os atos de penitência

Eu, abaixo assinado, muito indigna criatura de Deus, faço a protestação seguinte na presença de sua divina majestade e de toda a corte celeste:

Depois de ter considerado bem a imensa bondade de Deus, que me criou, que me conserva e sustenta; que me livrou de tantos males e concedeu tantos benefícios; depois de ter meditado a sua infinita misericórdia, que com tanta brandura tolerou meus pecados, que me chamou a si tantas vezes, por inspirações tão doces e frequentes, que com tanta longanimidade esperou a minha conversão até este N... ano de minha vida, apesar das muitas oposições que tenho feito, por minha ingratidão, infidelidade, retardação da penitência e desprezo de suas graças; depois de ter considerado bem a profanação, que fiz tão repetidas vezes de minha alma e das graças que recebi no santo batismo, onde me devotei e consagrei a Deus, pelas promessas que então fizeram por mim; enfim, entrando em mim mesmo e com o espírito e coração consternados, perante Deus, eu me reconheço e confesso culpado e inteiramente convencido do crime que cometi, de lesa-majestade divina e da morte de Jesus, que só suspirou na cruz por causa de meus pecados; deste modo eu confesso que justamente mereci as penas eternas.

Mas, depois de ter detestado os meus pecados de todo o meu coração, eu me volto hoje para o trono do Pai das misericórdias, dizendo: Perdão, meu Deus, perdão. Eu vos suplico a remissão inteira dos meus pecados, em nome de Jesus Cristo, vosso Filho, que morreu na cruz para me salvar. Pondo nele toda a minha esperança, eu renovo hoje, ó meu Deus, a profissão de fidelidade que vos prometi no batismo. Agora, como então, eu renuncio ao demônio, ao mundo e à carne, e detesto para o resto de meus dias todas as suas obras, com suas pompas e concupiscências, comprometendo-me a vos servir e amar durante a minha vida, ó meu Deus, infinitamente bom e misericordioso. Sim, meu Deus, com esta intenção eu vos consagro a minha alma com todas as suas potências, o meu coração com todos os seus afetos, o meu corpo com todos os seus sentidos, protestando firmemente que não me quero servir de nada daquilo que tenho, contra a vontade de vossa divina majestade, e entregando-me com toda a submissão que vos deve uma criatura fiel. Mas – ah! – se por malícia humana eu for algum dia infiel às vossas graças e às minhas boas resoluções, eu protesto que nada negligenciarei, com a graça do Espírito Santo, para levantar-me imediatamente de minha queda.

Eis aí a minha resolução inabalável e a minha intenção para sempre irrevogável, sem reservas ou exceções de qualidade alguma. Faço esta protestação na divina presença de meu Deus, em vista da Igreja triunfante e em face da Igreja militante, minha mãe, e que a recebe agora na pessoa do seu ministro, deputado para este fim. Dignai-vos, ó Deus eterno de bondade e misericórdia infinita, Pai, Filho e Espírito Santo, receber em odor de suavidade este sacrifício, que vos faço, de tudo o que sou; e, como me destes a graça de vo-lo oferecer, dai-me também as graças necessárias para cumprir fielmente as suas obrigações. Ó meu Deus, vós sois meu Deus, o Deus de meu coração, o Deus de meu espírito, o Deus de toda a minha alma; eu vos adoro e vos amo e por toda a eternidade vos quero adorar e amar. Viva Jesus!

Capítulo 21
Conclusão de tudo o que fica dito sobre o primeiro grau de pureza da alma

Terminada esta protestação, escuta em espírito e atentamente a sentença que no céu Jesus Cristo há de pronunciar do seu trono de misericórdia, em presença dos anjos e dos santos, no mesmo instante em que o sacerdote, aqui na terra, te absolver de teus pecados. Há de cumprir-se então no céu o que Jesus Cristo nos predisse, porque haverá aí júbilo ao verem o teu coração, de novo cheio de amor de Deus, reentrar na companhia dos anjos e dos santos, que se reunirão com tua alma no espírito de amor e paz e que entoarão na presença de Deus os cânticos sagrados repassados de alegria espiritual.

Ó meu Deus! Filoteia, que pacto mais admirável e feliz este, pelo qual tu te dás a Deus e Deus te dá a si mesmo e te reentegra a ti própria, para viveres eternamente. Nada mais te resta a fazer do que tomar a pena e assinar este ato de protestação e depois achegar-te ao altar, onde Jesus Cristo ratificará a promessa que fez, de dar-te o paraíso, pondo-se a si mesmo em seu sacramento, como um selo sagrado sobre o coração renovado deste modo em seu amor.

Eis aí, pois, a tua alma neste primeiro grau de pureza, que consiste na isenção do pecado mortal e dos afetos que te podem levar a cometê-lo. Entretanto, como estes afetos costumam renascer em nós muitas vezes facilmente, devido à nossa fragilidade ou concupiscência, à qual podemos moderar e regrar, mas nunca podemos extinguir, torna-se necessário que eu te previna contra este perigo e desgraça, dando-te os avisos que me parecem mais salutares. Mas, porque estes mesmos avisos te podem conduzir a um segundo grau de pureza de alma muito mais excelente ainda que o primeiro, é necessário que, antes de os dar, eu fale desta pureza de alma mais preferida, a que te desejo conduzir.

Capítulo 22
Necessidade de purificar a alma de todos os afetos ao pecado venial

À medida que o dia se vai clareando, nós vamos vendo melhor num espelho as nódoas do nosso rosto; de modo semelhante, à proporção que o Espírito Santo nos comunica maiores luzes interiores, nós vamos descobrindo mais distinta e evidentemente os pecados, as imperfeições, as inclinações que se podem opor de qualquer modo à devoção; e é muito de notar que essas luzes que esclarecem o nosso espírito acerca de nossas faltas excitam também no nosso coração um desejo ardente de corrigi-las.

Deste modo, Filoteia, em tua alma, embora já purificada dos pecados mortais e das afeições que levam a cometê-los, encontrarás ainda um grande número de disposições más, que a inclinam ao pecado venial; não digo que descobrirás aí muitos pecados veniais, mas, sim, que a encontrarás cheia de afeições más, que são as fontes dos pecados veniais. Ora, isso são coisas bem diversas: mentir, por exemplo, habitualmente e com gosto é muito diferente do que mentir uma ou duas vezes por brincadeira. Não podemos preservar-nos completamente de todo pecado venial de tal sorte que nos conservemos por muito tempo nesta perfeita pureza da alma; o que com a graça de Deus podemos é destruir o afeto ao pecado venial, e para isso é que nos devemos esforçar.

Estabelecidas estas pressuposições, digo que é necessário aspirar a este segundo grau de pureza da alma, que consiste em não fomentar voluntariamente em nós nenhuma afeição má ao pecado venial, qualquer que seja; seria, pois, uma grande infidelidade e mui culpável indolência conservar em nós consciente e habitualmente uma disposição tão má como é a de desagradar a Deus.

Com efeito, todo pecado venial, por menor que seja, desagrada a Deus, conquanto não lhe desagrade a ponto de lançar sobre quem o comete a sua maldição eterna; se, pois, o pecado venial lhe desagrada, certamente a afeição habitual que se tem ao pecado venial vem a ser uma disposição habitual do nosso espírito e coração de desagradar à Majestade divina. E seria possível que uma alma que se reconciliou com Deus queira não só lhe desagradar, mas até ter gosto nesse desagrado? Todos os afetos desregrados, Filoteia, são tão diretamente opostos à devoção como a afeição ao pecado mortal o é à caridade: eles enfraquecem o espírito, impedem as consolações divinas, abrem caminho às tentações e, mesmo que não tragam a morte à alma, causam-lhe todavia graves enfermidades.

As moscas que caem mortas num bálsamo precioso – diz o sábio – *deitam a perder toda a suavidade de seu odor e toda a sua intensidade*. Quer ele dizer que as moscas que aí pousam só de leve, e sugam apenas um pouco da superfície, não estragam todo o bálsamo; mas que aquelas que aí morrem o corrompem inteiramente. Do mesmo modo, os pecados veniais que se cometem de tempos em tempos pouco danificam a devoção; ao contrário, destroem-na por completo, se formam na alma um hábito vicioso.

As aranhas não matam as abelhas, mas estragam-lhes o mel e, se acham uma colmeia, de tal modo a embaraçam com os fios de sua teia que tornam impossível às abelhas a continuação de seu trabalho. Assim, os pecados veniais não matam a nossa alma, mas estorvam a devoção e, a quem os comete com uma inclinação habitual, embaraçam a alma com uma espécie de hábito vicioso e de disposições más, que a impedem de agir com aquela caridade ardente em que consiste a devoção verdadeira.

Não é uma coisa grave, Filoteia, pregar uma mentirazinha, transgredir um pouco a ordem (quer por palavras, quer por ações), não resguardar os olhos quanto a vistas puramente naturais e curiosas, comprazer-se uma vez em vestidos de vaidade, visitar um dia uma sala de dança ou de jogos, donde o coração sairá um tanto ferido – tudo isso, digo eu, não será uma coisa grave, nem de maior reparo, uma vez que se preste atenção a que o coração não se deixe dominar por certos pendores e apegos que podia tomar para estas coisas, à semelhança das abelhas, que se esforçam por expulsar as aranhas que lhes querem estragar o mel. Mas isso acontece muitas vezes e se, como de costume, o coração se inclina e apega a estas coisas, bem depressa há de se perder a suavidade da devoção e toda a devoção mesmo. Ainda uma vez torno a dizer: será ditado pelo bom-senso que uma alma generosa tenha gosto em desagradar a Deus e se afeiçoe a querer sempre aquilo que sabe lhe ser tão desagradável?

Capítulo 23
Necessidade de purificar a alma das coisas inúteis e perigosas

Os jogos, os bailes, os festins, os teatros e tudo aquilo, enfim, que se pode chamar pompa do século, de si mesmos e de sua natureza não são de modo algum coisas más, mas sim indiferentes, que podem ser usadas tanto bem como mal. Contudo, sempre são coisas perigosas e mais ainda o é afeiçoar-se a elas. É por esta razão que te digo, Filoteia, que, embora não seja pecado um jogo comedido, uma dança modesta, vestir-se rica e elegantemente, sem ares de sensualidade, um teatro honesto tanto quanto à composição como quanto à representação, um bom jantar, sem intemperança, contudo, a afeição que se poderia adquirir a estas coisas seria inteiramente contrária à devoção, muito nociva à alma e de grande perigo para a salvação. Ah! que grande perda encher o coração de tantas inclinações vãs e loucas, que o tornam insensível para as impressões da graça e de tal modo tomam posse dele que não lhe deixam nem energia nem gosto para as coisas sérias e santas!

Exatamente por isso no Antigo Testamento os nazarenos se abstinham não só de tudo o que podia embriagar, mas até das uvas e do agraço; não é que pensassem que uma uva ou outra os pudesse embriagar, mas assim faziam porque tinham medo de que, se comessem o agraço, sentissem o desejo das uvas e, se chupassem as uvas, fossem tentados a beber o vinho. Não digo, pois, que em ocasião alguma possamos usar de coisas perigosas, mas digo somente que nunca poderemos apegar nessas coisas o coração sem danos da devoção. Os veados, se engordam muito, retiram-se para as suas moitas, porque sentem que sua gordura lhes faria perder a agilidade, que é sua defesa, quando são perseguidos pelos caçadores; deste modo o homem, sobrecarregando o seu coração com estes afetos inúteis, supérfluos e perigosos, perde as boas disposições, necessárias para correr com ardor e facilidade pelas veredas da devoção. Os meninos correm todos os dias, até não poderem mais, atrás das borboletas, e ninguém acha nisso alguma coisa de inconveniente, porque são meninos; mas não é uma coisa ridícula e ao mesmo tempo deplorável ver homens racionais se darem afoitamente a bagatelas tão inúteis como aquelas de que falamos e que, além disso, os fazem correr perigo de pecar e se perder? Por isso, Filoteia, e porque a tua salvação me é tão cara, eu te declaro a necessidade de libertares o teu coração de todas estas inclinações; pois, ainda que os teus atos particulares não sejam sempre contrários à devoção, contudo, o afeiçoar-se e apegar-se a estas coisas lhe causam mui grandes danos.

Capítulo 24
Necessidade de purificar a alma mesmo das imperfeições naturais

Possuímos ainda, Filoteia, algumas imperfeições naturais, que, embora se originem dos próprios pecados, não são pecados mortais nem veniais: chamam-se imperfeições, e os atos resultantes daí têm o nome de defeitos ou faltas. Santa Paula, por exemplo, como nos conta São Jerônimo, era de natureza tão dada à melancolia, que, à morte de seu marido e seus filhos, pensava morrer de tristeza.

Era isso uma grande imperfeição, mas não um pecado, porque era contra a sua vontade. Existem algumas pessoas que são de um espírito leviano e outras de um caráter ríspido; muitas há de um ânimo indócil e difícil de aceder aos conselhos e às palavras de amigos; outras que têm a bílis fácil de inflamar-se, e muitas outras que possuem um coração por demais terno e suscetível a amizades humanas. Numa palavra: quase que não existe pessoa alguma em que não se note uma imperfeição semelhante.

Ora, embora essas imperfeições sejam naturais, podem, entretanto, ser corrigidas e moderadas, procurando-se adquirir as perfeições contrárias; podemos mesmo acabar inteiramente com elas; e digo-te, Filoteia, que deves chegar a este ponto. Achou-se meio de converter as amendoeiras azedas em doces, simplesmente furando-as junto ao pé, para que saia o suco amargo.

Por que, portanto, não podemos nós nos livrar de nossas más inclinações, retendo unicamente o que têm de bom para as tornar disposições favoráveis à prática das virtudes? Assim como não há uma natureza tão boa que não possa ser corrompida por hábitos viciosos, assim também não existe um caráter tão mau que não se possa domar e até mudar inteiramente, mediante um esforço constante e pela graça de Deus.

Vou te dar, pois, os avisos e te propor os exercícios que julgo mais necessários para livrar a tua alma de todas as más inclinações ao pecado venial, de todos os apegos a coisas inúteis e perigosas e de todas as imperfeições naturais. Com isso a tua alma estará também mais defendida contra o pecado mortal. Que Deus te dê a sua graça para os pores em prática!

PARTE II

Diversos avisos para elevar a alma a Deus por meio da oração e da recepção dos sacramentos

Capítulo 1
A necessidade da oração

1. A oração, fazendo o nosso espírito penetrar na plena luz da divindade e expondo a nossa vontade abertamente aos ardores do amor divino, é o meio mais eficaz de dissipar as trevas de erros e ignorância que obscurecem a nossa mente e de purificar o nosso coração de todos os seus afetos desordenados. É ela a água da graça, que lava a nossa alma de suas iniquidades, alivia os nossos corações, opressos pela sede das paixões, e nutre as primeiras raízes que a virtude vai lançando, que são os bons desejos.

2. Mas o que muito em particular te aconselho é a oração de espírito e de coração e, sobretudo, a que se ocupa da vida e paixão

de Nosso Senhor: contemplando-o, sempre de novo, pela meditação assídua, tua alma há de por fim encher-se dele e tu conformarás a tua vida interior e exterior com a sua. Ele é a luz do mundo; é nele, por Ele e para Ele que devemos ser iluminados. Ele é *a árvore misteriosa do desejo* de que fala a Esposa dos Cantares. É a seus pés que temos que ir respirar este ar suavíssimo, quando o nosso coração se vai afrouxando pelo espírito do século. Ele é a cisterna de Jacó, essa nascente de água viva e pura; a ela cumpre chegarmo-nos muitas vezes, para lavar nossa alma de suas manchas. Os meninos, como é sabido, ouvem continuamente as suas mães falarem e, esforçando-se por balbuciar com elas, aprendem a falar a mesma língua; deste modo nós, unindo-nos com Nosso Senhor, pela meditação, e notando as suas palavras e ações, os seus sentimentos e inclinações, aprenderemos por fim, com a sua graça, a falar com Ele, a agir com Ele, a julgar como Ele e amar como Ele. A Ele é preciso prendermo-nos, Filoteia, e crer-me que não podemos ir a Deus, o Pai, senão por esta porta que é Jesus Cristo, como Ele mesmo nos disse. O vidro de um espelho não pode deter a nossa vista, se não for aplicado a um corpo sólido, como o chumbo e o estanho; de modo análogo, jamais nos seria possível contemplar a divindade nesta vida mortal, se não se unisse à nossa humanidade em Jesus Cristo, cuja vida, paixão e morte constituem para as meditações o objeto mais proporcionado a nossas luzes, mais agradável ao nosso coração e mais útil ao melhoramento de nossos costumes.

O divino Salvador chamou-se a si mesmo o pão descido do céu, por muitas razões, entre as quais podemos aduzir a seguinte: assim como se come o pão com toda sorte de alimento, assim devemos tomar o espírito de Jesus Cristo na meditação, e Ele, nutrindo-nos, influirá em todas as nossas ações. Por isso, muitos autores repartiram em diversos pontos de meditação o que sabemos de sua vida e paixão. Entre esses autores aconselho-te especialmente São Boaventura, Bellintani, Bruno, Capiglia, Granada e La Puente.

3. Emprega neste exercício uma hora por dia, antes do jantar, ou de manhã, se for possível, antes que percas as boas disposições e tranquilidade de espírito que dá o repouso da noite. Mas não prolongues mais este tempo, a não ser que o teu pai espiritual o tenha fixado expressamente.

4. Se te for possível fazer este exercício com maior tranquilidade numa igreja, parece-me ainda melhor, porque, a meu ver, nem pai, nem mãe, nem marido, nem mulher, nem pessoa alguma terá direito de disputar-te esta hora de devoção; ao contrário, em casa não podes contar com toda ela nem com tanta liberdade, em razão da dependência em que aí te achas.

5. Começa a tua oração, seja mental, seja vocal, sempre pondo-te na presença de Deus; nunca negligencies esta prática e verás em pouco tempo os seus resultados.

6. Se em mim confias, hás de recitar o *Pater noster, Ave Maria* e o *Credo* em latim; não omitirás, no entanto, de aprender estas orações também em tua língua materna, para que lhe entendas o sentido. Deste modo, conformando-te ao uso da Igreja pela língua da religião, compreenderás outrossim o sentido admirável destas orações e lhes saborearás a suavidade. Convém recitá-las com a máxima atenção ao seu sentido e excitando os afetos correspondentes. Não te deixes levar pela pressa infundada de fazer muitas orações, mas cuida de rezar com devoção; um só *Pater*, re-

zado com piedade e recolhimento, vale mais que muitos recitados precipitadamente.

7. O Rosário é um modo utilíssimo de rezar, suposto que se saiba recitá-lo bem. Para que tu o saibas, lê um desses livrinhos de oração que contém o método de rezá-lo. Muito recomendável é também recitar as ladainhas de Nossa Senhora e dos santos, como outras orações que se acham em manuais aprovados devidamente; mas tudo isso fica dito sob a condição de que, se tens o dom da oração mental, lhe dês o tempo principal e o melhor. Deves notar que, se depois de o fazeres, por causa de muitas ocupações ou por outro motivo, não te sobra tempo disponível para tuas orações vocais, absolutamente não te deves inquietar; é bastante rezares antes ou depois da meditação simplesmente a oração dominical, a saudação angélica e o Símbolo dos Apóstolos.

8. Se, ao recitares uma oração vocal, te sentires atraída à oração mental, muito longe de reprimires esta inclinação, deves deixar-te levar suavemente e não te perturbes por não acabar todas as orações que te tens proposto. A oração do espírito e do coração é muito mais agradável a Deus e salutar à alma do que

a oração dos lábios. Está bem de ver que a esta regra hás de executar o ofício divino e aquelas orações que estás obrigada a recitar.

9. Deves repelir tudo que te poderia impedir este santo exercício pela manhã; mas, se tuas múltiplas ocupações ou outras razões legítimas te roubam este tempo, procura fazer a meditação de tarde, à hora mais distante possível da refeição, quer para evitar a sonolência, quer para não fazer mal à saúde. E, se prevês que em todo o dia não acharás tempo para a oração, cumpre reparares essa perda, suprindo-a por essas elevações frequentes de espírito e coração a Deus, às quais chamamos jaculatórias, por uma leitura espiritual, por algum ato de penitência, que impede as consequências daquela perda, e propõe-lhe firmemente fazer a tua oração no dia seguinte.

Capítulo 2
Breve método de meditação. Primeiro ponto da preparação: pôr-se na presença de Deus

Poderá ser, Filoteia, que não saibas como se faz a oração mental; pois, infelizmente, poucos o sabem nos nossos tempos. Por isso torna-se necessário que resuma aqui em algumas regras um método proveitoso, deixando para os bons livros dedicados a esta matéria e principalmente para a prática a tua instrução mais completa.

A *primeira regra* tem em vista a preparação, que consiste nestes três pontos: pôr-se na presença de Deus, pedir-lhe o auxílio de suas luzes e inspirações, propor-se o mistério que se quer meditar.

Quanto ao *primeiro ponto,* ofereço-te quatro meios principais, que poderão ajudar teu nascente ardor.

O *primeiro* consiste em atender vivamente à imensidade de Deus, que perfeita e essencialmente está presente em todas as coisas e lugares, de maneira que, como os passarinhos, para qualquer região que voem, estão sempre envoltos no ar, assim também nós, em toda parte a que nos dirigimos ou em que estamos, sempre encontramos a Deus presente em nós mesmos e em todas as coisas. Esta verdade é conhecida de todos, mas bem poucos lhe consagram a devida atenção. Os cegos que sabem achar-se na presença de um príncipe, embora não o vejam, conservam-se numa posição respeitosa; mas, porque não o veem, facilmente esquecem a sua presença e, uma vez esquecida, ainda com maior facilidade perdem o respeito que lhe é devido. Ah! Filoteia, não podemos ver a Deus, que está presente em nós; e embora a fé e a razão nos digam que Ele está presente, bem depressa nos esquecemos disso e então agimos como se Ele estivesse longe de nós: pois, conquanto saibamos que Ele está presente em todas as coisas, a falta de atenção produz em nós os mesmos efeitos que se o ignorássemos de todo.

Eis aí a razão por que no começo de nossas orações devemos refletir intensamente sobre a presença de Deus. Profundamente compenetrado desta verdade estava Davi, quando dizia: *Se subir ao céu, tu ali te achas; se descer ao inferno, presente nele estás.*

Igualmente, sirvamo-nos das palavras de Jacó, que, depois de ter visto a misteriosa escada a que já me referi, exclamou: *Quão terrível é este lugar; em verdade Deus está aqui e eu não o sabia.* Queria dizer que não tinha refletido bastante, porque não podia ignorar que Deus estivesse presente em toda parte. Eia, pois, Filoteia!

Ao te preparares para a oração, dize de todo o coração a ti mesma: Oh! minha alma, Deus está verdadeiramente aqui presente.

O *segundo* meio de te pores na presença de Deus é pensar que Deus não somente está no lugar onde te achas, mas também que Ele está presente em ti mesma, no âmago de tua alma: que Ele a vivifica, anima e sustenta por sua divina presença; pois como a alma, estando presente em todo o corpo, reside contudo dum modo especial no coração, assim Deus, estando presente em todas as coisas, o está muito mais em nossa alma, podendo-se até dizer, em certo sentido, que Deus mesmo é a alma. Por isso Davi chamava a Deus o *Deus do seu coração*. E São Paulo, neste mesmo sentido, nos diz que em Deus *vivemos, nos movemos e somos*. E deste modo também este pensamento incitará no teu coração um respeito profundo por Deus, que está em ti tão intimamente presente.

O *terceiro* meio, que te poderá ajudar, é considerar que o Filho de Deus, como homem, no céu olha para todas as pessoas do mundo, mas mui particularmente para os cristãos, que são seus filhos e ainda mais para os que estão atualmente em oração, notando se rezam bem ou mal. Nem é isso uma pura imaginação, mas um fato muitíssimo real; pois, conquanto não o possamos ver, como Santo Estêvão em seu martírio, Nosso Senhor tem, entretanto, os seus olhos em nós, como os tinha nele, e podemos dizer-lhe alguma coisa semelhante ao que a Esposa dos Cantares disse a seu Esposo: *Ele está lá, ei-lo, é Ele mesmo; Ele está escondido e não o posso ver, mas Ele me vê, Ele me está olhando.*

O *quarto* meio consiste em nos representarmos Jesus Cristo neste mesmo lugar onde estamos, mais ou menos como costumamos representar-nos os nossos amigos, e dizer: estou imaginando vê-lo fazendo isso ou aquilo; parece-me vê-lo, ouvi-lo. Estando, porém, na igreja, ante o altar do Santíssimo Sacramento, esta presença de Jesus Cristo, Filoteia, não será meramente imaginária, mas muitíssimo real; as espécies ou aparências do pão são como um véu que o esconde a nossos olhos;

Ele nos vê e considera realmente, embora nós o não vejamos em sua própria forma.

De um destes quatro meios, pois, te poderás servir para te pores na presença de Deus e não dos quatro de uma vez, e isso mesmo deves fazer brevemente e com simplicidade.

Capítulo 3
Segundo ponto da preparação: a invocação

A invocação se faz do modo seguinte: tua alma, sentindo a Deus presente, deve compenetrar-se de um profundo respeito e reputar-se absolutamente indigna de sua presença; todavia, sabendo que Ele te vê, deves pedir-lhe a graça de o glorificar nesta meditação. Se quiseres, poderás servir-te de algumas palavras, breves, mas ardentes, como estas, que são do profeta-rei: *Nunca me arremesses de tua presença, ó meu Deus, e não tires de mim o teu Espírito Santo. Esclarece tua face sobre a terra. Dá-me entendimento e observarei a tua lei e a guardarei de todo o meu coração.*

Muito útil é invocares também o teu anjo da guarda e os santos que participaram do mistério que meditas; como, por exemplo, na meditação sobre a morte de Nosso Senhor, a

Santíssima Virgem, São João, Santa Madalena e os outros santos e santas e o bom ladrão, implorando-lhes que te emprestem os sentimentos que tinham ou, então, na meditação sobre a tua própria morte, a teu anjo da guarda, que estará presente. O mesmo deve se dizer de todos os outros mistérios ou verdades que meditas.

Capítulo 4
Terceiro ponto da preparação: propor-se um mistério

Existe ainda um terceiro prelúdio da oração mental, o qual, no entanto, não é comum a toda espécie de meditações e se chama geralmente "composição" ou representação do lugar. Consiste numa certa atividade da fantasia, pela qual nos representamos o mistério ou fato que queremos meditar, como se os acontecimentos se estivessem sucedendo realmente ante os nossos olhos. Por exemplo, se queres meditar sobre a morte de Jesus crucificado no calvário, farás uma ideia de todas as circunstâncias, como os evangelistas no-las descrevem, quanto aos lugares, pessoas, ações e palavras; o mesmo te proporei acerca dos outros objetos que os sentidos percebem, como a morte e o inferno, como já vimos; tratando-se, porém, de objetos inteiramente espirituais, como a grandeza de Deus, a excelência das virtudes, o fim da nossa criação, essa prática não é tão conveniente. É verdade que mesmo aqui se poderia usar de alguma analogia ou comparação, como vemos nas belas parábolas do Filho de Deus; mas isso tem sua dificuldade e eu quisera que te ocupasses com exercícios simples e não cansasses o teu espírito procurando semelhantes pensamentos. A utilidade deste exercício de imaginação consiste em ater a nossa fantasia ao objeto que meditamos, receando que, tão irrequieta como é, nos escape para ir se ocupar de outros objetos; estava quase a dizer-te que deves proceder com ela, como com um passarinho que se fecha na gaiola ou com um falcão que se acorrenta ao poleiro, para que fique aí.

Dirão alguns que na representação dos mistérios é melhor usar simplesmente de pensamentos da fé e dos olhos do espírito ou, então, considerá-los como se sucedessem em nossa mente; mas tudo isso é por demais sutil para o começo, e, considerando tudo aquilo que pertence a uma perfeição mais adiantada, aconselho-te, Filoteia, a conservar-te humildemente no sopé da montanha, até que Deus se digne de elevar-te mais alto.

Capítulo 5
Segunda parte da meditação: as considerações

A esta atividade da fantasia deve seguir-se a do entendimento, que se chama meditação e que consiste em aplicá-lo às considerações capazes de elevar a nossa vontade a Deus e de afeiçoá-la a coisas santas e divinas. Esta é a grande diferença entre a meditação e o estudo, porque o fim do estudo é a ciência, e o da meditação é o amor a Deus e a prática das virtudes. Assim, tendo prendido a tua fantasia ao objeto da meditação, procura aplicar o entendimento às considerações que lhe são como que a substância e a exposição; e, se achares gosto, luzes e utilidade numa das considerações, demora-te nela, imitando as abelhas, que não largam a flor em que pousaram, enquanto acham aí mel que ajuntar. Mas, se uma consideração causa dificuldades à tua mente e não tem atrativos para o teu coração, depois de ter-lhe aplicado por algum tempo o teu coração e a tua mente, podes passar adiante, a outra consideração, precavendo-te somente para que não te deixes levar por curiosidade ou precipitação.

Capítulo 6
Terceira parte da meditação: os afetos e as resoluções

Por esta viva atenção de sua mente, a meditação excita na vontade inúmeras moções boas e santas, como o amor de Deus e ao próximo, o desejo da glória celeste, o zelo pela salvação das almas, o ardor para imitar a vida de Jesus Cristo, a compaixão, a admiração, a alegria e o temor de desagradar a Deus, o ódio ao pecado, o temor do juízo ou do inferno, a confusão dos pecados, o amor à penitência, a confiança na misericórdia de Deus e tantas outras em que te deves exercer e comover, quanto puderes, a tua alma. Se quiseres usar de algum livro, para te instruíres mais sobre este ponto, aconselho-te o primeiro tomo das *Meditações*, de D. André Capiglia, em cujo prefácio ele expõe a arte de exercitar-se nesta prática, ou então o Pe. Árias, que o faz ainda mais difusamente no seu *Tratado de Oração*.

Entretanto, Filoteia, não te deves restringir a estes afetos gerais, sem que faças resoluções especiais e particularizadas para o aperfeiçoamento de tuas ações. A primeira palavra de Nosso Senhor na cruz, por exemplo, produzirá em tua alma o desejo de imitá-lo em perdoando e amando os inimigos; mas isto é muito pouco, se não fizeres a resolução seguinte: Pois bem, já não me ofenderei mais com tais palavras injuriosas da parte destas e daquelas pessoas, nem com o desprezo com que estes e aqueles me costumam tratar; pelo contrário, direi ou farei isto ou aquilo, para acalmar o gênio de um e atrair o coração de outro. Aí tens, Filoteia, o verdadeiro meio de corrigir depressa as tuas faltas, ao passo que só com afetos gerais o conseguirás com dificuldade, muito tarde e talvez nunca.

Capítulo 7
A conclusão e o ramalhete espiritual

Afinal, deve-se terminar a meditação por três atos que requerem uma profunda humildade. O primeiro é agradecer a Deus por nos ter dado profundo conhecimento de sua misericórdia ou de outra de suas perfeições, assim como pelos santos afetos e propósitos que sua graça incutiu em nós.

O segundo consiste em oferecer à sua divina majestade toda a glória que pode provir de sua misericórdia ou de uma de suas perfeições, ofertando-lhe também todos os nossos afetos e resoluções, em união com as virtudes de Jesus Cristo, seu Filho, e dos merecimentos de sua morte.

O terceiro deve ser uma oração humilde, pela qual pedimos a Deus a graça de participar dos merecimentos de seu Filho, a essência de suas virtudes, e principalmente a fidelidade a nossas resoluções, que só podemos conseguir com a graça divina. Reza ao mesmo tempo pela Igreja, pelos superiores eclesiásticos, por teus pais e amigos e outras pessoas, implorando a intercessão de Nossa Senhora, dos anjos e dos santos, e acaba recitando o *Pater* e *Ave*, que são as orações mais vulgares e necessárias aos fiéis.

Quanto ao restante, ainda te lembras do que disse acerca do ramalhete espiritual da meditação; vou repetir quase em poucas palavras o que penso sobre isso: quem passeia pela manhã num ameno jardim não sai satisfeito sem colher algumas flores, pelo prazer de lhes sentir o perfume pelo dia adiante; assim também deves colher o fruto da tua meditação, gravando no pensamento duas ou três coisas que mais te impressionaram e comoveram, para as considerar de novo de vez em quando, durante o dia, e para te conservares em teus bons propósitos. Faze isso no mesmo lugar onde meditas, passeando um pouco ou de um outro modo, com sossego e atenção.

Capítulo 8
Avisos utilíssimos acerca da meditação

Cumpre, Filoteia, que no correr do dia tenhas tão presente no espírito e no coração as tuas resoluções, que, sobrevindo a ocasião, as ponhas efetivamente em prática. Este é o fruto da meditação, sem o qual ela, além de não servir para nada, pode ser até prejudicial. É certo que a meditação assídua sobre as virtudes, sem que as pratiquemos, ensoberbece o espírito e o coração e nos faz pensar insensivelmente que somos de fato aquilo que resolvemos ser. De certo que assim o seria, se nos propósitos tivéssemos força e solidez; mas, porque lhes faltam essas qualidades, permanecem vãos e, porque não produzem efeito algum, são até perigosos. Convém servir-se de todos os meios para os pôr em prática; deve-se mesmo ir em busca de ocasiões, tanto pequenas como grandes. Por exemplo: resolvi atrair pela brandura certas pessoas que costumam me ofender; hei de as procurar hoje, para as saudar com ares de estima e amizade; e, se não as posso achar, ao menos falarei bem delas e rezarei a Deus em sua intenção.

Mas, terminando a oração, cuida bem de evitar as agitações violentas, porque essas emoções lhe neutralizam o bálsamo celeste que recebeu na meditação: quero dizer que, se te for possível, permaneças algum tempo em silêncio e, conservando sempre os pensamentos e o gosto de teus afetos, vás passando assim suavemente da oração ao trabalho. Imagina um homem que recebeu num precioso vaso de porcelana um licor de grande valor, a fim de o levar para sua casa. Ei-lo caminhando passo a passo, sem olhar para trás nem para os lados, mas sempre para frente, com receio de pôr o pé em falso ou tropeçar numa pedra; e, se para algumas vezes, é só para ver se, com o movimento, não se derramou alguma parte do precioso licor. Faze também assim com a meditação; não te distraias e dissipes imediatamente, mas considera com uma atenção simples e tranquila o caminho que tens que andar. Se encontras alguém com quem deves falar, é preciso que te conformes a isso, mas toma sentido ao teu coração, para que nada se perca daquela suavidade preciosíssima de que o Espírito Santo o encheu na oração.

É necessário que te acostumes a passar da oração às outras ocupações de tua profissão, por mais contrárias que te pareçam aos sentimentos e resoluções da meditação. Assim, um advogado deve saber passar da meditação ao escritório, um negociante ao comércio, uma dona de casa aos cuidados do lar doméstico, com tanta suavidade e calma, que seu espírito em nada se perturbe; pois, querendo Deus igualmente uma e outra coisa, é necessário passar de uma a outra com uma devoção inteiramente igual e com uma submissão completa à vontade de Deus.

Há de acontecer algumas vezes que, mal acabaste a preparação para a meditação, já tua alma se sente tão comovida que de repente se eleva a Deus. Então, Filoteia, abandona todo o método que até aqui te expus, porque, embora o exercício do entendimento deva preceder o da vontade, se o Espírito Santo opera em ti por estas santas impressões de tua vontade, não vás procurar excitar no espírito, pelas considerações da meditação, aqueles santos afetos que já possuis no coração.

Enfim, é uma regra geral que se deve dar larga expansão aos afetos que nascem no coração e nunca os reprimir e deter cativos em tempo algum que se façam sentir, seja antes, seja depois das reflexões. A mesma regra hás de seguir a respeito daqueles outros atos de piedade que fazem parte da meditação, como a ação de graças, a oblação de si mesmo e a oração, uma vez que a conserves em seu lugar determinado no fim da meditação.

Quanto às resoluções, que se conformam aos afetos, naturalmente só devem ser tomadas depois dos afetos, ao terminar a meditação, porque, tendo que nos representar muitos objetos particulares e familiares, podia isso produzir distrações, se as ajuntássemos aos afetos.

Muito útil é, enfim, usar de alguns colóquios neste exercício da vontade, dirigindo-nos ora a Nosso Senhor, ora aos anjos e aos santos, máxime àqueles que tomam parte no mistério que se medita, a si mesmo, ao seu coração, aos pecadores e até às criaturas irracionais, como fez Davi nos salmos e outros santos em suas meditações e orações.

Capítulo 9
A aridez espiritual na meditação

Se acontecer que não aches prazer na meditação, nem sintas aí consolo algum para a tua alma, eu te conjuro, Filoteia, a não te perturbares com isso, mas procura remediar o mal com os alvitres seguintes:

Recita algumas das orações vocais em que teu coração se compraz de preferência;

queixa-te amorosamente a Jesus Cristo; chama-o em teu socorro; beija respeitosamente a sua imagem, se a tens à mão, confessa-lhe a tua indignidade; dize-lhe com Jacó: *De modo algum, Senhor, me afastarei, se não me abençoardes* ou então como a mulher cananeia: *Assim é, Senhor, mas também os cachorrinhos comem das migalhas que caem da mesa de seus donos.*

Às vezes podes tomar um livro e ler devotamente, até que teu espírito esteja mais concentrado e disposto. Excita o coração o mais vivamente possível, por algum ato exterior de devoção, prostrando-te por terra, cruzando os braços ao peito, conservando um crucifixo entre as mãos: tudo isso, naturalmente, só se estiveres sozinha.

Se, após tudo isso, a tua secura espiritual não se atenuar, ainda não desanimes, Filoteia, mas conserva-te sempre na presença de Deus com todo o respeito. Bem sabes quantos cortesãos há que cem vezes por ano vão à corte sem esperança alguma de falar com o príncipe, mas somente para serem vistos dele, lhe prestarem homenagem ou, como se costuma dizer, lhe fazerem corte.

Assim, Filoteia, entremos em oração com simplicidade, tendo unicamente em vista o nosso dever. Se a Divina Majestade se dignar de nos falar por suas inspirações ou de nos dar a graça de lhe falar, será certamente uma honra imensa e um prazer delicioso.

Mas se nos recusa esta graça e nos deixa sozinhos, sem nos corresponder, como se não nos visse de todo ou não estivéssemos em sua presença, não saiamos logo dali; ao contrário, aí devemos permanecer com resignação, com profundo respeito e com o espírito tranquilo.

Mais cedo ou mais tarde a nossa paciência e perseverança nos fará achar graça diante de seus olhos e, à primeira vez que voltarmos à sua presença, Ele nos receberá com olhares favoráveis e falará conosco no santo comércio da meditação e em suas consolações nos fará saborear a suavidade inefável do seu espírito. Mas, mesmo que até isso nos falte, contentemo-nos, Filoteia, com a honra de estar a seu lado, presentes aos olhos de sua adorável majestade.

Capítulo 10
A oração da manhã

Além da oração mental e vocal, há ainda outros tempos e modos de rezar; e o primeiro exercício de todos é a oração da manhã, que deve ser uma preparação geral para as ações de todo o dia. Aí tens um método de fazê-la bem.

1. Adora a Deus com uma veneração profunda e agradece-lhe de te ter conservado durante a noite; e, se a tua consciência te acusa de alguma coisa desde o último exame, pede-lhe perdão.

2. Considera que o dia presente te é dado para mereceres a bem-aventurança eterna e te propõe firmemente empregá-lo todo nesta intenção.

3. Muito útil é preveres as ocupações deste dia, as tuas ocasiões prováveis de glorificar a Deus, as tentações que te proporcionará a cólera, a vaidade ou uma outra paixão. Feito isto, prepara-te por uma santa resolução a aproveitar bem de todos os meios que terás para servir melhor a Deus e progredir na perfeição; ao contrário, arma-te com toda a fir-

meza de espírito para evitar ou para combater e vencer tudo o que lhe servir de obstáculo. Esta simples resolução, porém, não é bastante; é preciso firmá-la em prevendo os meios que te serão disponíveis para pô-las em prática. Por exemplo: se prevejo que irei tratar com uma pessoa facilmente irascível, sobre um negócio, não só me hei de precaver dos meios que me estarão à disposição, para não ofendê-la, mas também, para que não se ire, verei como lhe falar branda e gentilmente ou, se for necessário para contê-la, pedirei a outras pessoas que o façam junto comigo. Se prevejo que tenho de visitar alguns doentes, disporei tudo à hora, todas as circunstâncias, as maneiras mais próprias de consolá-los e os socorros que lhes poderei levar.

4. Reconhece diante de Deus, com humildade, a tua completa impotência de fazer qualquer coisa dessas, tanto praticar o bem como evitar o mal, e, fazendo assim como se tivesses o coração entre as mãos, oferece-o com as tuas boas resoluções à divina Majestade, suplicando-lhe que o tome debaixo de sua proteção e o fortifique em seu serviço. Dize-lhe: "Ó Senhor, eis aqui este pobre e miserável cora-

ção, a quem por vossa bondade infinita dais hoje estas boas resoluções; mas, ah! ele é fraco e inconstante demais para fazer o bem que deseja, sem que lhe deis a vossa santa bênção. Nesta intenção vos invoco, ó Pai de misericórdia, pelos merecimentos da paixão de vosso Filho, a cuja glória eu o consagro neste dia e para todo o resto da minha vida".

A esta breve oração acrescenta a invocação da Santíssima Virgem, do anjo da guarda e dos santos, a fim de que com sua proteção te ajudem. Demais, esta oração que farás pela manhã e, se puder ser, antes de saíres do quarto, deve ser fervorosa e ardente, para que a bênção de Deus que aí obtiveres se estenda sobre todo o dia; peço-te encarecidamente, Filoteia, que nunca a omitas.

Capítulo 11
A oração da noite e o exame de consciência

Como antes da refeição corporal tiveste o alimento espiritual pela meditação, será de grande proveito tomares também deste alimento espiritual antes do chá à noite. Escolhe alguns minutos antes desta refeição e prostra-te diante de teu Deus aos pés do crucifixo, lembrando-te contigo mesmo da dissipação do dia. Reacende em teu coração o fogo da meditação da manhã por atos de profunda humilhação, por suspiros de ardente amor a Deus, e aprofunda-te, abrasada deste amor, nas chagas do amantíssimo Salvador, ou então vai repassando em teu espírito e no fundo do teu coração tudo quanto saboreaste na oração, a não ser que prefiras ocupar-te de um novo objeto.

Quanto ao exame de consciência, que devemos fazer antes de nos deitarmos, não há ninguém que ignore.

1. Devemos agradecer a Deus de nos ter conservado durante o dia.

2. Examinam-se todas as ações, uma a uma, e as suas circunstâncias.

3. Achando-se alguma coisa de bom, feita nesse dia, dá-se graças a Deus; se, ao contrário, se lhe tem ofendido por palavras, por pensamentos e por obras, pede-se-lhe perdão por um ato de contrição, que deve abranger a dor dos pecados cometidos, o bom propósito

de corrigi-los e boa vontade de confessá-los na primeira ocasião.

4. Depois disso, recomenda-se à divina Pro-vidência seu corpo e sua alma, a Igreja, seus parentes e amigos, invoca-se a Santíssima Virgem, os santos e os anjos da guarda, pedindo-lhes de velar sobre nós. Feito isso, com a bênção de Deus, vamos tomar o repouso que Ele quer que tomemos.

Nunca se deve omitir esta oração da noite, assim como a da manhã; pois como, pela oração da manhã, se abrem as janelas da alma para o Sol da justiça, assim pela oração da noite elas se fecham para as trevas do inferno.

Capítulo 12
Do recolhimento

Neste ponto, Filoteia, desejo que sejas mais dócil ainda em seguir os meus conselhos; porque penso que daí muito depende para o teu adiantamento.

Lembra-te, as mais vezes que puderdes durante o dia, da presença de Deus, servindo-te de um dos quatro meios de que tenho falado.

Considera o que Deus fez e o que tu fazes, e verás que Deus tem continuamente os olhos pregados em ti com um amor inefável. Ó meu Deus, hás de exclamar, por que não emprego sempre os meus olhos para contemplar-vos, assim como vós estais sempre olhando para mim com tanta bondade? Por que pensais tanto em mim, Senhor? E por que eu penso tão raras vezes em vós? Onde é que estamos nós, minha alma? A nossa verdadeira habitação é em Deus, e onde é que nos achamos? Os passarinhos têm seus ninhos, onde se refugiam; os veados têm os matos e moitas para se esconderem ao abrigo dos caçadores e dos raios ardentes do sol; nosso coração deve escolher para si também, todos os dias, um lugar ou no calvário ou nas chagas de Jesus Cristo ou em algum outro lugar perto dele, para se retirar, de tempos em tempos, para repousar do bulício e calor dos negócios exteriores e para se defender dos ataques do inimigo. Sim, três vezes feliz é a alma que em verdade pode dizer a Nosso Senhor: Vós sois o meu lugar de refúgio, a minha fortaleza contra os inimigos, à sombra de vossas asas respiro um ar dulcíssimo e estou seguro, ao abrigo das intempéries do tempo.

Lembra-te, Filoteia, de retirar-te muitas vezes à solidão do teu coração, ao passo que as tuas tarefas e conversas o ocupam exteriormente, para estares a sós com teu Deus. Tudo o que te cerca não lhe pode fechar a entrada, porque tudo isso está fora de si mesma. Este era o exercício ordinário de Davi no meio de suas múltiplas e importantes ocupações, como vemos muitas vezes nos salmos: *Ó Senhor, estou sempre convosco; sempre vos estou vendo, meu Deus, diante de mim; levantarei os meus olhos para vós, ó meu Deus, que habitais no céu; meus olhos estarão sempre em Deus.*

Com efeito, tão sérias não são de ordinário as nossas conversas, nem exigem tanta aplicação as nossas ocupações, que não possamos subtrair-lhe um pouco de atenção para nos retirarmos à querida solidão.

Como os pais de Santa Catarina de Sena não lhe deixassem tempo nem lugar algum para suas orações e meditações, Nosso Senhor inspirou-lhe o pensamento de erigir um oratório no fundo do coração, onde pudesse se refugiar em espírito, no meio das ocupações penosas que seus pais lhe impunham. Ela assim fez e com facilidade pôde suportar todas as contrariedades do mundo, porque, como costumava dizer, se encerrava neste aposento interior, onde se consolava com seu Esposo celeste. Tornou-se esta a sua prática ordinária e desde então muito a recomendava aos outros.

Recolhe-te, às vezes, à solidão interior do teu coração, e aí, num completo desapego das criaturas, trata dos negócios de salvação e perfeição com Deus, como dois amigos que cuidam familiarmente de seus negócios; dize-lhe como Davi: *Tornei-me semelhante ao pelicano do deserto, cheguei a ser como a coruja no seu albergue. Vigiei e estou como pássaro solitário no telhado*. Tomando estas palavras no sentido literal, elas querem dizer que este grande rei acostumara seu coração à solidão e passava cada dia algumas horas entregue à contemplação das coisas espirituais; interpretando-as, porém, num sentido místico, elas nos descerram três belíssimas solidões, para onde nos podemos retirar com o nosso amantíssimo Jesus. A comparação da coruja escondida nas ruínas mostra-nos o estado brilhante do divino Salvador, deitado sobre as palhas da manjedoura, num estábulo, escondido e desconhecido de todo o mundo, de que deplorava os pecados. A comparação do pelicano, que tira o sangue de suas veias para alimentar os seus filhotes, ou, melhor, para lhes dar a vida, nos lembra o estado do Salvador no Calvário, onde o seu amor o levou a derramar todo o seu sangue para nossa salvação. A terceira comparação nos aponta o estado do Salvador em sua gloriosa ascensão, quando, tendo aparecido no mundo tão pequenino e desprezível, se elevou ao céu de um modo tão brilhante. Retiremo-nos muitas vezes para perto de Jesus, num destes três estados.

Estando o bem-aventurado Elzeário, conde de Ariano, na Provença, ausente desde muito, a sua esposa, a piedosa e casta Delfina, enviou-lhe um mensageiro expressamente para informar-se do estado de sua saúde e ele respondeu do modo seguinte: "Vou indo bem, minha querida esposa, e, se me queres ver, procura-me na chaga do lado do nosso amantíssimo Jesus; é lá que eu moro e aí me acharás; querer procurar-me noutra parte é um trabalho perdido". Isso é, na verdade, ser um cavalheiro cristão às direitas.

Capítulo 13
As aspirações ou orações jaculatórias e os bons pensamentos

Recolhemo-nos em Deus, porque o anelamos e o anelamos para recolhermo-nos nele. Deste modo, o recolhimento espiritual e o anelo ou aspiração por Deus dão-se as mãos um ao outro e ambos provêm dos bons pensamentos.

Eleva muitas vezes o teu espírito e coração a Deus, Filoteia, por jaculatórias breves e ardentes. Admira a excelência infinita de suas perfeições, implora o auxílio de seu poder, adora a sua divina majestade, oferece-lhe tua alma mil vezes por dia, louva sua infinita bondade, lança-te em espírito aos pés de Jesus crucificado, interroga-o muitas vezes sobre tudo aquilo que concerne à tua salvação, saboreia interiormente a doçura do seu espírito, estende-lhe a mão, como uma criancinha a seu pai, pedindo-lhe que te guie e conduza; põe a sua cruz no teu peito, como um delicioso ramalhete; põe-na em teu coração, como uma bandeira debaixo da qual tens que combater o inimigo; numa palavra, volve teu coração para todos os lados e dá-lhe todos os movimentos que puderes, para excitá-lo a um amor terno e ardoroso ao teu Esposo divino.

Muito aconselhava Santo Agostinho à virtuosa senhora, por nome Proba, a recitação das orações jaculatórias, porque, se nossa alma se acostuma a tratar tão familiarmente com Deus, aos poucos copiará em si as perfeições divinas. E é de notar bem que este exercício nada tem de difícil e não é incompatível com tuas ocupações; só o que é necessário são alguns momentos de atenção, o que, longe de perturbar ou diminuir a atenção do espírito aos negócios, a torna mais eficaz e suave. O viajante que toma um pouco de vinho, para refrescar a boca e alegrar o coração, não perde o seu tempo, porque renova as forças e se detém apenas para depois andar mais depressa e percorrer um caminho maior.

Com este intento compuseram-se diversas coleções de orações jaculatórias, que tenho por muito úteis; entretanto, não aconselho que te cinjas a isso; contenta-te em dizer com o coração ou com os lábios tudo quanto o amor te inspira no momento, pois ele te inspirará tudo o que podes desejar.

É verdade que existem certas palavras que nos dão uma alegria toda particular, como as dos salmos, que são tão ardentes, ou antes certas invocações do santo nome de Jesus ou, então, aquelas setas inflamadas no amor divino, que se nos deparam no livro dos Cantares. Concedo mesmo que os cantos espirituais possam servir a este fim, quando são cantados com atenção e seriedade.

Cabe aqui o exemplo de pessoas que se amam com um amor humano e natural; tudo nelas se ocupa desse amor – o espírito, a memória, o coração e a língua. Quantas lembranças e recordações! Quantas reflexões! Quantos enlevos! Quantos louvores e protestos! Quantas conversas e cartas! Está-se sempre querendo pensar e falar disso e até nas cascas das árvores, nos passeios, há de se inscrever uma qualquer coisa. Assim, aqueles que estão possuídos do amor a Deus só respiram por Ele e só aspiram ao prazer de amá-lo; nunca deixam de falar e pensar nele e, se fossem senhores dos corações de todos os homens, quereriam gravar neles o nome sacrossanto de Jesus. Nada há neste mundo que não lhes fale dos atrativos do divino amor e não lhes anuncie os louvores do seu Dileto. Sim – diz Santo Agostinho, depois de Santo Antão – tudo o que existe neste mundo lhes fala de Deus na eloquência duma linguagem muda, mas muito compreensível à inteligência deles, e seu coração transforma estas palavras e pensamentos em aspirações amorosas e em doces surtos, que os elevam até a Deus. Eis aqui alguns exemplos:

São Gregório, bispo de Nazianzo, passeando um dia na praia do mar, como ele contou a seu povo, considerava atentamente as inúmeras e variadas conchas que as ondas arremessavam à praia e depois restituíam ao mar, e ao mesmo tempo contemplava, admirado, a solidez dos rochedos vizinhos, contra os quais o mar se arrojava impetuosamente. Diante desta vista ele pensava que *isto representava exatamente o caráter das almas fracas e superficiais, que se deixam levar já à alegria, já à tristeza, cedendo indiferentemente a todas as vicissitudes da vida, e o caráter das almas generosas e constantes, que nada pode abalar*. E então o seu coração, aproveitando-se deste pensamento, elevara-se a Deus, dizendo-lhe com o profeta-rei: *Salva-me, Senhor, porque as águas têm entrado até à minha alma: livra-me, Senhor, deste abismo; porque cheguei ao alto-mar e a tempestade me submergiu.* E é de notar que estas palavras quadravam-se muito com a situação em que se achava, sofrendo com admirável mansidão a usurpação que Máximo queria fazer de seu bispado.

São Fulgêncio, bispo de Ruspa, achando-se em Roma, por ocasião do triunfo de Teodorico, rei dos godos, que presidiu em pessoa a uma assembleia geral da nobreza romana, encantado com a vista de um espetáculo tão magnífico, exclamou: *Ah! se a Roma terrestre é tão rica e tão brilhante, quão bela há de ser então a Jerusalém celeste! E, se o Senhor de todos os bens deu tanta magnificência aos amantes da vaidade, que não reservará então aos que contemplam eternamente as suas verdades?*

Diz-se que Santo Anselmo, que nossos montes se ufanam de ter visto nascer, e que foi bispo de Cantuária, era muito hábil nesta arte de espiritualizar os pensamentos mais comuns. Estando um dia em viagem, aconteceu que uma lebre, perseguida pelos caçadores, veio refugiar-se debaixo de seu cavalo, e os cães, latindo em redor, não ousaram violar a imunidade do seu asilo.

Muita graça acharam os caçadores num espetáculo tão raro; mas o santo prelado, tocado inteiramente do espírito de Deus, disse-lhes, entre soluços e lágrimas: *Ah! vós estais rindo, mas o pobre animal não tem vontade de rir. Pensai bem que infelicidade é a de uma alma que até à hora da morte é arrastada pelo demônio, de erro em erro e de pecado em pecado. Então, cheia de terror, ela procura um asilo; e, se não o encontra, os seus inimigos se escarnecem dela e eternamente a conservarão como sua presa.*

Recebendo Santo Antão uma carta muito honrosa do Imperador Constantino Magno, e causando isso muita admiração aos religiosos, seus companheiros, o santo lhes disse: *Por que vos admirais que um rei escreva a um homem? Admirai antes a bondade infinita do Deus eterno pelos homens mortais, tendo-lhes escrito Ele mesmo a sua lei e falado a eles pela boca de seu próprio Filho.*

São Francisco, notando num rebanho de bodes e cabras uma única ovelha, ponderou a seu companheiro: *Olha como ela é mansa e bela! assim era também a brandura e mansidão do humilde Jesus no meio dos escribas e fariseus.*

E outra vez, vendo um cordeirinho comido por um porco, exclamou, chorando: *Ah! que representação viva da morte de meu Salvador!*

São Francisco de Borja, duque de Candia, este varão ilustre de nossos tempos, servia-se de todos os acontecimentos da caça para fazer pias reflexões. *Admirava-me*, dizia ele um dia, depois da caça, *a docilidade dos falcões, que tornam à mão dos caçadores, se deixam velar os olhos e prender à percha, e espanta-me a indocilidade cega dos homens, sempre rebeldes à voz de Deus.*

São Basílio diz que a rosa cercada de espinhos dá aos homens esta instrutiva lição: *Tudo o que há de mais agradável neste mundo, ó homens mortais, é permeado de tristeza. Nenhum bem vos é completamente puro; por toda parte o mal se mescla com o bem, o arrependimento com o prazer, a viuvez com o casamento, o trabalho e o cuidado com a fertilidade, o temor da queda com a elevação da glória, muitas despesas com as honras, o desgosto com as delícias, e as doenças com a saúde. É verdade*, acrescenta este santo padre, *a rosa é uma flor encantadora; mas enquanto a sua vista me regozija, ela me ator-*

menta, em me lembrando meus pecados, pelos quais a terra foi condenada a produzir espinhos.

Uma pessoa piedosa, considerando com indizível prazer, ao luar, um regato em que o céu salpicado de estrelas se refletia como num espelho, exclamou, cheia de alegria: *Ó meu Deus, na realidade todas estas estrelas estarão debaixo de meus pés, quando me receberdes nos vossos santos tabernáculos.*

E, como as estrelas do céu se representam na terra, assim os homens da terra hão de ser representados em Deus, que é a fonte viva do amor divino.

Uma outra pessoa, contemplando a velocidade com que um rio corria para lançar-se ao mar, disse: *Assim será minha alma em seus movimentos, nem terá descanso até se abismar na divindade, donde tirou a sua origem.*

Santa Francisca, olhando para um ameno ribeiro, em cujas margens estava de joelhos, fazendo a sua oração, elevada em êxtase, repetia muitas vezes estas palavras: *Assim, com esta suavidade, corre a graça de Deus para a minha alma.*

Uma pessoa, que não posso nomear, vendo um jardim todo em flor, exclamou: *Ah! hei de ser eu o único arbusto sem flores, no jardim delicioso da Igreja?*

Uma outra, ao ver os pintainhos debaixo das asas da galinha, diz: *Ó Senhor, conservai-me à sombra de vossas asas.* Uma terceira, contemplando um girassol, exclamou: *Quando será, ó meu Deus, que minha alma seguirá sempre os atrativos de vossa bondade?* E, olhando para essas florezinhas formosas, mas sem perfume, que se chamam amores-perfeitos (*pensées*, em francês): *Ah! semelhantes são os meus pensamentos, belos de proferir-se, mas inúteis para tudo.*

Eis aí, Filoteia, como de tudo que acontece nesta vida mortal se podem deduzir pensamentos salutares e santas aspirações. Oh! infelizes daqueles que usam das criaturas de um modo contrário à intenção do Criador. Bem-aventurados aqueles que procuram em tudo a glória do Criador e que usam da vaidade das criaturas para glorificar a verdade incriada. *Quanto a mim,* diz São Gregório Nazianzeno, *estou acostumado a aproveitar de todas as coisas para o progresso espiritual de minha alma.* Aconselho-te também a ler o epitáfio de Santa Paula, escrito por São Jerônimo; com prazer hás de encontrar aí as muitas aspirações que lhe eram habituais em todos os acontecimentos da vida.

Grava bem profundamente em tua mente que a devoção consiste principalmente neste exercício de recolhimento espiritual e de orações jaculatórias. A sua utilidade é tão grande que pode suprir a falta de todos os modos de rezar; e, ao contrário, se se é negligente neste ponto, dificilmente se encontra um meio de ressarcir a perda. Sem este exercício não se podem cumprir os deveres da vida contemplativa e, quanto aos da vida ativa, só com muita dificuldade. O descanso seria sem ele um meio ócio e o trabalho não passaria dum estorvo e dissipação. Por estas razões eu te exorto e conjuro a adquirir com todo o teu coração esta prática e a jamais a abandonar.

Capítulo 14
A santa missa e como se deve ouvi-la

1. Até aqui ainda não falei do Santo Sacrifício e Santíssimo Sacramento do altar, que é para os exercícios de piedade o que o sol é para os outros astros.

A Eucaristia é, na verdade, a alma da piedade e o centro da religião cristã, à qual se referem todos os seus mistérios e leis. É o mistério da caridade, pelo qual Jesus Cristo, dando-se a nós, nos enche de graças de um modo tão amoroso quão sublime.

2. A oração feita em união com este sacrifício divino recebe uma força maravilhosa, de sorte que a alma, Filoteia, cheia das graças de Deus, da suavidade de seu espírito e da influência de Jesus Cristo, se acha naquele estado de que fala a Escritura quando diz que a Esposa dos Cantares estava reclinada sobre o seu Dileto, inundada de delícias e semelhante a uma nuvem de fumaça que o incenso mais precioso levanta para o céu, aromatizando o ar.

3. Faze o possível para arranjar o tempo necessário de ouvir todos os dias a santa missa, a fim de oferecer juntamente com o sacerdote o sacrifício do teu divino Redentor a Deus, seu Pai, por ti mesma e por toda a Igreja. São João Crisóstomo nos afirma que os anjos a ele assistem em grande número para honrar com sua presença este mistério adorável.

Não devemos duvidar que, unindo-nos com ele num mesmo espírito, tornemos o céu propício a nós, enquanto a Igreja triunfante e militante se ajunta com Jesus neste ato divino, para ganhar-nos nele e por ele o Coração de Deus, seu Pai, e merecer-nos todas as suas misericórdias.

Que dita para uma alma poder concorrer para isso algum tanto, por uma devoção sincera e afetuosa!

4. Se absolutamente não podes ir à igreja, é necessário então suprires a falta da presença corporal pela espiritual; nunca omitas, numa hora da manhã, ir em espírito aos pés do altar, identificar a tua intenção com a do padre e dos fiéis e ocupar-te com este santo sacrifício, em qualquer parte que estiveres, como o farias, se estivesses na igreja.

Proponho-te em seguida um método de ouvir a missa devotamente.

a) Desde o começo da missa até o padre subir ao altar, faze com ele a preparação, que consiste em te apresentares a Deus, em confessares a tua indignidade e em pedires perdão de teus pecados.

b) Depois de subir o padre ao altar, até ao Evangelho, considera a vinda e a vida de Nosso Senhor neste mundo, lembrando-te delas com uma representação simples e geral.

c) Do Evangelho até depois do *Credo* considera a pregação de Nosso Senhor; protesta-lhe sinceramente que queres viver e morrer na fé, na prática de sua palavra divina e na união da santa Igreja Católica.

d) Do *Credo* ao *Pater noster* aplica teu espírito à meditação da paixão e morte de Jesus Cristo, as quais se representam atual e essencialmente neste santo sacrifício, que oferecerás em união com o padre e com todo o povo a Deus, o Pai de misericórdia, para sua glória e nossa salvação.

e) Do *Pater noster* à comunhão, excita teu coração, por todos os modos possíveis, a querer ardentemente unir-se a Jesus Cristo pelos laços mais fortes do eterno amor.

f) Da comunhão ao fim, agradece à sua divina majestade, por sua encarnação, vida, paixão e morte e também pelo amor que nos testemunhou neste santo sacrifício, conjurando-o por tudo isso a ser propício a ti, a teus parentes e amigos e a toda a Igreja e, ajoelhando-te em seguida com profunda humildade, recebe devotamente a bênção que Nosso Senhor te dá na pessoa de seu ministro.

Querendo, no entanto, fazer no tempo da santa missa a tua meditação habitual, escusa-te seguir este método. Será suficiente fazer no começo a intenção de assistir a este santo sacrifício, tanto mais que quase todas as práticas deste método se acham sintetizadas numa meditação bem-feita.

Capítulo 15
Outros exercícios públicos e comuns de devoção

Nos domingos e dias de festa, que são dias consagrados a Deus por um culto mais particular e mais amplo, pensas muito bem, Filoteia, que te deves ocupar mais que de ordinário dos deveres de religião, e que, fora os outros exercícios, deves assistir ao ofício de manhã e à tarde, se o podes comodamente. Sentirás com muita doçura a piedade e podes crer em Santo Agostinho, que afirma em suas "Confissões" que, quando, no começo de sua conversão, assistia ao ofício divino, o seu coração se inundava de suavidade e seus olhos se arrasavam de lágrimas. Demais (direi uma vez por todas), tudo o que se faz na igreja, publicamente, tem sempre maior valor e consolações do que o que se faz privadamente; porque Deus quer que no tocante a seu culto demos sempre a primazia à comunhão dos fiéis, de preferência a todas as devoções particulares.

Entra de bom grado nas confrarias do lugar onde moras e principalmente naquelas cujos exercícios te prometem maior utilidade e edificação; tens aí uma espécie de obediência muito agradável a Deus; pois, conquanto não exista um preceito sobre este ponto, é, contudo, fácil de ver que a Igreja no-los recomenda muito, manifestando suas intenções com as indulgências e outros privilégios que concede a estas pias associações. Além disso, é uma obra de caridade cristã aceder às boas intenções dos outros e contribuir para os seus bons propósitos e, conquanto em particular pudesses fazer alguma coisa tão boa e com maior gosto do que nas confrarias se faz, Deus receberia, no entanto, maior glória aqui, pela união de tantos corações e ofertas.

O mesmo digo de todas as orações e devoções públicas, às quais devemos concorrer, quanto está em nossas forças, com nosso bom exemplo, para a glória de Deus, a edificação do próximo e o fim especial que aí se tem em mira.

Capítulo 16
Devemos honrar e invocar os santos

Sendo pelo ministério dos anjos que muitas vezes recebemos as inspirações de Deus, é também por meio deles que lhe devemos apresentar as nossas aspirações, não menos que por meio de santos e santas, que, como Nosso Senhor disse, sendo agora semelhantes aos anjos na glória de Deus, lhe apresentam de contínuo as suas orações e desejos em nosso favor.

Aliemos os nossos corações, Filoteia, a estes espíritos celestes, a estas almas bem-aventuradas; assim como os filhotes dos rouxinóis aprendem a cantar com os grandes, nós aprenderemos também, por esta união, a honrar a Deus e a rezar condignamente.

Eu cantarei, Senhor, os vossos louvores, dizia Davi, *na presença de vossos anjos*.

Honra, venera e respeita de um modo especialíssimo a santíssima e excelsa Virgem Maria, que, como Mãe de Jesus Cristo, nosso irmão, é também indubitavelmente a nossa Mãe. Recorramos a ela e, como seus filhinhos, lancemo-nos a seus pés e aos seus braços com uma perfeita confiança, em todos os momentos e em todos os acontecimentos. Invoquemos a esta Mãe tão santa e boa; imploremos o seu amor materno; tenhamos para com essa Mãe um coração de filho e esforcemo-nos por imitar as suas virtudes.

Procura uma familiar convivência de tua alma com os anjos, lembrando-te muitas vezes de sua presença; ama e venera, sobretudo, o anjo da diocese onde estás, os das pessoas com quem vives e em especial o teu próprio. Reza a eles de vez em quando, bendize a Deus por eles, implora-lhes a proteção em todos os negócios espirituais e temporais, para que auxiliem as tuas intenções.

O grande Pedro Faber, primeiro padre, primeiro pregador, primeiro professor de teologia da Companhia de Jesus e primeiro companheiro de Santo Inácio, seu fundador, regressando um dia da Alemanha, onde tinha trabalhado muito para a glória de Deus, e passando por esta diocese, onde nascera, contava que a sua devoção de saudar os anjos das paróquias de seu itinerário lhe tinha valido muitas consolações interiores de sua alma e uma especial proteção em suas viagens; assegurava ele que sensivelmente conhecera quanto lhe tinha sido propício, ou salvaguardando-o das ciladas dos hereges, ou preparando numerosas almas para receberem mais docemente a doutrina da salvação. E com tal desejo de espalhar esta devoção dizia isto, que uma senhora, estando aí presente nos anos de sua juventude, o contava ainda, há quatro anos passados, isto é, mais de sessenta anos depois, com sentimentos de muita piedade. Quanto a mim, grande consolação tive no ano passado, quando consagrei um altar na aldeia de Villaret, entre as nossas montanhas mais inacessíveis, no mesmo lugar onde vira a luz o bem-aventurado servo de Deus.

Escolhe um santo em cuja intercessão deponhas especial confiança e cuja vida possas ler com maior gosto para lhe imitar as virtudes. Sem dúvida, o santo cujo nome recebeste no batismo deve ter entre todos o primeiro lugar.

Capítulo 17
Como se deve ouvir e ler a Palavra de Deus

Deves ter um gosto especial em ouvir a Palavra de Deus, mas ouve-a sempre com atenção e respeito, quer no sermão, quer em conversas edificantes dos teus amigos que gostam de falar em Deus. É a boa semente, que não se deve deixar cair em terra. Aproveita-te bem dela; recebe-a no teu coração como um bálsamo precioso, à imitação da Santíssima Virgem, que conservava no seu peito, cuidadosamente, tudo o que ouvia dizer de seu divino Filho, e lembra-te sempre que Deus não ouvirá favoravelmente as nossas palavras na oração se não tirarmos proveito das suas nos sermões.

Tem sempre contigo um bom livro de devoção, como os de São Boaventura, de Gerson, de Dionísio Cartusiano, de Luís de Blois, de Granada, de Estella, de Árias, de Pinelli, de La Puente, de Ávila, o *Combate espiritual*, as *Confissões* de Santo Agostinho, as *Epístolas* de São Jerônimo e outros semelhantes. Lê-o por algum tempo todos os dias, mas com tanta atenção como se um santo to enviasse expressamente para te ensinar o caminho do céu e encorajar-te a trilhá-lo.

Lê também as vidas dos santos, onde verás, como em um espelho, o verdadeiro retrato da vida devota, acomodando os seus exemplos aos deveres do teu estado. Pois, embora muitas ações dos santos não possam ser imitadas por pessoas que vivem no século, contudo, de perto ou de longe, todas elas podem ser seguidas. Imita a grande solidão de São Paulo, o primeiro eremita, pela solidão espiritual do teu coração e pelo recolhimento assíduo, segundo as tuas forças; ou, então, a pobreza extrema de São Francisco, por certas práticas de pobreza de que ainda hei de falar. Entre as vidas dos santos e santas há algumas que espalham luz em nossa mente para a direção de nossa vida, como a da bem-aventurada Madre Teresa, o que torna a sua leitura admirável, as dos primeiros Jesuítas, a do Cardeal São Carlos Borromeu, de São Luís, de São Bernardo, as "Crônicas" de São Francisco e outros livros semelhantes. Outras há que nos são propostas mais para a admiração do que para a imitação, como as de Santa Maria Egipcíaca, de São

Simão Estilita, de Santa Catarina de Sena, de Santa Catarina de Gênova, de Santa Ângela, as quais, em todo caso, muito nos afervoram em geral no santo amor de Deus.

Capítulo 18
Como se devem receber as inspirações

Por inspirações compreendemos todos os atrativos da graça, os bons movimentos do coração, os remorsos de consciência, as luzes sobrenaturais e em geral todas as bênçãos com que Deus visita o nosso coração, por sua misericórdia amorosa e paterna!, para acordar-nos da nossa sonolência ou para nos incitar à prática das virtudes ou para aumentar em nós o amor a Ele; numa palavra: para nos fazer procurar o que é de nosso interesse eterno.

É exatamente isso que o Esposo dos Cantares chama em termos místicos procurar a Esposa, bater-lhe à porta, falar-lhe ao coração, acordá-la, fazê-la chamar por ele em sua ausência, convidá-la a comer o seu mel, a colher frutos e flores e a lhe falar.

Sirvo-me também desta comparação para maior clareza. Três coisas são necessárias para contrair-se um desponsório: primeiro há de ser proposto à pessoa de que se deseja o coração e a fidelidade; segundo, esta há de anuir à proposta; e, terceiro, há de dar o consentimento. Assim, Deus, quando quer operar em nós, por nós e conosco alguma coisa para sua glória, primeiro no-la propõe por suas inspirações; nós a recebemos com uma suave complacência e damos o consentimento. Pois, como há três degraus pelos quais se cai no pecado – a tentação, o deleite e o consentimento –, assim também há três degraus pelos quais nos elevamos à prática das virtudes: a inspiração, que é contrária à tentação; a complacência na inspiração, que é oposta ao deleite da tentação, e o consentimento à inspiração, que se opõe ao que se dá à tentação.

Caso a inspiração durasse todo o tempo de nossa vida, nem por isso seríamos mais agradáveis a Deus, se não a recebêssemos com agrado. Ao contrário, ofenderíamos a Deus, como os israelitas, que, como Ele mesmo disse, abusaram por quarenta anos da graça que lhes deu para se converterem, aos quais, por isso, foi proibido por um juramento de entrarem na terra do seu repouso.

Esta complacência às inspirações muito adianta a obra de Deus em nós e nos atrai a complacência de seus olhos. Pois, conquanto ainda não seja um consentimento perfeito, em todo caso lhe é uma disposição muito favorável; e, se já o gosto que se tem de ouvir a Palavra de Deus, que é quase uma disposição externa, é muito agradável a Deus e um sinal de salvação, muito mais o será, sem dúvida, a complacência às inspirações. É desta deleitação que nos fala a Esposa dos Cantares, dizendo: *A minha alma se desfez em alegria quando meu Dileto me falou.*

Mas, enfim, é do consentimento que tudo depende; pois, tendo recebido uma inspiração com complacência, mas sem dar o nosso aprazimento, tornamo-nos réus duma extrema ingratidão para com a divina Majestade e quase a tratamos com maior desprezo do que se a tivéssemos rejeitado imediatamente. Foi esta a falta e a desgraça da Esposa dos Cantares, que, sensibilizada com muita alegria, ao ouvir a voz do seu Dileto, contudo não lhe abriu a porta e se escusou de uma maneira frívola, de sorte que o Esposo se foi embora, deixando-a com indignação.

Cumpre, Filoteia, resolveres-te a receber dora em diante todas as inspirações do céu, como haverias de receber a anjos que Deus te enviasse para tratar contigo de um negócio importante. Escuta com calma o que a inspiração te propõe; presta atenção ao amor de quem a dá, recebe-a com alegria e dá o teu consentimento de um modo terno e amoroso; e Deus, que nunca nos poderá dever alguma obrigação, não deixará de ter gosto em tua docilidade e fidelidade. Mas, se a inspiração exige de ti alguma coisa de maior e extraordinário, deves suspender o consentimento até consultar o teu diretor espiritual, que a examinará para ver se vem de Deus ou não; porque acontece muitas vezes que o inimigo, vendo uma alma dócil em seguir as inspirações, lhe insinua falsas, para a enganar, mas debalde, se ela obedecer com humildade ao seu diretor.

Uma vez dado o consentimento à inspiração, cumpre executar cuidadosamente o que ela exigiu de nós, o que completa a obra da graça, porque reter o consentimento no interior, sem levá-lo a efeito, seria imitar a um homem que, tendo plantado uma vinha, não a quer cultivar, com medo de que não produza frutos.

Considera de quanta utilidade será a tudo isso a devoção da manhã e o referido recolhimento do coração, conquanto nos disponhamos a fazê-los bem, com uma preparação não só geral, mas também particular.

Capítulo 19
A santa confissão

Nosso Senhor instituiu na sua Igreja o Sacramento da Penitência ou Confissão para purificar as nossas almas das suas culpas, todas as vezes que se acharem manchadas. Nunca permitas, Filoteia, que teu coração permaneça muito tempo contaminado do pecado, tendo um remédio tão eficaz e simples contra a sua corrupção. Uma alma subjugada por um pecado devia ter horror de si mesma; e o respeito devido aos olhos da divina Majestade a obriga a purificar-se dele o mais cedo possível. Ah! por que havemos de morrer desta morte espiritual, tendo nas mãos um remédio tão eficaz para nos curar?

Confessa-te com humildade e devoção todos os oito dias e, se for possível, sempre que comungares, conquanto tua consciência não te acuse de algum pecado mortal*. Aí receberás não só a remissão dos pecados veniais que confessares, mas também muitas luzes para os discernir melhor, muita força para os evitar e uma maravilhosa abundância de graças para reparar as perdas que te tenham causado. E além disso praticarás nesse ato a humildade, a obediência, a simplicidade e o amor a Deus – numa palavra, mais virtudes que em nenhum outro ato de religião.

Conserva sempre uma verdadeira dor dos pecados confessados, por menores que sejam, e uma firme resolução de corrigires-te. Pessoas há que se confessam dos pecados veniais só por um certo hábito que lhes agrada e sem pensar em corrigir-se e por isso não se livram deles e se privam de muitas graças necessárias para o seu progresso espiritual. Se te acusas de uma ligeira mentira, de uma palavra um pouco desregrada, de alguma circunstância menos boa

---

* Cf. nota do tradutor à p. 183.

do jogo, tem um verdadeiro arrependimento e uma firme vontade de prestar atenção a isso, porque é um abuso do sacramento confessares-te de um pecado mortal ou venial sem quereres purificar dele a alma, sendo este o fim pelo qual a confissão foi instituída.

Omite aquelas acusações supérfluas, que muitos dizem por rotina. Não amei tanto a Deus como devia, não rezei com tanta devoção como devia, não recebi os sacramentos com tanto respeito como devia, e outras coisas semelhantes. A razão está bem de ver-se; dizendo isso, de nada te acusas, em particular, que possa manifestar ao confessor o estado da tua consciência e dizer o mesmo que os homens mais perfeitos deste mundo poderiam dizer e até mesmo os santos do céu, se ainda se pudessem confessar.

Procura a razão particular por que te tens acusado de um modo tão geral e, assim que a achares, expõe teus pecados de um modo simples e natural. Por exemplo: acusas-te de não ter amado o próximo como devias; foi talvez porque, sabendo da indigência de um pobre que facilmente podias socorrer e consolar, omitiste este dever de caridade; pois bem, acusa-te desta particularidade e dize que não o socorreste, como podias, ou por negligência ou por dureza de coração ou por desprezo. Do mesmo modo não te deves acusar de não ter rezado com toda a devoção que devias ter; mas, pondo de parte esta acusação geral, que de nada serve para a confissão, declara simplesmente que tens tido distrações voluntárias e que tens prevaricado quanto ao lugar, tempo, a posição exterior do corpo e outras circunstâncias necessárias para fazer bem a oração. Na exposição dos pecados veniais não te dês por satisfeita em referir o fato; acusa-te também do motivo por que te deixaste levar. Assim, dizer que pregaste uma mentira que não prejudica a ninguém ainda não é bastante; deves acrescentar se o fizeste por vanglória, para te louvar ou te escusar ou por gracejo ou por pertinácia. Se cometeste uma falta no jogo, dá explicações sobre isso, dizendo se foi pelo desejo de ganhar ou pelo prazer de conversa; e assim por diante, quanto aos outros pecados.

Não deixes de determinar o tempo que durou o pecado, porque, de ordinário, o tempo lhe aumenta notavelmente a malícia. De fato, muita diferença passa entre uma vaidade passageira, que se demorou em nossa alma aí por um quarto de hora, e uma vã complacência que o orgulho secreto do coração fomentou por um ou mais dias. Na acusação de um pecado torna-se necessário determinar o fato, o motivo e a duração. É verdade que, quanto aos pecados veniais, em geral não se está obrigado a uma exatidão escrupulosa e que a própria acusação não é de necessidade absoluta; contudo, quem quer purificar a sua alma, para atingir a perfeição da devoção, deve ter um grande cuidado de pôr o médico espiritual bem ao fato de todos aqueles males dos quais se deseja a cura, por menores que pareçam.

Por fim, não cales nada que é necessário para fazer compreender todo o teu pecado e nota ainda este exemplo: um homem, que naturalmente me desagrada, diz-me por aí uma palavrinha à toa e só por gracejo; mas eu a interpreto mal e me encolerizo; ao contrário, se uma pessoa de quem gosto me disser uma palavra muito mais violenta, eu a levo a bem.

Que devo fazer, pois, na confissão? Direi que me desmandei com palavras de enfado por ter levado a mal o que certa pessoa me disse, não em razão da qualidade das palavras, mas unicamente em razão da aversão que tenho a essa pessoa.

Julgo até muito útil particularizar estas palavras de enfado. Manifestando assim ao confessor não só os pecados cometidos, mas também as más inclinações, os hábitos e outras raízes do pecado, ele conhecerá mais a fundo o coração e os remédios necessários a suas enfermidades. É preciso, no entanto, encobrir, quanto possível for, as pessoas que concorreram para o teu pecado.

Presta atenção a muitos pecados que substituem e dominam às vezes por muito tempo no coração, sem que este o note, para os confessares e purificares deste modo o teu. Para este fim, podes ler atentamente os capítulos 7, 27, 28, 35 e 36 da terceira parte e o capítulo 7 da quarta.

Não mudes facilmente de confessor e dá-lhe conta de tua consciência nos dias marcados, dizendo-lhe singela e francamente todas as tuas faltas e, de tempos em tempos, seja mensalmente ou seja cada dois meses, manifesta-lhe o estado de tuas inclinações, embora não te tenham levado ao pecado: se o espírito de tristeza ou pesar te acabrunha, se teu coração pende muito à alegria ou se sentiste um vivo desejo de possuir maiores bens. E assim por diante.

Capítulo 20
A comunhão frequente

É conhecido o que se diz de Mitridates, rei do Ponto, na Ásia, o qual inventou um alimento preservativo de todo veneno. Nutrindo-se dele, este rei tornou o seu temperamento tão robusto que, estando a ponto de ser preso pelos romanos e querendo evitar o cativeiro, por mais que fizesse, não conseguiu envenenar-se.

Não foi isso mesmo que fez nosso divino Salvador de um modo verdadeiro e real, no augustíssimo Sacramento do altar, onde Ele nos dá o seu corpo e sangue, como um alimento, que confere a imortalidade?

É por isso que quem se aproxima muitas vezes e com devoção desta sagrada mesa recebe tanta força e vigor, que é quase impossível que o veneno mortífero das más inclinações faça alguma impressão em sua alma. Não, não se pode viver desta carne de vida e morrer da morte do pecado. Se os homens no paraíso terrestre podiam preservar-se da morte corporal, comendo do fruto da árvore da vida, por que não poderão agora preservar-se da morte espiritual, pela virtude deste sacramento da vida?

Na verdade, se os frutos mais tenros e expostos à corrupção, como as cerejas, morangos e damascos, se conservam facilmente misturados com açúcar ou mel, não há que admirar-se que nossas almas, por mais fracas que sejam, se preservem da corrupção do pecado se se deixam penetrar da força e suavidade do sangue incorruptível de Jesus Cristo.

Ó Filoteia, os cristãos que se condenam estarão ante o Juiz justo, sem saber o que responder-lhe, quando ele lhes fizer ver que sem razão alguma e por própria culpa morreram espiritualmente, podendo tão facilmente preservar-se da morte, em se alimentando do seu corpo.

Miseráveis, ele há de dizer-lhes, por que estais mortos, se tínheis entre as mãos o fruto da vida?

Comungar todos os dias é uma coisa que não louvo nem censuro; mas comungar todos os domingos é uma prática que aconselho e exorto a todos os fiéis, contanto que não tenham nenhu-

ma vontade de pecar. Estas são as próprias palavras de Santo Agostinho, de acordo com o qual eu não louvo nem censuro a comunhão cotidiana, remetendo os fiéis à decisão do seu diretor espiritual, porque isto exige uma disposição tão extraordinária, que não a podemos recomendar a todos indiscriminadamente, e, porque esta disposição se pode achar em muitas almas piedosas, não a podemos proibir a todos em geral. Um juízo sobre este ponto pertence à discrição do confessor, que conhece o estado habitual e atual do penitente. Grande imprudência seria tanto aconselhar indiferentemente a todas as pessoas a prática da comunhão frequente, como vituperar alguém que, por conselho de um sábio diretor, comunga assiduamente. É porque muito aprovo a resposta judiciosa e delicada que Santa Catarina de Sena deu a certa pessoa que, não aprovando que ela comungasse diariamente, lhe disse que Santo Agostinho não o louvava nem censurava. Pois bem – respondeu ela com espírito –, se Santo Agostinho não o censura, não o façais vós tampouco e me contentarei do vosso silêncio.

Estás vendo, porém, Filoteia, que Santo Agostinho encarecidamente recomenda aos fiéis, por seus conselhos e exortações, comungarem em todos os domingos. Faze-o, pois, quanto está em tuas forças, desde que, tendo purificado teu coração, como presumo, de todos os afetos ao pecado mortal e venial, tens a alma mais bem disposta do que Santo Agostinho exige, porque, além de não teres vontade de pecar, nem mesmo tens afeto ao pecado. Poderás até comungar mais vezes que só aos domingos, se alcançares licença de teu diretor espiritual.

Bem sei que podes estar legitimamente impedida por motivos que podem provir tanto de tua parte como da parte daqueles com quem vives. Se alguma dependência, pois, te obriga a obedecer-lhes e respeitá-los e eles entendam tão pouco de sua religião ou tenham um caráter tão bizarro que se inquietem e perturbem por ver-te comungar todos os domingos, será talvez melhor, considerando todas as circunstâncias, condescender às suas fraquezas e comungar todos os quinze dias, uma vez que não podes superar este obstáculo. Como não se pode formular uma regra geral sobre este ponto, estamos constrangidos a deixar a decisão ao confessor; contudo, podemos dizer com toda a verdade que as pessoas que querem levar uma vida devota devem comungar ao menos uma vez por mês.

Se souberes proceder com prudência, nem pai, nem mãe, nem marido, nem mulher impedirão tua comunhão frequente; pois, se a comunhão em ponto algum te fará descuidar dos deveres do teu estado e se, nos dias em que comungares, tiveres mais brandura e complacência com os outros, não é verossímil que te queiram demover dum exercício, que absolutamente não os incomoda, a não ser que sejam de tão mau humor ou tão desarrazoados que assim mesmo o façam. Neste caso, cumpre seguir a regra de condescendência que acabo de dar e o conselho do teu diretor.

No tocante às doenças, nenhuma delas pode ser um impedimento legítimo de comungar, a não ser aquelas que provocam vômitos frequentes.

Aqui tens as regras que te posso dar sobre a comunhão frequente. Para comungar todas as semanas é necessário não ter nenhum pecado mortal e nenhum afeto ao pecado venial e sentir um grande desejo da comunhão. Mas, para comungar todos os dias, é necessário, além disso, purificar a alma de todas as más inclinações e seguir o conselho do diretor espiritual.

N.B. Para poder-se avaliar condignamente o capítulo acima convém notar que no tempo em que São Francisco de Sales escreveu este livro não se costumava comungar tão frequentemente como agora. A praxe atualmente vigente na Igreja a este respeito é bem diversa da de então, principalmente quanto às disposições requeridas. O decreto do Papa Pio X Sacro tridentina synodus (20 de dezembro de 1905), confirmado pelo novo Direito Eclesiástico (cân. 863), exorta efusivamente a todos os fiéis que se acheguem muitas vezes e mesmo todos os dias da sagrada mesa, exigindo para isso unicamente:

1º) que se achem atualmente em estado de graça;

2º) que comunguem com uma intenção reta, para agradar a Deus e unir-se sempre mais intimamente com Jesus Cristo [N.T.].

Capítulo 21
Como se deve comungar

Começa já na véspera do dia da comunhão a te preparar com repetidas aspirações do amor divino e deita-te mais cedo que de costume, para te levantares também mais cedo. Se acordas durante a noite, santifica esses momentos por algumas palavras devotas ou por um sentimento que impregne tua alma da felicidade de receber o divino Esposo; enquanto dormes, Ele está velando sobre o teu coração e preparando as graças que te quer dar em abundância, se te achar devidamente preparada. Levanta-te de manhã com este fervor e alegria que uma tal esperança te deve inspirar, e depois da confissão aproxima-te com uma grande confiança e profunda humildade da mesa sagrada, para receber este alimento celeste, que te comunicará a imortalidade. Depois de pronunciares as palavras: *Senhor, eu não sou digno* etc., já não deves mover a cabeça ou os lábios para rezar ou suspirar; mas, abrindo um pouco a boca e elevando a cabeça de modo que o padre possa ver o que faz, estende um pouco a língua e recebe com fé, esperança e caridade aquele que é de tudo isso ao mesmo tempo o princípio, o objeto, o motivo e o fim.

Ó Filoteia, considera, se te agradar, este doce pensamento: a abelha, recolhendo o orvalho do céu e o suco das flores, que é o mais precioso da terra, faz disso o seu mel e o leva para a colmeia, a fim de se alimentar; o padre toma do altar o Salvador do mundo, que é o verdadeiro Filho de Deus, descido do céu, e o verdadeiro Filho da Virgem, saído da terra, como todos os homens, e te entrega para a alimentação de tua alma.

Excita então o teu coração a render o culto devido a este Rei e Salvador divino; faze-lhe o melhor acolhimento que puderes. Contempla a sua presença em ti, que é ao mesmo tempo a tua felicidade; trata confidentemente com Ele sobre os teus negócios interiores e por todo o resto do dia manifesta por tuas ações que Deus está contigo.

Se não puderes comungar realmente na santa missa, faze-o ao menos em espírito e com o coração, unindo-te pela fé à carne vivificante do Senhor.

A principal intenção que deves ter na comunhão é de adiantar, purificar e consolar a tua alma no amor de Deus; deves, pois, receber com espírito de amor o que só o amor te pode dar. Não, não podemos achar um outro ato mais amoroso e mais terno da bondade de Nosso Senhor do que este em que Ele se aniquila, por assim dizer, e se dá a nós, como alimento, para penetrar a nossa alma de si mesmo e para estender esta união também ao corpo, ao coração dos seus fiéis.

Se o mundo te perguntar por que comungas tão frequentemente, deves responder-lhe que é para aprender a amar a Deus, purificar-te de tuas imperfeições, livrar-te de tuas misérias, procurar consolo em tuas aflições e fortificar-te em tuas fraquezas. Dize ao mundo que duas espécies de homens devem comungar muitas vezes: os perfeitos, porque, estando bem preparados, fariam muito mal de não se chegarem muitas vezes a esta fonte de perfeição, e os imperfeitos, a fim de aspirarem à perfeição; os fortes, para não se enfraquecerem, e os fracos, para se fortificarem; os sadios, para se preservarem de todo o contágio, e os doentes, para se curarem. E acrescenta que, quanto a ti, que és do número das almas imperfeitas, fracas e doentes, precisas receber muitas vezes o Autor da perfeição, o Deus da força e o Médico das almas.

Dize ao mundo que os que não se ocupam muito de negócios devem comungar muitas vezes, porque têm tempo, e os que têm muito que fazer, porque, carregados de muitos trabalhos e penas, têm necessidade do alimento dos fortes. Dize, enfim, que comungas frequentemente para aprender a comungar bem; porque nunca se fez bem uma coisa em que raramente se exercita.

Comunga muitas vezes, Filoteia, e tantas quantas puderes, debaixo da direção de teu padre espiritual, e crê-me que, se o corpo toma as qualidades do alimento de que se nutre habitualmente, como vemos nas lebres de nossas montanhas, que no inverno se tornam brancas, porque só veem neve, e só comem neve, crê-me, digo, que, alimentando muitas vezes tua alma do Autor da beleza e da bondade, da santidade e da pureza, ela se tornará a seus olhos toda bela e boa, toda pura e santa.

PARTE III

Avisos necessários para a prática das virtudes

Capítulo 1
A escolha das virtudes

A rainha das abelhas nunca sai da colmeia, sem ser rodeada de todo o enxame de seu povinho, e a caridade nunca entra num coração senão como rainha, seguida de todas as outras virtudes, que aí introduz, dispõe em ordem, segundo a sua dignidade, e fá-las agir, regulando-lhes as funções mais ou menos como um capitão dirige e ordena os seus soldados; mas não as faz agir todas ao mesmo tempo nem do mesmo modo, nem a todo momento, nem em todos os lugares. *O justo* – diz Davi – *será como uma árvore plantada junto às correntes das águas, que a seu tempo dará o seu fruto,* porque a caridade, animando o coração, o leva à prática de muitas boas obras, que são os frutos das virtudes, mas cada uma a seu tempo e em seu lugar. Esforça-te por compreender exatamente o provérbio da Escritura: *A música, sendo em si tão agradável, é importuna no pranto.* À evidência nos faz ver este provérbio quanto é defeituoso e fora de tempo o procedimento de muitas pessoas que, entregando-se à prática de uma virtude particular, querem opinadamente praticá-la em todas as ocasiões; são semelhantes àqueles filósofos dos quais um queria rir e outro chorar continuamente e são ainda mais desarrazoados que eles, porque se queixam de quem não faz o mesmo e o censuram. Muito errado compreendem o Apóstolo São Paulo, que diz que nos devemos alegrar com os que se alegram e chorar com os que choram e acrescenta que a caridade é paciente, benigna, liberal, prudente, condescendente.

Há, no entanto, virtudes que se devem exercer por quase toda parte, e que, não se limitando aos próprios atos particulares, devem compenetrar de seu espírito todas as outras virtudes. Não se oferecem muitas vezes ocasiões de praticar a fortaleza, a magnanimidade, a paciência; mas a brandura, a temperança, a modéstia, a honestidade e a humildade são virtudes cujo espírito e caráter se devem manifestar em todas as nossas ações. As primeiras são mais excelentes e sublimes, mas as últimas são mais praticadas; dá-se aqui o que vemos com o sal e o açúcar; sendo este mais excelente, não é contudo usado tantas vezes e tão geralmente. Por isso nunca nos deve faltar uma boa provisão destas últimas virtudes, tão gerais e comuns.

Na prática das virtudes convém preferir as que são mais conformes aos nossos deveres às que são mais conformes ao nosso gosto. Muito se inclinava Santa Paula às austeridades corporais, nas quais pretendia achar abundantes consolações espirituais; mas a obediência correspondia mais aos seus deveres e São Jerônimo diz abertamente que, quanto a esse ponto, ela era repreensível, jejuando até ao excesso, contra a vontade de seu bispo. Ao contrário, os apóstolos, a quem Jesus Cristo tinha incumbido da pregação do seu Evangelho e da distribuição do pão celeste às almas, julgaram mui sabiamente que não deviam deixar este ministério para se dedicar a obras de caridade para com os pobres, por mais excelente que seja esta virtude. Todos os estados da vida têm suas virtudes próprias; assim, as virtudes de um prelado são diferentes daquelas de um príncipe, de um soldado, de uma senhora casada ou de uma viúva. Embora todos nós devamos possuir todas as virtudes, não as devemos, no entanto, praticar a todas igualmente e cada um deve aplicar-se principalmente àquelas que são essenciais aos deveres de sua vocação.

Entre as virtudes que não se referem a nossos deveres particulares devemos preferir as mais excelentes às mais aparatosas, que muitas vezes nos podem iludir. Os cometas nos parecem em geral maiores que as estrelas, conquanto não lhes sejam comparáveis nem em grandeza nem em qualidade; assim os enxergamos, porque estão mais perto de nós que as estrelas.

Há virtudes que as almas simples parecem maiores que outras e portanto são mais estimadas; a única razão disto é que estas virtudes, estando mais próximas de seus olhos, lhes dão mais na vista e se adaptam mais a suas ideias, que são muito materiais. Por isso o mundo prefere comumente a esmola corporal à espiritual, os cilícios e disciplinas, os jejuns e andar descalço, as vigílias, e toda sorte de mortificação do corpo, à brandura, à benignidade, à modéstia e a todas as mortificações do espírito e do coração, que são, contudo, muito mais excelentes e meritórias. Escolhe, Filoteia, as virtudes que são melhores e não as mais apreciadas, as mais excelentes e não as mais aparatosas, as mais sólidas e não as que fazem muito alarde e têm muito brilho exterior.

De grande vantagem é aplicar-se a uma virtude especial, sem negligenciar as demais, para dar maior regularidade às aspirações do coração, mais intensa atenção ao espírito e maior uniformidade às nossas ações.

Uma donzela de rara formosura, brilhante como o sol, ornada de um modo magnífico e coroada de ramos de oliveira, apareceu um dia a São João, bispo de Alexandria, e lhe disse: Eu sou a filha primogênita do Rei; se queres granjear o meu amor, conduzir-te-ei a seu trono e acharás graça em sua presença. Conheceu o santo que por esta visão Deus lhe recomendava a misericórdia e desde então se entregou tanto às obras de zelo e liberalidade que mereceu o nome de São João Esmoler.

Um homem de Alexandria, por nome Eulógio, querendo fazer alguma coisa de grande por amor de Deus e não tendo ânimo bastante para abraçar a vida solitária ou viver em comunidade, sob a obediência de um superior, recebeu em sua casa um pobre coberto de lepra, para praticar ao mesmo tempo a caridade e a mortificação; e, para praticar estas virtudes de um modo mais digno de Deus, ele fez o voto de respeitar, tratar e servir ao seu doente em tudo, como um servo ao seu senhor.

Ora, no decorrer do tempo, tanto o leproso como Eulógio foram tentados de se separarem um do outro e contaram ambos a tentação ao grande Santo Antão, que lhes respondeu: Guardai-vos, meus filhos, de separar-vos um do outro; porque já estais próximos do vosso fim e, se o anjo não vos achar juntos, correis grande perigo de perder as vossas coroas.

O rei São Luís visitava os hospitais e cuidava dos doentes com tanto desvelo como se fosse sua obrigação. São Francisco amava, sobretudo, a pobreza, a que chamava a sua senhora; e São Domingos, a pregação, o que deu o nome à sua Ordem. São Gregório Magno muito folgava de dar agasalho aos peregrinos, a exemplo do patriarca Abraão, e, como ele, recebeu um dia o Rei da glória na forma de um peregrino. Tobias exercia a caridade, sepultando os mortos. Santa

Isabel sendo uma augusta princesa, achava a sua alegria em humilhar-se a si mesma. Santa Catarina de Gênova, tendo perdido seu marido, dedicou-se ao serviço de um hospital. Cassiano refere que uma jovem virtuosa, que muito desejava se exercer na paciência, recorreu a Santo Atanásio, que a encarregou de uma pobre viúva melancólica, colérica, enfadonha e mesmo insuportável, de sorte que, como a viúva estivesse constantemente ralhando, a jovem tinha ocasião bastante de praticar a brandura e a condescendência.

Assim, entre os servos de Deus, uns se dedicam a servir os doentes; outros a consolar os pobres, outros a ensinar a doutrina cristã às crianças, outros vão atrás das almas desgarradas e perdidas, outros empregam seu tempo a ornamentar os altares e as igrejas, e outros, por fim, levam a vida a restabelecer a paz e a concórdia entre os fiéis.

Imitem os bordadores que, exercendo sua arte, bordam sobre um fundo a seda, o ouro e a prata, toda a sorte de flores, sem que a bela variedade transtorne, um pouco que seja, o plano e a ordem do todo. Essas almas piedosas, tendo-se entregado à prática duma virtude especial, servem-se dela como dum fundo próprio, sobre o qual, por assim dizer, vão bordando todas as outras virtudes, de sorte que têm mais unidade e ordem em suas ações, referindo-as todas a um mesmo fim, que é a prática dessa virtude especial. Destarte todos eles se fazem aos olhos de Deus como um vestido de ouro, que de mil cores a agulha enfeita, recamando flores (Sl 44,10).

Se nos sentimos inclinados e tentados fortemente para um vício, é preciso que envidemos todos os nossos esforços para praticar a virtude que lhe é contrária e a este fim referir a prática das outras virtudes. Deste modo, asseguramo-nos a vitória sobre o inimigo, adquirimos uma virtude que não tínhamos e aperfeiçoamos muito as outras. Se o orgulho e a ira me atacam, é preciso que eu faça o meu coração pender, quanto possível for, para a humildade e a brandura e que convirjam para este mesmo fim os meus exercícios espirituais, a recepção dos sacramentos e as outras virtudes, como a prudência, a constância e a sobriedade; pois, assim como os javalis, para aguçar as presas, as roçam e limam com os dentes, os quais com isso também se afiam e limam, o homem que cultiva uma virtude que tem por mais necessária à defesa de seu coração deve esforçar-se para se aperfeiçoar neste particular por meio das outras virtudes, que por este modo também vão crescendo em santidade.

Não foi isso o que aconteceu a Jó, que, vencendo as tentações do demônio por sua exímia paciência, se tornou um homem perfeito em todas as virtudes?

Ainda mais – diz São Gregório Nazianzeno – um único ato de virtude praticado com toda a perfeição e com um alto grau de caridade já elevou mais de uma vez uma pessoa ao auge da perfeição; e ele dá como exemplo a caritativa e fiel Raab, que adquiriu um elevado grau de santidade, só porque concedeu uma vez afável hospitalidade a alguns israelitas.

Capítulo 2
Continuação das reflexões necessárias sobre a escolha das virtudes

Diz muito opinadamente Santo Agostinho que muitos principiantes da devoção fazem coisas que, julgando-se estritamente segundo as regras da perfeição, seriam censuráveis e que só se louvam neles como presságios e disposições, que são duma grande virtude. Aquele temor baixo e excessivo que produz escrúpulos fúteis na alma dos que saem do caminho do pecado é considerado como uma virtude e presságio certo duma perfeita pureza de consciência no futuro; mas esse mesmo temor seria repreensível nos mais adiantados na perfeição, que se devem guiar pela caridade, a qual vai expulsando aos poucos o temor servil.

São Bernardo tratava primeiramente os que se submetiam à sua direção com uma aspereza e rigor extremos, declarando-lhes antes de tudo que era necessário deixarem o corpo e virem até ele só com o espírito; ouvindo-lhes as confissões, dava-lhes a entender abertamente o horror que lhe causavam as suas faltas, por mais leves que fossem. Numa palavra, de tal maneira ele perturbava e afligia as almas dos pobres iniciados na perfeição que, em vez de fazerem progressos, retrocediam e perdiam todo o ânimo e coragem, vendo-se impelidos tão bruscamente, como homens coagidos, a subir a toda a pressa uma montanha escarpada.

Já vês, Filoteia, que era um ardente zelo duma pureza perfeita que levava esse grande santo a seguir esse método, e que, embora fosse nele uma virtude, não deixava de ter alguma coisa de represensível. Assim Deus dignou-se corrigi-lo por si mesmo numa visão maravilhosa, dando à sua alma um espírito tão doce e misericordioso, caridoso e terno, que o santo, condenando a sua severidade, exercia dora em diante uma extraordinária brandura e condescendência para com os que dirigia, fazendo-se com suave afabilidade tudo a todos, para ganhá-los todos para Jesus Cristo.

São Jerônimo, que escreveu a vida de Santa Paula, uma de suas filhas espirituais, que muito estimava, repreende-lhe três excessos: um era uma austeridade imoderada; outro, uma pertinácia nesta prática, mesmo contra o parecer de Santo Epifânio, seu bispo; e o terceiro, uma melancolia descomedida, que quase a levava à morte por ocasião do falecimento de seus filhos e seu marido. E então exclamava este grande padre da Igreja: Dir-se-á que, em vez de escrever os louvores desta santa, estou a censurar-lhe as imperfeições e defeitos; mas, não, tomo como testemunha a Jesus Cristo, a quem ela serviu, como eu quero servir, que de modo algum me aparto da verdade, em narrando, como cristão, o que ela foi como cristã, isto é, que lhe escrevo a vida e não o elogio, podendo afirmar, além disso, que seus defeitos seriam virtudes em outras pessoas.

Está claro que ele fala aqui de almas menos perfeitas que Santa Paula, e, de fato, Filoteia, há ações que se censuram, como imperfeições, em almas perfeitas, as quais em almas imperfeitas seriam consideradas como grandes virtudes. Não se diz que é um bom sinal, quando as pernas incham na convalescença duma doença, porque isto indica que a natureza se robusteceu tanto até rejeitar os humores supérfluos?

Mas isso mesmo seria um muito mau sintoma num homem que não tivesse estado doente, porque denotaria a falta de vigor da natureza para resolver e dissipar os maus humores. Faze sempre, Filoteia, uma boa ideia das pessoas que misturam imperfeições com as suas virtudes, porque mesmo os santos não as praticaram sem esta mistura. Mas, quanto a ti mesma, esforça-te por te aperfeiçoar, unindo a prudência à fidelidade; e, para isso, observa exatamente o conselho do sábio, que nos adverte a não confiarmos em nossa própria prudência, mas a submetermo-nos à direção daqueles que Deus nos envia.

Há coisas que se tomam por virtudes e que não o são de modo algum, sobre as quais é necessário que te diga algumas palavras. São estas os êxtases ou raptos, as insensibilidades, as uniões deíficas, as elevações e transformações e outras coisas semelhantes, de que tratam livros que prometem elevar a alma a uma contemplação toda especial, a uma aplicação essencial da mente a uma vida supereminente.

Estas perfeições, Filoteia, não são virtudes, mas as suas recompensas, ou, melhor, comunicações antecipadas da felicidade eterna, da qual Deus dá a certas almas um antegosto, para as fazer desejar mais ardentemente a sua posse. Mas não devemos ter pretensões a esses favores, porque não são necessários ao serviço de Deus, nem a seu amor, que deve ser a nossa única inspiração; tanto mais que ordinariamente não as podemos adquirir por nossos esforços, sendo antes impressões do espírito de Deus que nossas próprias operações. Acrescento ainda que, tendo-nos proposto aqui unicamente o intuito de ser homens de uma devoção sólida, mulheres duma piedade verdadeira, é somente a este fim que devemos tender; e, se Deus nos quiser elevar a estas perfeições angélicas, seremos também bons anjos aqui mesmo, neste mundo.

Enquanto isso, apliquemo-nos com simplicidade e humildade às pequenas virtudes que Nosso Senhor, dando-nos a sua graça, quer que nos esforcemos por conquistar, tais como a paciência, a benignidade, a mortificação do coração, a humildade, a obediência, a pobreza, a castidade, a afabilidade para com o próximo, a paciência com nossas imperfeições e o santo fervor. Deixemos de bom grado essas virtudes extraordinárias às almas grandes e muito superiores a nós.

Não merecemos um lugar tão alto na casa de Deus e demo-nos por muito felizes em nos achar no número de seus servos mais humildes, como os oficiais e lacaios inferiores no palácio dum príncipe, os quais consideram como uma honra o seu cargo, por mais vil e abjeto que seja.

Toca ao Rei da glória, se lhe parecer, chamar-nos a contemplar os arcanos misteriosos do seu amor e sabedoria. A nossa consolação em tudo isso, Filoteia, é que Deus não mede a recompensa eterna de seus servos pela dignidade de seus ofícios, mas pela humildade e amor com que os exercem.

Saul, procurando as mulas de seu pai, encontrou o Reino de Deus; Rebeca, dando de beber aos camelos de Abraão, torna-se esposa de seu filho; Rute, apanhando as espigas após os segadores de Booz e lançando-se a seus pés, vem a ser sua esposa. As altas pretensões a estes estados extraordinários da perfeição são, sem dúvida, sujeitas a muitos erros e ilusões: acontece que pessoas que podiam ser anjos não são nem homens sequer, aos olhos de Deus, porque há nelas mais afetação e palavras aparatosas que solidez de pensamento e afeto.

Não devemos, no entanto, desprezar e censurar temerariamente coisa alguma; mas, bendizendo a Deus pelo estado elevado dos outros, caminhemos com humildade pelo nosso caminho, menos sublime, mas mais proporcionado à nossa fraqueza, mais baixo, mas mais seguro, persuadidos de que, se formos fiéis e humildes, Deus nos elevará a grandezas muito superiores a nossas esperanças.

Capítulo 3
A paciência

A paciência, diz o Apóstolo, vos é necessária para que, fazendo a vontade de Deus, alcanceis o que Ele vos tem prometido. Sim, nos diz Jesus Cristo, possuireis vossas almas pela paciência.

O maior bem do homem consiste, Filoteia, em possuir seu coração e tanto mais o possuímos quanto mais perfeita é nossa paciência; cumpre, portanto, aperfeiçoarmos nesta virtude. Lembra-te também que, tendo Nosso Senhor nos alcançado todas as graças da salvação pela paciência de sua vida e de sua morte, nós também no-las devemos aplicar por uma paciência constante e inalterável nas aflições, nas misérias e nas contradições da vida.

Não limites a tua paciência a alguns sofrimentos, mas estende-a universalmente a tudo o que Deus te mandar ou permitir que venha sobre ti. Muitas pessoas há que de boa mente querem suportar os sofrimentos que têm um certo cunho de honroso: ter sido ferido numa batalha, ter sido prisioneiro ao cumprir o seu dever, ser maltratado pela religião, perder todos os seus bens numa contenda de honra, da qual saíram vencedores, tudo isso lhes é suave; mas é a glória e não o sofrimento o que amam. O homem verdadeiramente paciente tolera com a mesma igualdade de espírito os sofrimentos ignominiosos como os que trazem honra. O desprezo, a censura e a deseducação de um homem vicioso e libertino é um prazer para uma alma grande; mas sofrer esses maus-tratos de gente de bem, de seus amigos e parentes, é uma paciência heroica. Por isso aprecio e admiro muito mais o Cardeal São Carlos Borromeu, por ter sofrido em silêncio, com brandura e por muito tempo, as invectivas públicas que célebre pregador de uma ordem reformada fazia contra ele do púlpito, do que ter suportado abertamente os insultos de muitos libertinos; pois, como as ferroadas das abelhas doem muito mais que as das moscas, assim as contradições procedentes de gente de bem magoam muito mais do que as que provêm de homens viciosos. Acontece, no entanto, muitas vezes que dois homens de bem, ambos bem-intencionados, pela diversidade de opiniões, se afligem mutuamente não pouco.

Tem paciência não só com o mal que sofres, mas também com as suas circunstâncias e consequências. Muitos se enganam neste ponto e parecem desejar aflições, recusando, entretanto, sofrer as suas incomodidades inseparáveis. Não me afligiria, dizia alguém, de ficar pobre, contanto que a pobreza não me impedisse de ajudar a meus amigos, de educar meus filhos, e de levar uma vida honrosa. E eu, declarava um outro, pouco me inquietaria disso, se o mundo não atribuísse esta desgraça à minha imprudência. E eu, dizia ainda um terceiro, nada me importaria esta calúnia, contanto que não achasse crédito em outras pessoas. Muitos há que estão prontos a sofrer uma parte das incomodidades conjuntas aos seus males, mas não todas, dizendo que não se impacientam de estar doentes, mas do trabalho que causam aos outros e da falta de dinheiro para se tratar. Digo, pois, Filoteia, que a paciência nos obriga a querer estar doentes, como Deus quiser, da enfermidade que Ele quiser, no lugar onde Ele quiser, com as pessoas e com todos os incômodos que Ele quiser; e eis aí a regra geral da paciência! Se caíres numa enfermidade, emprega todos os remédios que Deus te concede; pois esperar alívio sem empregar os meios seria tentar a Deus; mas, feito isso, resigna-te a tudo e, se os remédios fazem bem, agradece a Deus com humildade e, se a doença resiste aos remédios, bendize-o com paciência.

Sou do parecer de São Gregório, que diz: Se te acusarem de uma falta verdadeira, humilha-te e confessa que mereces muito mais que esta confusão. Se a acusação é falsa, justifica-te com toda a calma, porque o exigem o amor à verdade e a edificação do próximo. Mas, se tua escusa não for aceita, não te perturbes, nem te esforces debalde para provar a tua inocência, porque, além dos deveres da verdade, deves cumprir também os da humildade. Assim, não negligenciarás a tua reputação e não faltarás ao afeto que deves ter à mansidão e humildade do coração.

Queixa-te o menos possível do mal que te fizeram; pois queixar-se sem pecar é uma coisa raríssima; nosso amor-próprio sempre exagera aos nossos olhos e ao nosso coração as injúrias que recebemos. Se houver necessidade de te queixares ou para abrandar o teu espírito ou para pedir conselhos, não o faças a pessoas fáceis de exaltar-se e de pensar e falar mal dos outros. Mas queixa-te a pessoas comedidas e tementes a Deus, porque, ao contrário, longe de tranquilizar a tua alma, a perturbarias ainda mais e, em lugar de arrancares o espinho do coração, o cravarias ainda mais fundo.

Muitos numa doença ou numa outra tribulação qualquer guardam-se de se queixar e mostrar a sua pouca virtude, sabendo bem (e isto é verdade) que seria fraqueza e falta de generosidade; mas procuram que outros se compadeçam deles, se queixem de seus sofrimentos e ainda por cima os louvem por sua paciência. Na verdade temos aqui um ato de paciência, mas certamente de uma paciência falsa, que na realidade não passa de um orgulho muito sutil e de uma vaidade refinada. *Sim*, diz o Apóstolo, *tem de que gloriar-se, mas não diante de Deus*. Os cristãos verdadeiramente pacientes não se queixam de seus sofrimentos nem desejam que os outros os lamentem; se falam neles é com muita simplicidade e ingenuidade, sem os fazer maiores do que são; se outros os lamentam, ouvem-nos com paciência, a não ser que tenham em vista um sofrimento que não existe, porque, então, lhes declaram modestamente a verdade; conservam assim a tranquilidade da alma entre a verdade e a paciência, manifestando ingenuamente os seus sofrimentos, sem se queixarem.

Nas contrariedades que te sobrevierem no caminho da devoção (pois que delas não hás de ter falta), lembra-te que nada de grande podemos conseguir neste mundo sem primeiro passarmos por muitas dificuldades, mas que, uma vez superadas, bem depressa nos esquecemos de tudo, pelo íntimo gozo que então temos de ver realizadas as nossas aspirações. Pois bem, Filoteia, queres absolutamente trabalhar para formar a Jesus Cristo, como diz o apóstolo, em teu coração, como em tuas obras, pelo amor sincero de sua doutrina e pela imitação perfeita de sua vida. Há de custar-te algumas dores, sem dúvida; mas hão de passar e Jesus Cristo, que viverá em ti, há de encher tua alma duma alegria inefável, que ninguém te poderá furtar.

Se caíres numa doença, oferece as tuas dores, a tua prostração e todos os teus sofrimentos a Jesus Cristo, suplicando-lhe de os aceitar em união com os merecimentos de sua paixão. Lembra-te do fel que Ele bebeu por teu amor e obedece ao médico, tomando os remédios e fazendo tudo o que determinar por amor de Deus. Deseja a saúde para o servir, mas não recuses ficar muito tempo doente para obedecer-lhe e mesmo dispõe-te a morrer, se for a sua vontade, para ir gozar eternamente de sua gloriosa presença. Lembra-te, Filoteia, que as abelhas, enquanto fazem o mel, vivem de um alimento muito amargo e que nunca nós outros poderemos encher mais facilmente o coração desta santa suavidade, que é o fruto da paciência, do que comendo com paciência o pão amargo das tribulações que Deus nos envia; e quanto mais humilhantes forem, tanto mais preciosa e agradável se tornará a virtude ao nosso coração.

Pensa muitas vezes em Jesus crucificado; considera-o coberto de feridas, saturado de opróbrios e dores, penetrado de tristeza até ao fundo de sua alma, num desamparo e abandono completo, carregado de calúnias e maldições; verás então que tuas dores não se podem comparar às suas, nem em quantidade, nem em qualidade, e que jamais sofrerás por Ele alguma coisa de semelhante ao que Ele sofreu por ti.

Compara-te aos mártires, ou, sem ires tão longe, às pessoas que sofrem atualmente mais do que tu e exclama, louvando a Deus: Ah! meus espinhos me parecem rosas e minhas dores, consolações, se me comparo àqueles que vivem sem socorro, sem assistência e sem alívio, numa morte contínua, opressos de dores e de tristeza.

Capítulo 4
A humildade nas ações exteriores

O Profeta Eliseu mandou uma pobre viúva pedir emprestado aos vizinhos todos os vasos que pudesse e lhe disse que o pouco azeite ainda restante havia de correr tanto até enchê-los todos. Isto nos mostra que Deus quer corações que estejam bem vazios para os encher de sua graça pela unção do seu espírito; e é de nossa própria glória, Filoteia, que os devemos esvaziar.

Diz-se que um certo passarinho, por nome tataranho, tem uma virtude secreta, no seu grito e nos seus olhos, de afugentar as aves de rapina e crê-se ser esta a razão da simpatia que as pombas lhe dedicam. Assim nós também podemos dizer que a humildade é o terror de satanás, o rei do orgulho, que ela conserva em nós a presença do Espírito Santo e de seus dons e que por isso foi tão apreciada dos santos e santas e tão querida dos corações de Jesus e de sua Mãe.

Chamamos vanglória aquela que nos atribuímos ou por coisas que não estão em nós, de todo, ou por coisas que estão em nós, mas não são nossas, nem procedem de nós, ou por muitas outras que estão em nós, são nossas, mas não merecem que delas nos gloriemos. A nobreza do nascimento, o favor dos grandes, o aplauso do povo são coisas que estão fora de nós em nossos antepassados ou na estima de outros homens; por que gloriarmo-nos disso? Há pessoas que se sentem grandes por causa de suas riquezas, de seus vestidos pomposos, do brilho da sua elegante equipagem, da beleza dos seus móveis, de seus cavalos; quem não vê nisso a loucura incrível dos homens? Muitos se comprazem duma maneira vã em si próprios, por ter belos cabelos, belos dentes ou belas mãos, ou certa habilidade no jogo, uma boa voz para cantar, uma certa elegância para dançar.

Mas que baixeza de espírito e coração ir procurar a sua honra em coisas tão frívolas! Muitos outros encantam-se com sua pretensa beleza; outros, cheios de si por um pouco de ciência, unida a muita vaidade, tanto se ridicularizam, aos olhos daqueles por quem se querem fazer respeitar, que o nome de pedante é todo o louvor que recebem. Na verdade, tudo isso é vão, baixo e arrogante. Entretanto, Filoteia, é destas coisas que procede a vanglória.

O verdadeiro bem se conhece pela mesma prova que o verdadeiro bálsamo. Deste faz-se a prova em o destilando em água; se vai ao fundo, julga-se que é puro, finíssimo e de um grande valor; se fica à tona da água, conclui-se que é alterado e falsificado. Queres, pois, saber se certa pessoa é sábia, prudente, nobre e generosa? Examina se estas qualidades são acompanhadas da humildade, da modéstia e da submissão para com os seus superiores; se assim for, são verdadeiros bens; mas, se descobrires nela afetação de fazer aparecer o que tem por bem, julga que essa pessoa é superficial e que esses bens são tanto mais fúteis quanto mais os quer ostentar. As pérolas formadas numa estação de ventos tempestuosos e trovões só têm de pérola uma casca sem a substância; assim, todas as virtudes e as mais excelentes qualidades de um homem, que delas se ensoberbece, só têm uma aparência do bem, sem nenhuma solidez.

Com razão compara-se a honra ao açafrão, que se torna mais forte e mais abundante quando calcado aos pés. Uma pessoa que tem vaidade de sua beleza perde-lhe a glória; e outra que pouco se dá disso aumenta-lhe o brilho. A ciência que nos enche de nós mesmos desonra e degenera numa ridícula pedanteria. Quando o pavão quer ter o prazer de contemplar a sua bela plumagem, eriça todo o corpo, mostrando o que tem de mais disforme e feio.

Se desejamos sempre o primeiro lugar, a precedência e títulos, além de expormos as nossas qualidades ao exame e ao pesar de vê-las contestadas, fazemo-nos vis e desprezíveis; pois, assim como nada há de mais belo que o louvor espontâneo, também nada é mais feio que o que se exige, como um direito; é como uma linda flor, que não devemos tocar nem apanhar, se não queremos que murche. Diz-se que a mandrágora de longe exala um odor agradabilíssimo; mas quem a cheira de perto e por muito tempo respira uma essência maligna, que causa modorra mui perigosa. Deste modo a honra faz uma grave impressão em quem a recebe, como se apresenta, sem cobiça ou afeição; mas quem a procura e se afeiçoa a ela exala um cheiro maligno, que sobe à cabeça e torna insensato e desprezível.

O amor e o desejo da virtude começam a nos fazer virtuosos; mas a paixão e a cobiça da glória começam a nos fazer desprezados. As almas grandes não se entretêm com essas bagatelas de primazia, distinções e cumprimentos; disto só se ocupam os espíritos mesquinhos e ociosos, aquelas empregam o seu tempo em coisas mais nobres.

Quem pode fazer um rico comércio de pérolas não faz caso das conchinhas; assim quem se entrega à prática das virtudes não tem desejos destas manifestações de apreço.

É verdade que todos podem conservar o seu posto honroso sem ofender a humildade, contanto que o façam sem afetação e contenda; pois como os que trazem do Peru navios carregados de ouro e prata trazem também macacos e papagaios, porque o frete é tão insignificante como a carga, assim os que cultivam a virtude podem receber as honras que lhes são devidas, contanto que não exijam muita atenção e cuidado e que as inquietações ordinariamente anexas não encham a alma de seu peso.

É de notar, no entanto, que não falo aqui das dignidades públicas e direitos particulares, cuja conservação ou perda podem ter consequências importantes. Numa palavra: cada um deve conservar o que lhe compete, mas com discrição entre o interesse e a caridade, entre as regras da prudência e as medidas da honestidade.

Capítulo 5
A humildade interior é a mais perfeita

Desejarás, Filoteia, que te introduza ainda mais na prática da humildade; este desejo merece o meu aplauso e eu o quero satisfazer; pois, no que tenho dito até agora, há mais prudência que humildade.

Encontram-se pessoas que nunca querem prestar atenção às graças particulares que Deus lhes faz, temerosas que seu coração, enchendo-se duma vã complacência, não dê toda a glória a Deus. É um falso temor e um verdadeiro erro.

Pois, desde que a consideração dos benefícios de Deus é um meio eficacíssimo de amá-lo, assim, diz o doutor angélico, quanto mais o conhecemos, tanto mais o amamos. Mas, sendo nosso coração mais sensível às graças particulares que aos benefícios gerais, é exatamente sobre aquelas graças que devemos refletir.

Nada é tão próprio para nos humilhar ante a misericórdia de Deus que a multidão de suas graças e a multidão dos nossos pecados ante a sua justiça. Consideremos, com muita atenção, o que Deus fez por nós e o que nós fizemos contra Ele. Ao passo que examinamos os nossos pecados um por um, examinamos também as graças que Deus nos concedeu, e já não há que temer que este conhecimento nos ensoberbeça, se refletimos que não temos nada de bom em nós. Porventura as bestas de carga não permanecem animais grosseiros e brutos, embora caminhem carregados de trastes preciosos e perfumados dum príncipe?

Que temos nós de bom, que não tenhamos recebido? e, se o temos recebido, por que nos gloriamos disso?

Ao contrário, a viva consideração das graças de Deus nos torna humildes, porque o conhecimento de um benefício produz naturalmente o seu reconhecimento; e, se esta consideração excitar em nós alguma complacência de vaidade, temos um remédio infalível, contra este mal, na lembrança de nossas ingratidões, imperfeições e misérias. Sim, se considerarmos o que fizemos, quando Deus não estava conosco, havemos de conhecer que o que fazemos, quando Ele está conosco, não provém de nossa indústria e diligência.

Na verdade, regozijar-nos-emos do bem que Ele depositou em nós e nós mesmos nos regozijaremos, porque somos nós que o possuímos; mas toda a glória é devida unicamente a Deus, que é o seu autor.

Assim a Santíssima Virgem confessou publicamente que Deus tinha operado nela grandes coisas e fez isso ao mesmo tempo para se humilhar e para dar glória a Deus. *Minha alma, diz ela, glorifica o Senhor; porque tem operado em mim grandes coisas.*

Muitas vezes dizemos que nada somos, que somos a mesma miséria e, como diz São Paulo, o lixo do mundo; mas muito nos melindraríamos se nos compreendessem verbalmente e nos tratassem quais dizemos ser.

Pelo contrário, outras vezes fugimos para que nos venham atrás, escondemo-nos para que nos procurem, damos mostras de querer o último lugar, para que nos levem com muita manifestação de honra ao primeiro. O verdadeiro humilde não quer parecer que o é e nunca fala de si mesmo; a humildade, pois, não só procura esconder as outras virtudes, mas ainda mais a si mesma e, se a dissimulação, a mentira, o mau exemplo fossem coisas lícitas, ela cometeria atos de soberba e ambição, para esconder-se mesmo debaixo das capas do orgulho e subtrair-se mais seguramente ao conhecimento dos homens.

Fica aqui o meu conselho, Filoteia, ou nunca falemos de nós com termos de humildade, ou conformemos com eles os nossos pensamentos, pelo sentimento interior de uma verdadeira humildade. Nunca abaixemos os olhos, sem humilharmos o coração; nunca procuremos o último lugar, sem que de bom grado e sinceramente o queiramos tomar. Esta regra é tão geral que não se pode abrir exceção alguma.

Unicamente acrescento que a civilidade requer às vezes que ofereçamos certas honras a pessoas que certamente não as hão de aceitar, e que isso não é dobrez nem humildade falsa, porque esta deferência é um simples modo de os honrar; e, conquanto não se lhes possa ceder toda a honra, não tem nada de mal que se lhe ofereça. Digo o mesmo de certas expressões de acatamento que não são inteiramente segundo as regras rigorosas das verdades, mas também não lhes são contrárias, contanto que se tenha um desejo sincero de honrar as pessoas com quem se fala; pois, ainda que haja um certo excesso nessas expressões, não andamos mal se as empregamos segundo o uso geral, como as recebem e entendem. Desejaria, contudo, que se conformassem o mais possível as palavras com as intenções, para que em nada se afastem da simplicidade do coração e exatidão da sinceridade.

O homem verdadeiramente humilde gostará mais que os outros digam dele que é um miserável, que nada é e nada vale, do que de o dizer por si mesmo; ao menos, se sabe que falam assim dele, sofre com paciência e, como está persuadido que é verdade o que dizem, facilmente se conforma com esses juízos, aliás iguais aos seus.

Dizem muitos que deixam a oração mental para os perfeitos e que se acham indignos de fazê-la; outros protestam que não comungam muitas vezes, porque não se sentem com a pureza da alma requerida; outros ainda dizem que temem profanar a devoção, habituando-se a ela, por causa de suas misérias e fragilidades; muitos outros, por fim, recusam empregar os seus talentos no serviço de Deus e salvação do próximo, porque, conhecendo a sua fraqueza, dizem eles, temem que o orgulho se aproveite do bem de que seriam os instrumentos e assim, enquanto iluminam a outros, venham eles mesmos a perder-se. Tudo isso não passa de um artifício de humildade não só falsa, mas até maligna, porque se servem dela para desprezar de um modo sutil e oculto as coisas de Deus ou esconder melhor sob pretextos de humildade o seu amor-próprio, a sua própria vontade, o seu mau humor e preguiça.

Pede ao Senhor, teu Deus, para ti algum sinal que chegue ao profundo do inferno ou ao mais alto do céu, disse o Profeta Isaías ao ímpio Acaz e este respondeu: *Não pedirei tal, nem tentarei ao Senhor.*

– Ó perversidade! finge grande reverência para com Deus e sob esse pretexto de humildade rejeita uma graça que a Bondade divina lhe queira dar. E não sabia ele que, quando Deus nos quer conceder uma graça, é um ato de orgulho recusá-la, que esses dons por sua própria natureza nos obrigam a aceitá-los e que a humildade consiste em conformar-se o mais possível com a vontade divina? Ora, Deus deseja sumamente que sejamos perfeitos, para nos unir a Ele pela imitação mais exata possível de sua santidade. O soberbo que se fia em si mesmo muita razão tem para não se atrever a intentar coisa alguma; mas o humilde é tanto mais animoso quanto mais impotente se vê, e se torna tanto mais resoluto quanto mais o desprezo de si mesmo o faz parecer pequeno a seus olhos, porque ele deposita toda a sua confiança em Deus, que se compraz em magnificar a sua onipotência em nossa fraqueza e a sua misericórdia em nossa miséria. É, pois, necessário empreender com uma humildade corajosa tudo quanto os que nos guiam julgam útil ao nosso adiantamento.

Pensar que se sabe o que se ignora é uma loucura manifesta; fazer-se de sábio em matéria ignorada é uma vaidade insuportável. Eu para mim nem queria fazer-me de sábio nem de ignorante. Se a caridade o exige, cumpre ajudar o próximo com bondade e doçura em tudo o que é necessário para a sua instrução e consolação; pois a humildade, que esconde as virtudes, para as conservar, também as deixa aparecer, se a caridade o exige, para as exercer e aperfeiçoar. Neste ponto, pode-se comparar a humildade às árvores das ilhas de Tilos, que de noite conservam fechadas as suas flores, de um encarnado muito vivo, e só as abrem ao nascer do sol; o que faz os habitantes da ilha dizerem que estas flores dormem de noite. Com efeito, a humildade esconde as virtudes e as boas qualidades e só as mostra pela caridade, que, não sendo uma virtude humana e mortal, mas celeste e divina e o sol das virtudes, deve sempre dominar sobre todas; de sorte que, se a humildade prejudica a caridade em alguma coisa, é, sem dúvida, uma humildade falsa.

Quanto a mim, não quisera fazer-me de louco, nem de prudente, porque, se a humildade me impede de fazer-me prudente, a sinceridade e a simplicidade me devem impedir de fazer-me de louco; se a vaidade é contrária à humildade, o fingimento e o ardil são contrários à simplicidade e à candura da alma. Se alguns servos de Deus se fingiram loucos, para serem desprezados, é preciso admirá-los e não imitá-los, porque os motivos que os levaram a esses excessos foram neles tão extraordinários e adaptados às suas disposições particulares, que ninguém pode tirar daí uma consequência para a sua vida. No tocante à ação de Davi, dançando e saltando ante a Arca da Aliança um pouco mais do que era decente, sua intenção não foi fazer-se de louco; abandonou-se simplesmente e sem fingimento ao instinto e impetuosidade de sua alegria, de que o espírito de Deus lhe inundava o coração. É verdade que, quando Micol, sua mulher, o repreendeu, como tendo feito uma loucura, ele não se alterou e assegurava, ainda tomado dessa alegria espiritual, que de boa vontade recebia este desprezo, para a glória de Deus. Assim, se, por ações que têm um cunho ingênuo de verdadeira devoção, todo o mundo te tiver na conta de vil, abjeto ou extravagante, a humildade te fará achar alegria neste opróbrio precioso, cujo princípio e causa não és tu que o sofrerás, mas aquele donde ele vier.

Capítulo 6
A humildade nos faz amar a nossa própria abjeção

Passando adiante, Filoteia, digo-te que deves amar em tudo e sempre a tua própria abjeção. Perguntar-me-ás talvez o que chamo amar a sua própria abjeção e é isso que começo a explicar-te.

Estes dois termos, abjeção e humildade, na língua latina têm a mesma significação; assim, a Santíssima Virgem, exclamando em seu sagrado cântico que *todas as gerações proclamarão a sua bem-aventurança, porque o Senhor olhou para a sua humildade,* quer dizer-vos que Deus se dignou lançar os olhos sobre a sua pequenez e abjeção, para a cumular de suas graças e glórias. Existe, contudo, uma notável diferença entre a virtude da humildade e a abjeção; pois a abjeção não é nada mais que a baixeza, mesquinhez e fraqueza que temos em nós mesmos e independentemente de nossas reflexões; mas a humildade é o verdadeiro conhecimento que temos de nossa abjeção, o qual nos induz a reconhecê-la em nós de boa vontade. A perfeição da humildade, porém, consiste não só em reconhecermos a nossa abjeção, mas também em amá-la e comprazer-nos nela, não por uma pouca pobreza de ânimo e pusilanimidade, mas em vista da glória que devemos dedicar ao nosso próximo, preferindo-o a nós mesmos. E esta humildade é que te recomendo encarecidamente e, para melhor a entenderes na prática, é bom que consideres que, entre os males que temos que sofrer, uns são abjetos e humilhantes e outros honrosos, e que muitas pessoas se dão por satisfeitas com os honrosos, mas poucas se conformam com os que desonram. Imagina um eremita bom e devoto, mas todo esfarrapado e tremendo de frio; todos reverenciam seu hábito e lamentam-lhe os sofrimentos; mas, se um pobre trabalhador ou oficial ou uma pobre moça aparecem neste estado, desprezam-nos e caçoam deles, considerando a pobreza em suas pessoas uma coisa desprezível. Um religioso recebe em silêncio uma correção áspera de seu superior – ou então uma criança, de seu pai; chamam a isso mortificação, obediência, sabedoria; mas, se um cavalheiro ou uma senhora sofresse outro tanto por amor de Deus, julgariam isso falta de nobreza de caráter e pusilanimidade. Um outro mal anexo à abjeção é o seguinte: uma pessoa tem um cancro no baço – e outra, no rosto; aquela tem só a doença, mas esta, além da doença, sofre-lhe o desprezo e a abjeção. Digo, portanto, que cumpre não só amar o sofrimento, que é o exercício da paciência, mas que cumpre também amar a abjeção, que é o perfeito exercício da humildade.

Acresce que tanto há virtudes abjetas como honrosas. A paciência, a brandura, a simplicidade e a humildade são virtudes que o mundo encara como vis e abjetas; ao contrário, muito estimadas são aí a prudência, a generosidade e a liberalidade. Na prática de uma mesma virtude acham-se ações que são em parte desprezíveis e em parte honrosas. Dar esmolas e perdoar a seus inimigos são dois atos de caridade; não há ninguém que não louve o primeiro, ao passo que o segundo é muito frequentemente desprezado. Se um moço ou uma moça da sociedade fugir à companhia de pessoas apaixonadas pelo jogo, pelo luxo dos vestidos, pelas conversas más ou desonestas e pela intemperança, expor-se-á à crítica, ao desprezo, às risadas, e sua modéstia será tida por hipocrisia e mesquinhez de ânimo; amar a estas coisas é amar a sua abjeção.

Eis aqui mais um exemplo: vamos visitar os doentes; se a mim me toca o mais miserável, seria isso uma abjeção para mim, a julgar conforme o espírito do mundo; por isso mesmo eu o amarei. Se me cabe uma pessoa altamente colocada, ser-me-ia isso uma abjeção segundo o espírito de Deus, porque aí não há tanta virtude nem merecimento; hei de amar também esta abjeção. Cai-se no meio da rua ou acontece uma coisa semelhante, é necessário que amemos todas estas abjeções.

Há mesmo faltas cujo único mal é a abjeção. A humildade não exige que as cometamos de propósito, mas que não nos inquietemos depois de cometidas; tais faltas são certas incivilidades, inadvertências e outras semelhantes. Certamente quer a prudência ou a civilidade que as evitemos quanto está em nossas forças; mas, quando nos escaparam, quer a humildade que as aceitemos em toda a sua abjeção. Ainda digo mais: se me deixei levar, pela cólera ou por sensibilidade, a proferir palavras picantes ou indecentes, imediatamente me hei de repreender e procurar ter delas um vivo arrependimento e repará-las quanto possível; mas ao mesmo tempo hei de aceitar resignadamente a abjeção que daí me poderá provir; e, se eu pudesse separar uma coisa da outra, rejeitaria o pecado com indignação e conservaria a abjeção com humilde paciência no coração.

Mas, ainda que amemos a abjeção que segue ao mal, nem por isso se há de deixar de remediar o mal que a causou, por todos os meios naturais e legítimos a nosso alcance, máxime se o mal tiver consequências. Se tenho no rosto alguma moléstia vergonhosa e humilhante, hei de procurar-lhe a cura, mas sem esquecer a abjeção que daí me proveio. Se cometi uma falta que não ofende a ninguém, não me hei de escusar, porque, embora seja um defeito, não tem outras consequências afora o desprezo, a que deu ensejo; logo, se eu me escusasse, seria só para afastar de mim a abjeção, o que a humildade de modo algum pode permitir. Mas, se por inadvertência ou mau humor ofendi ou escandalizei alguém, repararei a minha falta, escusando-me com toda a sinceridade, porque o mal cometido ainda subsiste e a caridade me obriga a destruí-lo quanto puder. Demais, acontece algumas vezes que nossa reputação toca também ao próximo; neste caso a caridade exige que nos esforcemos, quanto possível for, por afastar a abjeção; mas, destruindo-a aos olhos do mundo, devemos conservá-la cuidadosamente no coração, para que se edifique nela.

Se queres saber agora, Filoteia, quais são as abjeções melhores, dir-te-ei que as mais salutares à alma e agradáveis a Deus são as que nos vêm espontaneamente ou pela condição de nossa vida, porque não são de nossa escolha, mas da de Deus, que sabe melhor do que nós o que nos é mais necessário. Se houvéssemos de escolher algumas, as maiores seriam as melhores; e as maiores são aquelas que mais contrariam a nossa inclinação, contanto que sejam conformes à nossa vocação, pois, para dizer uma vez por todas, a nossa escolha, isto é, a própria vontade, muito altera as nossas virtudes e lhes diminui o merecimento.

Ah! Quem nos dera a graça de poder exclamar com o profeta: *Escolhi estar abatido na casa de meu Deus, antes que morar nas tendas dos pecadores!* Ninguém o pode, Filoteia, com exceção daquele que, para nos dar a sua glória, tornou-se na vida e na morte o opróbrio dos homens e a abjeção dos povos. Muitas coisas te disse que, as considerando, hão de te parecer duras; mas crê-me que, praticando-as, achá-las-ás mais doces que o mel.

Capítulo 7
Modo de conservar a reputação juntamente com o espírito de humildade

O louvor, a honra e a glória não são o preço de uma virtude ordinária, mas de uma virtude rara e excelente. Louvando uma pessoa, queremos que outros a estimem, e, honrando-a nós mesmos, manifestamos a estima que lhe devotamos; e a glória é um certo resplendor da reputação que provém dos louvores que se lhe dão e das honras que se lhe tributam, semelhante ao brilho e esmalte de diversas pedras preciosas que, todas juntas, formam uma única coroa.

Ora, a humildade, impedindo-nos todo o amor e estima de nossa própria excelência, também não pode consentir que busquemos louvores, honras e glórias, que só são devidas ao merecimento da excelência e da distinção. Entretanto, aconselha o sábio que cuidemos de nosso bom nome, porque a reputação não se funda na excelência duma virtude ou perfeição, mas nos bons costumes e na integridade da vida; e, como a humildade não proíbe crer que temos este merecimento comum e ordinário, também não nos proíbe que amemos e cuidemos da reputação.

É verdade que a humildade desprezaria a fama se não fosse necessária à caridade; mas, sendo a reputação um dos principais fundamentos da sociedade humana e sendo nós sem ela não só inúteis, mas até perniciosos ao bem público, pela razão do escândalo que damos, a caridade nos obriga a desejá-la e conservá-la, e a humildade conforma-se com esses desejos e cuidados.

Não se pode dizer que o bom nome é para o homem o que o verde de uma bela folhagem é para uma árvore? Com efeito, não são muito apreciadas as folhas de uma árvore, mas servem para embelezá-la e conservar-lhe os frutos ainda verdes e novos; assim a reputação não é um bem desejável em si, mas serve de ornamento à nossa vida e muito nos ajuda a conservar as virtudes, máxime as que ainda são tenras e frágeis; pois a obrigação de manter a reputação e ser em verdade aquilo que nos julgam tem grande influência e faz uma suave reação numa alma generosa.

Conservemos as virtudes, Filoteia, porque são agradáveis a Deus, o grande e supremo fim de todas as nossas ações. Mas, como quem quer guardar por muito tempo alguns frutos intactos, não se contenta de os pôr em conserva, mas os deita em vasos próprios para este fim, assim, ainda que o amor de Deus seja o principal conservador de nossas virtudes, utilmente poderemos empregar em conservá-las o amor à nossa reputação.

Contudo, não se há de fazer isso com um demasiado ardor e exatidão. Quem é, pois, tão sensível e delicado acerca de seu bom nome assemelha-se a certos homens que logo tomam remédio por qualquer incômodo insignificante, estragando assim a saúde em vez de conservá-la. E mesmo a delicadeza exagerada em conservar a fama a põe inteiramente a perder, porque essa sensibilidade extrema nos torna insuportáveis, aborrecidos e bizarros e provoca contra nós as línguas maldizentes.

A dissimulação e o desprezo da detração ou calúnia é de ordinário um remédio mais salutar que o ressentimento, a contenda ou a vingança.

O desprezo dissipa tudo, ao passo que a cólera dá um ar de verossimilhança ao que se diz. Conta-se que os crocodilos só mordem a quem tem medo deles; assim também, digo, a detração ou maledicência só prejudica a quem faz caso dela.

Um temor excessivo de perder a fama dá ensejo a outros de pensar que aquela pessoa não se fia muito de seus merecimentos ou da virtude que lhe serve de base. Numa cidade que só tem pontes de madeira sobre os grandes rios crê-se que qualquer inundação as deite abaixo; mas onde as pontes são de pedra só há perigo de ruína numa inundação extraordinária.

As almas verdadeiramente cristãs desprezam essa torrente de palavras de que a detração enche o mundo; os fracos é que se inquietam de tudo o que dizem sobre eles. Sem dúvida, Filoteia, todo aquele que quer ver a sua boa fama espalhada por toda parte, a perde completamente; e quem quer receber honras de homens desonrados pelo vício bem merece perdê-las totalmente.

A reputação não é como uma placa que dá a conhecer onde mora a virtude; a virtude lhe deve ser preferida sempre e em toda parte.

Portanto, se disserem que és uma hipócrita, porque vives cristãmente, ou uma cobarde, porque perdoaste a injúria que o próximo te fez, despreza semelhantes juízos; pois, além de virem de gente néscia e por muitas razões desprezível, seria necessário abandonar a virtude para conservar a reputação. Os frutos das árvores valem mais do que as folhas; nós devemos preferir os bens interiores aos bens exteriores. Sim, pode-se ser cioso de sua honra, mas nunca idólatra, e como nada se deve fazer que ofenda os olhos da gente de bem, tampouco se deve agradar aos olhos dos maus. O salmista diz que a língua maldizente é semelhante a uma navalha afiada e nós podemos comparar a boa fama a uma cabeleira que, sendo cortada ou raspada completamente, cresce ainda mais densa e bela; mas, se os cabelos forem arrancados até à raiz, já não crescem quase nunca. Assim também uma vida desregrada e escandalosa nos destrói a reputação e será dificílimo restabelecê-la, porque está destruído o seu fundamento ou a probidade dos costumes, que, enquanto existe, sempre nos pode restituir a honra que a detração nos tiver roubado.

Cumpre, portanto, deixar uma conversa vã, uma companhia inútil, uma amizade frívola, um divertimento, um prazer, se a reputação sofre com isso, posto que valha muito mais que estas satisfações humanas. Mas, se, por causa de exercícios de piedade, do progresso na vida espiritual, de aplicação para merecer os bens eternos, o mundo murmurar, rosnar e prorromper em detrações e calúnias, deixemos, como se diz, os cães latirem contra a lua; a navalha servirá à nossa honra, como a faca de podar a vinha, que a corta e faz abundar em uvas.

Tenhamos sempre os olhos fixos em Jesus crucificado: caminhemos por suas sendas com confiança e simplicidade, mas também com prudência e discrição; Ele será o protetor de nossa reputação; e, se Ele permitir que se manche ou perca inteiramente, será para nos enaltecer mesmo aos olhos dos homens ou para nos fazer progredir na humildade, da qual te digo, em linguagem familiar, que uma onça vale mais que mil libras de fama.

Se nos repreendem injustamente, oponhamos a verdade à calúnia, com muita paz e sossego; e, se a calúnia ainda continua, permaneçamos nós em nossa humildade, depositando nossa honra e nossa alma nas mãos de Deus, com o que a conservaremos com muito maior segurança.

Imitemos o divino Mestre na boa e má fama, como dizia São Paulo, para que possamos dizer como Davi:

Por tua causa, meu Deus, tenho sofrido afronta; foi coberto de confusão o meu rosto.

Duas exceções, no entanto, é necessário fazer: a primeira concerne a certos crimes tão graves e infames de que ninguém deve sofrer a censura se se pode justificar; a segunda é referente a certas pessoas, cuja reputação é necessária ao bem público. Nestes dois casos, segundo a sentença dos teólogos, é necessário defender-se tranquilamente a reputação dos agravos recebidos.

Capítulo 8
A mansidão no trato com o próximo e os remédios contra a cólera

O santo crisma, que a Igreja, seguindo a tradição dos apóstolos, usa no Sacramento da Confirmação e em diversas outras bênçãos, compõe-se de óleo de oliveira e de bálsamo, que nos representam, entre outras coisas, a mansidão e a humildade, duas virtudes tão caras ao divino Coração de Jesus e que Ele nos recomendou expressamente, dizendo-nos: *Aprendei de mim, que sou manso e humilde de coração*; como se unicamente por amor destas duas virtudes quisesse consagrar o nosso coração ao seu serviço e aplicá-lo à imitação de sua vida. A humildade aperfeiçoa o homem em seus deveres para com Deus; e a mansidão, em seus deveres para com a sociedade humana. O bálsamo, que, misturado com outro líquido, afunda-se, nos representa a humildade; e o óleo de oliveira, que fica nadando em cima, nos faz lembrar a mansidão, que faz o homem passar por cima de todo o sofrimento e que excede a todas as virtudes, porque é a flor da caridade, que, como diz São Bernardo, só possui o auge da sua perfeição quando ajunta a virtude à paciência.

Mas hás de compreender bem, Filoteia, o que diz Jesus Cristo: que devemos aprender dele a ser mansos e humildes de coração e que este crisma místico deve estar em nosso coração; é, pois, um perigoso ardil do inimigo deter as almas no exterior destas duas virtudes.

Com efeito, muitos só possuem sua linguagem, seu ar e suas maneiras exteriores e, não examinando bem as suas ações interiores, pensam ser mansos e humildes e não o são de modo algum; o que logo se vê quando, apesar desta humildade exterior e mansidão cerimoniosa, exasperam-se com um ardor e orgulho incríveis à mais leve injúria que lhes façam e à menor palavra com que os magoem de passagem.

A humildade verdadeira e a mansidão sincera são esplêndidos preservativos contra o orgulho e a ira que as injúrias costumam excitar em nós, como esse preservativo que o povo denomina "graça de São Paulo", que faz quem o tomou nada sofra, se for mordido ou picado por uma víbora. Mas, se formos picados pela língua de serpente que tem a detração, se o nosso espírito se impregnar então de orgulho e o nosso coração se inflamar, não duvidemos que isto seja um indício evidente que a nossa humildade e mansidão não são verdadeiras nem sinceras, mas artificiosas e aparentes.

O santo e ilustre patriarca José, mandando os seus irmãos de volta do Egito para a casa de seu pai, advertiu-os assim: *não brigueis no caminho*. Digo-te também, Filoteia, que esta vida é uma viagem que temos que fazer para atingir o céu; não nos zanguemos no caminho uns contra os outros; andemos em companhia com os nossos irmãos, em espírito de paz e amizade. Generalizando aconselho-te: nunca por nada te exaltes, se for possível, e nunca, por pretexto algum, abras teu coração à ira; pois São Tiago diz expressamente: *a ira do homem não opera a justiça de Deus*.

Deve-se resistir ao mal e corrigir os maus costumes dos seus subalternos com santo ânimo e muita firmeza, mas sempre com uma inalterável mansidão e tranquilidade; nada pode aplacar tão facilmente um elefante irritado com a vista de um cordeirinho, e o que mais diminui o ímpeto de uma bala de canhão é a lã.

A correção feita só com a razão recebe-se sempre melhor do que aquela que encerra também a paixão, porque o homem se deixa levar com facilidade pela razão, a que naturalmente é sujeito, ao passo que não pode suportar que o dominem pela paixão. Por isso, quando a razão quer fortificar-se pela paixão, faz-se odiosa e perde ou ao menos atenua a sua autoridade, por chamar em seu apoio a tirania e a paixão.

Quando os príncipes visitam com suas famílias os seus Estados em tempo de paz, os povos julgam-se muito honrados com a sua presença e dão largas à sua alegria; mas, quando passam à frente de seus exércitos, esta marcha muito lhes desagrada, porque, embora lhes seja de interesse, sempre acontece, por mais disciplina que reine, que um ou outro soldado mais licencioso cause danos a muitos particulares.

Do mesmo modo, se a razão procura com mansidão seus direitos de autoridade por meio de algumas correções e castigos, todos aprovarão e a estimarão, ainda que seja com exatidão e rigor; mas, se a razão mostra indignação, despeito e cólera, que Santo Agostinho chama os seus soldados, ela mais faz-se temer que amar e perturba e oprime a si mesma. É melhor, diz Santo Agostinho, escrevendo a Profuturo, fechar inteiramente a entrada do coração à cólera, por mais justa que seja, porque ela lança raízes tão profundas que é muito difícil arrancá-las; assemelha-se a uma plantazinha que se transforma em uma árvore enorme. Não é sem razão que o apóstolo proíbe que deixemos pôr-se o sol sobre a nossa cólera, porque durante a noite ela se converterá em ódio, torna-se quase implacável e nutre-se, no coração, de mil arrazoamentos falsos; pois ninguém teve jamais a sua cólera por injusta.

A ciência de viver sem cólera é muito melhor do que a de servir-se dela com sabedoria e moderação; e se, por qualquer imperfeição ou fraqueza, esta paixão surpreender o nosso coração, é melhor reprimi-la imediatamente que procurar regrá-la, torna-se senhora da graça e faz como a serpente que, por qualquer buraco por onde mete a cabeça, passa facilmente com todo o corpo. Mas como – hás de perguntar, de certo – qual é o melhor meio de reprimi-la?

É preciso, Filoteia, que, logo ao sentires o seu primeiro ataque, concentres todas as forças de tua alma contra ela, não de um modo brusco e impetuoso, mas doce e eficazmente; porque, como se vê, muitas vezes nas audiências dos escritores etc., que os empregados fazem mais barulho que aqueles a quem pedem silêncio, acontece também frequentemente que, querendo reprimir a cólera com impetuosidade, ainda nos perturbamos mais, e o coração, estando assim perturbado, não pode ser senhor de si mesmo.

Depois deste suave esforço, segue o conselho que Santo Agostinho dava em sua velhice ao jovem Bispo Auxílio: Faze, costumava dizer-lhe, o que *um homem deve fazer*; e, se em alguma circunstância da vida tiveres razão de exclamar com Davi: *Conturbado com grande pesar está meu olho*, recorre imediatamente a Deus, dizendo com o mesmo profeta: *Tende misericórdia de mim, Senhor*, para que Ele, estendendo a sua mão direita sobre o teu coração, lhe reprima a cólera. Significa que devemos invocar o auxílio de Deus logo que nos sentimos excitados, imitando os apóstolos no meio da tempestade; e Ele mandará de certo às nossas paixões que se acalmem e a tranquilidade voltará à nossa alma.

Advirto-te ainda que faças esta oração com uma suave atenção e não com um esforço violento do espírito; esta é a regra geral que se deve observar em todos os remédios contra a cólera.

Logo que mostrares que, levada pela ira, cometeste alguma falta, repara-a sem delongas, por um ato de mansidão e brandura para com aquela pessoa contra quem te irritaste; pois, se é uma precaução salutar contra a mentira retratá-la mal a houvermos pronunciado, também, contra a ira, é um remédio eficacíssimo repará-la imediatamente por um ato de brandura: as feridas recentes são, como se afirma sempre, mais fáceis de curar do que as antigas.

Demais, quando estás com o ânimo calmo e sem motivo algum de irritar-te, faze um grande provimento de brandura e benignidade, acostumando-te a falar e a agir sempre com este espírito, tanto em coisas grandes como pequenas; lembra-te que a Esposa dos Cantares não só tem o mel nos lábios e na língua, mas o tem também debaixo da língua, isto é, no peito, onde com o mel possui também o leite.

Isto nos mostra que a brandura com o próximo deve residir no coração e não só nos lábios, e que não é bastante ter a doçura do mel, que exala um cheiro agradável, isto é, a suavidade de uma conversa honesta com pessoas estranhas, mas devemos ter também a doçura do leite no lar doméstico, para com os parentes e vizinhos. É o que falta a muitas pessoas, que fora de casa parecem anjos e em casa vivem como verdadeiros demônios.

Capítulo 9
A mansidão para conosco

Um modo de fazer um bom uso desta virtude é aplicá-la a nós mesmos, não nos irritando contra nós e nossas imperfeições; o motivo, pois, que nos leva a sentir um verdadeiro arrependimento de nossas faltas não exige que tenhamos uma dor repassada de aborrecimento e indignação. É quanto a esse ponto que erram muitos continuamente, agastando-se por estarem agastados e amofinando-se por estarem amofinados, porque assim conservam aceso no coração o fogo da cólera e, bem longe de abrandar deste modo a paixão, estão sempre prestes a exasperar-se à primeira ocasião. Além de que esta ira, pesar e aborrecimento contra si mesmo encaminham ao orgulho, procedem do amor-próprio que se perturba e inquieta por nos ver tão imperfeitos. O arrependimento de nossas faltas deve ter duas qualidades: a tranquilidade e a firmeza. Não é verdade que a sentença que um juiz pronuncia contra um criminoso, com calma, é mais conforme à justiça do que aquelas que são influídas pela paixão e por um espírito irrequieto, determinando o castigo não tanto pela qualidade do crime como por sua disposição? Digo também que mais eficazmente nos punimos de nossas faltas por uma dor calma e constante do que por um arrependimento passageiro e cheio de amofinações e indignação, porque nesta excitação nos julgamos segundo a nossa inclinação e não conforme a natureza do erro cometido. Por exemplo: quem tem grande afeto à castidade sentirá amargamente qualquer golpe desferido contra esta virtude, rindo-se talvez de uma grave detração em que tiver incorrido; ao contrário, quem odeia a detração há de se afligir excessivamente de uma leve palavra contra a caridade, fazendo talvez pouco caso de uma falta considerável contra a castidade. De onde vem isso senão de que se julga a consciência não segundo a razão, mas segundo a paixão?

Crê-me, Filoteia, uma admoestação de um pai a seu filho, feita com uma doçura toda paternal, há de corrigi-lo mais facilmente que um castigo severo infligido num estado de irritação. De modo semelhante, se nosso coração cometer uma falta e nós o chamamos à ordem, branda e tranquilamente, com mais compaixão de sua fraqueza do que ira contra sua falta, exortando-o com suavidade a proceder melhor, este modo de agir o tocará e encherá mais de dor do que as repreensões ásperas que a indignação apaixonada lhe poderia fazer. Quanto a mim, se me propusesse evitar todo pecado de vaidade e caísse num, bem considerável, não havia de repreender o meu coração desse modo: Tu és verdadeiramente miserável e abominável, porque te deixaste seduzir pela vaidade depois de tantas resoluções! Que vergonha! não levantes mais os olhos ao céu, cego, imprudente e infiel a Deus! – quisera corrigi-lo com modos compassivos: Pois bem, meu pobre coração, eis-nos de novo caídos na cilada que tínhamos resolvido evitar! Ah! levantemo-nos de novo e livremo-nos dela para sempre; imploremos a misericórdia de Deus; esperemos que Ele nos sustenha para o futuro e reentremos nos caminhos da humildade! Coragem! Deus nos há de ajudar e ainda faremos alguma coisa de bem. Sobre a suavidade desta branda correção queria eu fundar solidamente a resolução de não mais reincidir no mesmo pecado, procurando os meios conducentes a esse fim e principalmente o conselho do meu diretor.

Se, entretanto, o coração não for bastante sensível a estas doces repreensões, convém empregar meios mais enérgicos, uma repreensão mais forte e áspera para enchê-lo de uma profunda confusão de si mesmo, contanto que, depois de tratá-lo com esta severidade, procure-se consolá-lo com uma santa e suave confiança em Deus, à imitação desse grande penitente que, sentindo sua alma aflita, a consolava, dizendo: *Por que estás tu triste, minha alma? e por que me perturbas? Espera em Deus, porque ainda hei de louvá-lo: salvação de meu rosto e Deus meu!*

Levanta-te de tuas faltas com uma grande placidez de coração, humilhando-te profundamente diante de Deus e confessando-lhe a tua miséria, mas sem te admirares disso. Que há, pois, de extraordinário que a enfermidade seja enferma, a fraqueza, fraca, e a miséria, miserável? Detesta, contudo, com todas as forças, a afronta feita à Divina Majestade, e depois, com uma confiança inteira e animosa em sua misericórdia, volta ao caminho da virtude, que tinhas abandonado.

Capítulo 10
Deve-se tratar dos negócios com muito cuidado, mas sem inquietação nem ansiedade

Grande diferença há entre os cuidados dos negócios e a inquietação, entre a diligência e a ansiedade. Os anjos procuram a nossa salvação com o maior cuidado que podem, porque isto é segundo a sua caridade e não é incompatível com a sua tranquilidade e paz celestial; mas, como a ansiedade e a inquietação são inteiramente contrárias à sua bem-aventurança, nunca as têm por nossa salvação, por maior que seja o seu zelo.

Dedica-te, Filoteia, aos negócios que estão ao teu encargo, pois Deus, que os confiou a ti, quer que cuides neles com a diligência necessária; mas, se é possível, nunca te entregues ao ardor excessivo e ansiedade; toda inquietação perturba a razão e nos impede de fazer bem aquilo mesmo por que nos inquietamos.

Repreendendo Nosso Senhor a Santa Marta, disse-lhe: *Marta, Marta, tu andas muito inquieta e te embaraças com o cuidar em muitas coisas.* Toma sentido nestas palavras, Filoteia. Se ela tivesse tido um cuidado razoável, não se teria perturbado; mas ela muito se inquietava e perturbava e foi esta a razão por que Nosso Senhor a repreendeu. Os rios que coleiam suave e tranquilamente através dos campos levam grandes botes com ricas mercadorias, e as chuvas brandas e moderadas dão fecundidade à terra; ao passo que os rios e torrentes, que se precipitam em borbulhões, arruínam e desolam tudo, sendo inúteis ao comércio, e as chuvas tempestuosas assolam os campos e os prados. Na verdade, obra alguma feita com precipitação saiu jamais bem-feita.

Cumpre apressar-se devagar, conforme diz o antigo provérbio. E Salomão escreveu: Quem corre depressa arrisca-se a cair a cada passo; e sempre fazemos a tempo o que tínhamos que fazer, se o fizermos bem. Os zangões fazem muito barulho e são mais apressados que as abelhas, mas só fabricam a cera e não o mel; assim, quem em seus trabalhos faz muito ruído e se inquieta demasiado pouco consegue, e isso mesmo malfeito.

As moscas nos importunam por sua multidão e não por sua força; e os grandes trabalhos não nos perturbam tanto como os pequenos em grande número. Enceta, pois, os trabalhos com o espírito tranquilo, como vão vindo, e despacha-os segundo a ordem em que se apresentam; se quiseres fazer, pois, tudo ao mesmo tempo e em confusão, farás demasiados esforços, que te consumirão, e de ordinário nenhum outro efeito obterás que um abatimento completo, em que sucumbirás.

Em todos os teus negócios, confia unicamente na Providência Divina, que só lhes pode dar um bom êxito; age, no entanto, de teu lado, com uma aplicação razoável e prudência, para trabalhares sob a sua direção. Depois disso, crê-me que, se confias em Deus, o resultado será sempre favorável a ti, seja que o pareça ou não ao juízo de tua prudência.

Na conservação e aquisição dos bens terrestres, imita as crianças que, segurando-se com uma mão na mão de seu pai, com a outra se divertem em colher frutos e flores; quero dizer que te deves conservar continuamente debaixo da dependência e proteção de teu Pai celeste, considerando que Ele te segura pela mão, como diz a Sagrada Escritura, para te conduzir felizmente ao termo de tua vida e volvendo de tempos em tempos os olhos para Ele, a ver se tuas ocupações lhe são agradáveis; toma principalmente cuidado que a cobiça de ajuntar maiores bens não te faça largar a sua mão e negligenciar a sua proteção, porque, se Ele te abandonar, não poderás mais dar um passo sequer que não caias com o nariz no chão.

Assim, Filoteia, nas ocupações ordinárias que exigem muita atenção, pensa mais em Deus que em teus negócios e, se forem de tal importância que ocupem toda a tua atenção, nunca deixes de levantar de vez em quando os olhos para Deus, como os navegantes que, para dirigirem o navio, mais olham para o céu que para o mar. Fazendo assim, Deus trabalhará contigo, em ti e por ti e teu trabalho te trará toda a consolação que dele esperas.

Capítulo 11
A obediência

A caridade sozinha nos faz realmente perfeitos, mas a obediência, a castidade e a pobreza são as principais virtudes que nos ajudam a adquirir a perfeição. A obediência, pois, dedica o nosso espírito à castidade, o nosso corpo à pobreza, os nossos bens ao amor e serviço de Deus. São como que três braços da cruz espiritual, em que estamos crucificados com Jesus Cristo e fundam-se ao mesmo tempo numa quarta virtude, que é a santa humildade.

Não pretendo falar-te destas três virtudes com respeito aos votos solenes da religião ou aos votos simples que mesmo no mundo se emitem por graves razões, porque, embora os votos tragam consigo muitas graças e merecimentos, a simples prática destas virtudes é absolutamente bastante para conduzir à perfeição. É verdade que esses votos, principalmente os solenes, elevam uma pessoa ao estado da perfeição; mas há uma grande diferença entre o estado da perfeição e a perfeição mesma, pois que todos os religiosos e bispos estão no estado da perfeição; mas nem todos são perfeitos, como é evidente.

Esforcemo-nos, Filoteia, por praticar essas virtudes, cada um segundo a sua vocação, porque, ainda que não nos ponham no estado da perfeição, elas nos darão todavia a perfeição; demais, somos todos obrigados à prática destas virtudes, conquanto não o sejamos todos do mesmo modo.

Duas espécies há de obediência, uma necessária e outra voluntária. Segundo as leis da obediência necessária, deves obedecer a teus superiores eclesiásticos, ao papa, ao bispo, ao vigário e aos seus representantes; além disso, deves obedecer às autoridades civis, isto é, ao príncipe e aos magistrados que estabeleceu no seu Estado; por fim, deves obedecer aos superiores domésticos: ao pai, à mãe, ao dono e à dona da casa.

Chama-se necessária esta obediência porque ninguém se pode eximir da obrigação de obedecer a estes superiores, tendo-lhes Deus dado a autoridade para governar com preceitos e ordens os que estão confiados à sua direção. Obedece, pois, às suas ordens; nisto consiste a obediência a que estás obrigada incondicionalmente; mas, para torná-la mais perfeita, segue também os seus conselhos e até os seus desejos e inclinações, tanto quanto a caridade e a prudência o permitirem.

Obedece-lhes nas coisas agradáveis, como comer, divertir-se; pois, conquanto não pareça ser grande virtude obedecer em semelhantes coisas, contudo grande falta seria faltar aqui com a devida submissão. Obedece-lhes nas coisas indiferentes, como vestir uma ou outra roupa, passar por um caminho ou por outro, falar ou calar-se, e já a obediência terá um merecimento muito grande. Obedece-lhes em coisas dificultosas, ásperas e desagradáveis, e a obediência será perfeita. Obedece sem réplica, mas com mansidão; sem demora, mas com fervor; sem constrangimento, mas com alegria. Sobretudo obedece com amor e por amor daquele que por nosso amor se tornou obediente até à morte de cruz e preferiu, como diz São Bernardo, perder a vida a desobedecer.

Para aprender a obedecer com facilidade aos superiores, acostuma a te acomodares de bom grado com a vontade dos teus iguais, conformando-te aos seus sentimentos sem espírito de contestação, se não houver aí alguma coisa de mal; e mesmo às inclinações razoáveis dos teus inferiores te deves acomodar de boa vontade e não exerças a tua autoridade de um modo imperioso, enquanto se mantêm em ordem. É um engano dizer que, se estivesse na religião, obedecer-se-ia facilmente, quando se sente dificuldade e repugnância em obedecer às pessoas que Deus constituiu acima de nós.

Por obediência voluntária entendemos aquela que não nos foi imposta por um preceito, mas a que nos obrigamos por livre escolha. Ninguém pode escolher para si o pai e a mãe; de ordinário, não se escolhe o seu príncipe, o seu bispo e até muitas vezes nem o seu consorte; mas escolhe-se livremente o seu confessor e diretor espiritual. Seja que nesta escolha se faça um voto de obedecer-lhe – como Santa Teresa, que, além do voto solene da Ordem, de obedecer aos superiores, se ligou por um voto especial e simples de obedecer ao Padre Graciano – ou seja, que sem voto algum se proponha humildemente obedecer ao confessor, e esta obediência chama-se voluntária, porque em seu princípio depende de nossa vontade e eleição.

Devemos obedecer a todos os superiores, mas a cada um nas coisas de sua competência;

aos príncipes, em tudo que diz respeito à polícia e à ordem pública; aos prelados, em tudo que concerne à disciplina eclesiástica; a um pai, a um senhor, a um marido nas coisas domésticas; ao confessor e ao diretor, em tudo o que tem relação com a direção particular da alma.

Pede ao teu diretor espiritual que te designe as ações de piedade que deves praticar; deste modo se tornarão melhores, porque, além da sua própria bondade e merecimento, terão ainda o mérito da obediência que as preceituou e animou de seu espírito.

Bem-aventurados são os obedientes, porque Deus nunca permitirá que se percam.

Capítulo 12
Necessidade da castidade

A castidade é o lírio entre as virtudes e já nesta vida nos torna semelhantes aos anjos. Nada há de mais belo que a pureza e a pureza dos homens é a castidade. Chama-se a esta virtude honestidade; e à sua prática, honra.

Denomina-se também integridade; e o vício contrário, corrupção. Numa palavra, entre as virtudes tem esta a glória de ser o ornamento da alma e do corpo ao mesmo tempo.

Nunca é lícito usar dos sentidos para um prazer impuro, de qualquer maneira que seja, a não ser num legítimo matrimônio, cuja santidade possa por uma justa compensação reparar o desaire que a deleitação importa. E no próprio casamento ainda se há de guardar a honestidade da intenção, para que, se houver alguma imperfeição no prazer, não haja senão honestidade na vontade que o realiza. O coração puro é como a madrepérola, que não recebe uma gota de água que não venha do céu, pois ele não consente em nenhum prazer afora o do matrimônio que é ordenado pelo Céu. Salvo isso, nem sequer nele pensa voluptuosa, voluntária e demoradamente.

Quanto ao primeiro grau desta virtude, Filoteia, não admita a menor coisa de tudo aquilo que é proibido como desonesto, isto é, geralmente falando, todas as coisas semelhantes que se fazem fora do estado matrimonial ou no matrimônio contra as regras deste estado.

Quanto ao segundo grau, restringe, quanto possível for, as deleitações supérfluas e inúteis, posto que honestas e permitidas.

Quanto ao terceiro grau, não te afeições aos deleites necessários e de preceito; pois, embora seja necessário conformar-se aos que o são segundo a instituição e fim do matrimônio, não se deve apegar a eles o espírito e o coração.

Demais, esta virtude é sumamente necessária a todos os estados. No da viuvez a castidade deve ser de uma generosidade extrema, para precaver-se dos prazeres sensuais, não só quanto ao presente e ao futuro, mas também quanto ao passado; lembrando prazeres já havidos, a imaginação excita más impressões. É por isso que Santo Agostinho tanto se admirava da pureza de seu amado Alípio, que já não conservava nem o sentimento nem a lembrança de sua vida desregrada anterior. E, com efeito, é sabido que os frutos ainda inteiros se conservam facilmente por muito tempo; mas, se foram cortados ou machucados, o único meio de conservá-los é pô-los em conserva com açúcar ou mel. Do mesmo modo eu digo que, enquanto a castidade estiver intacta, se têm muitos meios de conservá-la; mas, uma vez perdida, só pode ser conservada pela devoção que, pelas suas doçuras, muitas vezes tenho comparado ao mel.

No estado virginal a castidade exige uma muito grande simplicidade de alma e uma consciência muito delicada, para afastar toda sorte de pensamentos curiosos e elevar-se acima de todos os prazeres sensuais, por um desprezo absoluto e completo de tudo o que o homem tem de comum com os animais e que mais convém aos brutos que a eles. Nem por pensamento duvidem essas almas que a castidade é muito superior a tudo o que é incompatível com a sua perfeição; pois o demônio, como diz São Jerônimo, não podendo suportar esta salutar ignorância do prazer sensual, procura excitar nestas almas ao menos o desejo de conhecê-los e sugere-lhes ideias tão atraentes, embora inteiramente falsas, que muito as perturbam, levando-as, como acrescenta este santo padre, a dar imprudentemente grande estima ao que não conhecem. É assim que muitos jovens, seduzidos pela ilusória e tola estima dos prazeres voluptuosos e por uma curiosidade sensual e inquieta, entregam-se a uma vida desregrada, com perda completa dos seus interesses temporais e eternos; assemelham-se a borboletas que, pensando que o fogo é tão doce quão belo, atiram-se a ele e se queimam nas chamas.

"Quanto aos casados, é certo que a castidade lhes é necessária, muito mais do que se pensa, pois a castidade deles não é uma abstenção absoluta dos prazeres carnais, mas refrear-se neles. Ora, como aquele preceito – 'Irai-vos e não pequeis' – é no meu entender mais difícil que o outro – 'Não vos ireis nunca' – por ser bem mais fácil evitar a raiva do que regrá-la, assim também é mais fácil a abstenção total dos prazeres carnais do que a moderação neles. É certo que a santa licença que o matrimônio confere tem uma força e virtude particular para apagar a concupiscência, mas a fraqueza dos que usam dela passa facilmente da permissão à dissolução, do uso ao abuso. E como vemos muitos ricos roubarem, não por indigência, mas por avareza, também se veem muitos casados excederem-se por intemperança e luxúria; porque a sua concupiscência é como um fogo cheio de veleidades, ardendo aqui e ali, sem se fixar em parte alguma. É sempre perigoso tomar remédios violentos. Tomando-se demais, ou se não forem bem dosados, prejudicam imensamente. O matrimônio, entre outros fins, existe para remédio da concupiscência e sem dúvida é ótimo remédio, mas violento e por isso perigoso se não for usado com discrição.

Noto ainda que, além das longas doenças, os vários negócios separam muitas vezes os maridos de suas mulheres. E é por isso que os casados precisam de duas espécies de castidade: uma para a continência absoluta, naqueles casos de separação forçada; a outra, para a moderação quando estão juntos, na vida normal. Viu Santa Catarina de Sena muitos condenados no inferno sofrendo atrozmente pelas faltas contra a santidade matrimonial. E isso, dizia ela, não tanto pela enormidade do pecado, porque assassínios e blasfêmias são pecados muito maiores, mas porque os que caem naqueles não têm escrúpulos e continuam assim a cometê-los por muito tempo. "Já vês pois que [...]"

A castidade é necessária para todos os estados. *Segui a paz com todos* – diz o apóstolo – *e a santidade sem a qual ninguém verá a Deus*. Ora, é de notar que por santidade ele entende aqui a castidade, como observam São Jerônimo e São Crisóstomo. Não, Filoteia, ninguém verá a Deus sem a castidade; em seus santos tabernáculos não habitará ninguém que não tenha o coração puro e, como diz Nosso Senhor mesmo, os cães e os desonestos serão desterrados daí; e: "Bem-aventurados os limpos de coração, porque eles verão a Deus".

Capítulo 13
Conselhos para conservar a castidade

Estejas sempre de sobreaviso para afastar logo de ti tudo o que te possa inclinar à sensualidade; pois este mal se vai alastrando insensivelmente e de pequenos princípios faz rápidos progressos. Numa palavra, é mais fácil fugir-lhe do que curá-lo.

Parecem-se os corpos humanos com os vidros, que não se pode levar juntos, tocando-se, sem correr perigo de se quebrarem, e com as frutas, que, embora inteiras e bem maduras, recebem manchas, chocando umas com as outras. A água mais fresca que se quer conservar num vaso perde logo a sua frescura mal um animal a toca.

Nunca permitas, Filoteia, nem a outros nem a ti mesma, todo esse tocar exterior das mãos igualmente contra a modéstia cristã e contra o respeito que se deve à qualidade e à virtude de uma pessoa; pois, ainda que não seja de todo impossível conservar o coração puro entre essas ações mais levianas que maliciosas, todavia sempre se recebe daí algum dano; nem falo aqui desses tatos desonestos que arruínam por completo a castidade.

A castidade depende do coração, quanto à sua origem, mas sua prática exterior consiste em moderar e purificar os sentidos; por isso podemos perdê-la tanto pelos sentidos exteriores como por pensamentos e desejos do coração. É impudicícia olhar, ouvir, falar, cheirar, palpar coisas desonestas, quando nisso o coração se demora e toma gosto. São Paulo chega a dizer: *Meus irmãos, a fornicação nem se nomeie entre vós.*

As abelhas não só não pousam num cadáver corrompido, mas até fogem do mau cheiro que exala.

Observa o que a Sagrada Escritura nos diz da Esposa dos Cantares: tudo aí é místico: *suas mãos destilam mirra* e este líquido, como sabes, preserva da corrupção; *seus lábios são fitas de rubim vermelho*, o que nos indica o seu pudor até à palavra menos desonesta; *seus olhos* são comparados *aos olhos da pomba*, por causa da sua inocência; *suas orelhas têm brincos de ouro*, desse metal precioso que significa a pureza; *seu nariz* é comparado *ao cedro do Líbano*, cujo odor é suavíssimo e que tem uma madeira incorruptível. Que quer dizer tudo isso? A alma devota deve ser casta, inocente, pura e honesta em todos os sentidos exteriores.

Nunca trates com pessoa de indubitáveis costumes corrompidos, sobretudo se forem também imprudentes, como quase sempre o são.

Diz-se que os cabritos, tocando com a língua nas amendoeiras doces, tornam os seus frutos amargos; e essas almas brutais e infectas, falando a pessoas do mesmo sexo ou de sexo diferente, causam grande dano ao pudor, assemelhando-se também aos basiliscos, que têm o veneno nos lábios e no hálito.

Ao contrário, procura a companhia de pessoas castas e virtuosas; ocupa-te muitas vezes com a leitura da Sagrada Escritura; porque a Palavra de Deus é casta e torna castos os que a amam. Daí vem que Davi a compara a esta pedra preciosa que se chama topázio e que tem a propriedade especial de mitigar o ardor da concupiscência.

Conserva-te ao lado de Jesus Cristo crucificado, quer espiritualmente – pela meditação, quer real e corporalmente – na santa comunhão. Sabes de certo que os que se deitam sobre aquela erva *agnus castus* vão tomando insensivelmente disposições favoráveis à castidade; estejas certa que, se teu coração descansar em Nosso Senhor, que é realmente o Cordeiro imaculado, bem depressa purificarás tua alma, teu coração e teus sentidos, inteiramente, de todos os prazeres sensuais.

Capítulo 14
O espírito de pobreza unido à posse de riquezas

Bem-aventurados os pobres de espírito, porque deles é o Reino dos Céus. Malditos, pois, são os ricos de espírito, porque deles é a miséria do inferno. Rico de espírito é todo aquele que tem o espírito em suas riquezas ou a ideia das riquezas em seu espírito; pobre de espírito é todo aquele que nenhuma riqueza tem em seu espírito nem tem o seu espírito nas riquezas. Os alciões fabricam seus ninhos de um modo admirável; a sua forma é semelhante a uma maça, apenas com uma pequena abertura em cima; colocam-nos à beira do mar e tão firmes e impenetráveis são que, subindo as vagas à praia, nenhuma gota d'água pode entrar, porque se conservam boiando e flutuando com as ondas; permanecem no meio do mar, sobre o mar e senhores do mar. Eis aí a imagem do teu coração, Filoteia, que deve estar sempre aberto para o céu e ser impenetrável ao amor dos bens deste mundo. Se és rica, conserva teu coração desapegado de tuas riquezas, elevando-te sempre acima delas, de sorte que, no meio das riquezas, estejas nas riquezas e sejas senhora das riquezas. Não, não permitas que esse espírito celeste se encha dos bens terrestres; mas esforça-te por estar superior a todos os seus atrativos e a te elevares sempre mais para o céu.

Grande diferença há entre ter o veneno e ser envenenado. Quase todos os farmacêuticos possuem muitos venenos para diversos usos de seu ofício, mas não se pode dizer que estejam envenenados porque têm o veneno em suas farmácias. Assim também podes possuir riquezas sem que o seu veneno natural penetre até tua alma, contanto que as tenhas só em tua casa ou em tua bolsa, e não no coração. Ser rico de fato e pobre no afeto é a grande ventura dos cristãos, porque ao mesmo tempo têm as comodidades das riquezas para esta vida e os merecimentos da pobreza para a outra. Ah! Filoteia, ninguém confessa que é avarento, todos aborrecem esta vileza do coração. Escusam-se pelo número crescido dos filhos, alegando regras de prudência, que exigem um fundo firme e suficiente. Nunca se tem bens demais e sempre se acham novas necessidades para ajuntar ainda mais. O mais avarento nunca crê em sua consciência que o é. A avareza é uma febre esquisita, que tanto mais se mostra imperceptível quanto mais violenta e ardente se torna. Moisés viu uma sarça ardendo em um fogo do céu, sem se consumir; o fogo da avareza, ao contrário, devora e consome o avarento, sem o queimar; ao menos, ele não lhe sente os ardores e a alteração violenta que lhe causa parece-lhe uma sede natural e suave.

Se desejas com ardor e inquietação e por muito tempo os bens que não possuis, crê-me que és avarenta, embora digas que o não queres possuir injustamente; do mesmo modo que um doente que deseja beber um pouco d'água com ardor, inquietação e por muito tempo, está mostrando com isso que tem febre, embora só queira beber água.

Não sei, Filoteia, se é um desejo justo o de adquirir justamente o que outros justamente possuem; parece-me que, agindo deste modo, procuramos a nossa comodidade à custa do incômodo de outrem. Quem possui um bem com pleno direito, não terá mais razão de o conservar justamente do que nós de o desejar justamente? Por que motivo, pois, estendemos nós o nosso desejo sobre a sua comodidade, para o privar dela? Mesmo que este desejo fosse justo, caridoso não seria de modo algum, nem nós quereríamos que outros o tivessem a nosso respeito. Este foi o pecado de Acab, que quis obter por meios justos a vinha de Nabot, o qual a queria conservar com maior direito. Este rei a desejou por muito tempo e com muito ardor e inquietação, e com isso ofendeu a Deus.

Quando o próximo começar a desejar desfazer-se de um bem, então é tempo, Filoteia, de começar a desejar obtê-lo; o seu desejo fará o teu justo e caridoso. Sim, nada tenho que dizer em contrário, se te esforças por aumentar os teus bens com uma tal caridade e justiça.

Se amas os bens que possuis, se eles ocupam teu pensamento com ansiedade, se teu espírito anda sempre aí de envolta, se teu coração se apega a eles, se sentes um medo muito vivo e inquieto de perdê-los, crê-me que ainda estás com febre e o fogo da avareza ainda não está extinto em ti; pois as pessoas que estão com febre bebem com uma certa avidez, pressa e sofreguidão a água que se lhes dá, o que não é natural nem ordinário nas pessoas sãs; e não é possível agradar-se muito de uma coisa sem se apegar a ela. Se na perda de um bem sentes o coração aflito e desolado, crê-me, Filoteia, que lhe tens um afeto demasiado, pois nada patenteia tão claramente o apego que se tinha a uma coisa perdida, como entristecer-se pela perda.

Nunca fomentes um desejo completo e voluntário por uma coisa que não possuis; não prendas o coração em bem algum teu; não te entristeças nunca das perdas que sobrevierem; então, sim, terás um motivo razoável de pensar que, sendo rica, de fato és, entretanto, pobre de espírito e, por conseguinte, do número dos escolhidos, porque o Reino dos Céus te pertence.

Capítulo 15
Modo de praticar a pobreza real, permanecendo na posse das riquezas

O célebre pintor Parrásio desenhou um retrato do povo ateniense, que foi tido em conta de muito engenhoso; porque, para pintá-lo com todos os traços do seu caráter leviano, variável e inconstante, ele representou em diversas figuras do mesmo quadro os caracteres opostos da virtude e do vício, da cólera e da brandura, da clemência e da severidade, do orgulho e da humildade, da coragem e da covardia, da civilidade e da rusticidade. De um modo semelhante, Filoteia, eu queria que teu coração unisse a riqueza com a pobreza, um grande cuidado com um grande desprezo dos bens temporais.

Esforça-te ainda mais que os filhos do mundo por conservar e aumentar os teus bens; pois, não é verdade que aqueles a quem um príncipe incumbiu de cuidar de seus parques, os cultivarão e procurarão tudo o que os possa embelezar, com muito maior diligência do que se fossem seus próprios? E por que isso? É porque os consideram como propriedade de seu príncipe, de seu rei, a quem querem agradar. Filoteia, os bens que temos não nos pertencem e Deus, que os confiou à nossa administração, quer que os façamos frutuosos; é, portanto, prestar um serviço agradável a Deus cuidar deles com diligência; mas este cuidado há de ser muito mais acurado e maior que o das pessoas do mundo, porque elas trabalham por amor delas mesmas e nós devemos trabalhar por amor de Deus. Ora, como o amor de si mesmo é um amor inquieto, turbulento e violento, o cuidado que dele procede é cheio de perturbação, pesar e inquietação; mas o cuidado que procede do amor de Deus, que enche o coração de doçura, tranquilidade e paz, é necessariamente suave, tranquilo e pacífico, mesmo quanto aos bens temporais. Tenhamos sempre um espírito calmo e uma tranquilidade de vida inalterável, conservando e aumentando os bens deste mundo segundo as verdadeiras necessidades e ocasiões justas que nos ocorrem; porque, enfim, Deus quer que nos sirvamos destas coisas por seu amor.

Mas presta muita atenção que o amor-próprio não te engane; ele imita às vezes tão bem o amor de Deus que se diria ser este; e, para evitar o engano e o perigo anexo de transformar o cuidado legítimo numa verdadeira avareza, é preciso que, além do que deixei dito no capítulo precedente, pratiques muitas vezes a pobreza de um modo real e efetivo no meio de todas as riquezas!

Reserva frequentemente uma parte de teus bens para empregá-la em favor dos pobres. Dar um tanto do que se possui é empobrecer um outro tanto, e quanto mais se dá tanto mais se empobrece. É verdade que Deus te recompensará liberalmente nesta e na outra vida; pois nada faz prosperar tanto os bens temporais como a esmola cristã; mas, enquanto esperas a recompensa, participarás sem dúvida dos merecimentos da pobreza. Ah! que santa e rica pobreza a que nos granjeia a escola cristã!

Ama os pobres e a pobreza, que este amor te fará verdadeiramente pobre, porque, como diz a Escritura: *Nós nos tornamos semelhantes aos que amamos.* O amor iguala as pessoas que se amam. *Quem adoece*, diz São Paulo, *com quem eu não enferme?* E bem podia ele dizer: quem é pobre, que eu não o seja com ele?

O amor o fazia semelhante ao que amava. Se, pois, amas aos pobres, participarás de sua pobreza e lhes serás semelhante.

Mas, se amas os pobres, deves ter gosto de te achares entre eles, de os ver em tua casa, de os visitar em suas casas, de falar com eles, de os ter perto de ti, na igreja, nas ruas e em outras partes. Sê pobre ao falar com eles, conformando-te à sua linguagem, como um igual com o seu igual, mas sê rica em lhes estender a mão, fazendo-os participar do que Deus te concedeu mais do que a eles.

Queres fazer ainda mais, Filoteia? Não te contentes, então, em ser pobre com os pobres, mas sê ainda mais pobre do que eles. E como assim?, hás de perguntar-me. Já me vou explicar: não duvidas de certo que o servo é inferior a seu dono; entrega-te, pois, ao serviço dos pobres; assiste-os junto ao leito e com tuas próprias mãos, se estão doentes; prepara-lhes a comida à tua própria custa; sê a sua roupeira e engomadeira. Ó Filoteia, servir assim aos pobres é reinar mais gloriosamente que os reis.

Quanto a este ponto, nunca me sacio de admirar o zelo de São Luís, um dos maiores reis que o sol jamais viu; e um grande rei, digo, em todo o gênero de grandezas. Servia frequentemente à mesa dos pobres que alimentava e quase todos os dias mandava assentarem-se dois ou três à sua própria; muitas vezes comia o que os pobres deixavam, com um amor incrível por eles e por sua condição. Visitava a miúdo os hospitais e servia de preferência aos enfermos que tinham uma doença mais asquerosa, como os leprosos, os ulcerosos e os que eram comidos de um cancro; e era de joelhos e com a fronte descoberta que lhes prestava estes serviços, respeitando neles a pessoa de Nosso Senhor e amando-os com um amor tão terno como uma mãe a seus filhos. Santa Isabel, filha do rei da Hungria, misturava-se muitas vezes entre os pobres e, para divertir-se com as damas do seu palácio, vestia-se, às vezes, como uma pobre mendiga, dizendo-lhes: Se eu fosse pobre, vestir-me-ia assim. Ó meu Deus, Filoteia, este príncipe e esta princesa eram, na verdade, pobres em suas riquezas e ricos em sua pobreza! Bem-aventurados aqueles que são assim pobres, porque o Reino dos Céus lhes pertence. *Tive fome e me destes de comer*, dir-lhes-á o Rei dos pobres e dos reis no dia tremendo do juízo final. *Estava nu e me vestistes; possui o reino que vos está preparado desde o começo do mundo.*

Não há ninguém que em certas ocasiões não sinta falta de algumas comodidades da vida. Sucede, às vezes, que fora das cidades falte o necessário para receber a visita imprevista de um amigo; não se tem a tempo os vestidos necessários para aparecer com honra, segundo as regras da sociedade, numa reunião, as melhores provisões de vinho e trigo já são gastas e só resta o que havia de pior, sem que se possa suprir.

Numa viagem tudo há de faltar: quarto, cama, alimentos, serviços. Numa palavra, por mais rico que se seja, sempre acontece que se sinta necessidade de alguma coisa, e nesses momentos se é verdadeiramente pobre. Aceita, pois, Filoteia, de bom grado, essas ocasiões e suporta os seus incômodos com alegria.

Se te sobrevier algum desses infortúnios e acidentes grandes ou pequenos de que a vida está cheia, como seja uma tempestade, um incêndio, uma inundação, alguma seca, um ladrão, uma demanda, então é o tempo azado de praticares a pobreza, recebendo com calma esta perda de bens e conformando-te a ela com toda a firmeza da paciência cristã.

Esaú apresentou-se a seu pai com os braços cabeludos e Jacó fez o mesmo. Mas porque os cabelos que cobriam os braços de Jacó não estavam presos na sua pele, mas somente nas suas luvas, podiam-se arrancar sem o machucar e ferir; mas os cabelos dos braços de Esaú, como tinham crescido aí naturalmente e estavam presos, não se podiam arrancar sem uma grande dor e resistência. Eis aí um quadro fiel do apego de alguns às riquezas e do desapego de outros.

Quando nosso coração se prende aos bens, se a tempestade ou o ladrão ou o demandista nos arranca alguma parte deles, que de prantos, que de aflições, quanta impaciência! Mas, quando lhes damos o cuidado que Deus quer que tenhamos e não o coração, se os perdemos, por acaso, de modo algum perderemos a razão e a tranquilidade.

Os servos fiéis de Deus não se apegam mais a seus bens que a suas roupas, que podem vestir e despir, quando quiserem; mas os maus cristãos conservam-nos presos a si como os animais o seu pelo.

Capítulo 16
As riquezas de espírito no estado de pobreza

Se és de fato pobre, Filoteia, esforça-te, então, por sê-lo também de espírito; faze da necessidade uma virtude e negocia com esta pedra preciosa da pobreza segundo o seu alto valor. O mundo não o conhece e não sabe estimar o seu valor; entretanto, tem um brilho admirável e é de um grande preço.

Tem um pouco de paciência; em tua pobreza estás em muito boa companhia. Nosso Senhor, a Santíssima Virgem, sua Mãe, os apóstolos, tantos santos e santas foram pobres e, podendo ter riquezas, as desprezaram. Quantas pessoas que podiam ocupar no mundo um lugar saliente, apesar de todas as contradições dos homens, foram procurar com avidez nos conventos ou nos hospitais a santa pobreza! Muito se esforçaram por achá-la e bem sabes quanto o custou a Santo Aleixo, a Santa Paula, a São Paulino, a Santa Ângela e tantos outros. E a ti, Filoteia, ela se apresenta espontaneamente; nem é preciso que a procures e te esforces por achá-la, abraçá-la; abraça-a, pois, como a querida amiga de Jesus Cristo, que nasceu, viveu e morreu na maior pobreza.

Tua pobreza, Filoteia, tem duas grandes vantagens, que te granjearão uma quantidade imensa de merecimentos. A primeira é que, não provindo de tua escolha, foi unicamente a vontade de Deus que assim determinou, sem que tua vontade tenha tido ingerência alguma. Ora, tudo o que nos vem unicamente por disposição da Divina Providência nos torna sempre muito mais agradáveis a Deus, contanto que o recebamos de boa mente e com um verdadeiro amor à sua santa vontade. Em geral, em toda parte onde há menos da nossa vontade, há mais da de Deus. A conformação pura e simples com a sua vontade dá à paciência uma grande pureza.

A segunda vantagem é que esta pobreza é verdadeira e realmente pobre. Quero dizer com isso que uma pobreza estimada, louvada, prezada, socorrida e assistida só faz as vezes da riqueza ou ao menos não torna alguém tão pobre como poderia ser; mas uma pobreza desprezada, rejeitada, censurada e abandonada é uma pobreza verdadeira e real. Tal é em geral a pobreza das pessoas que vivem no mundo; como não são pobres por própria escolha, mas por necessidade, não se faz caso delas e por isso a sua pobreza é mais pobre que a dos religiosos, conquanto esta tenha uma excelência e merecimentos particulares, em vista da escolha feita e do voto pelo qual se adstringem a ela.

Não te queixes, pois, Filoteia, de tua pobreza, porque só nos queixamos do que nos desagrada. E, se a pobreza te desagrada, não és pobre, mas rica de espírito e de afeto. Não te preocupes que te faltem os socorros necessários; é exatamente nisso que consiste a perfeição da pobreza. Querer ser pobre e não querer suportar os incômodos da pobreza é uma grande ambição; sim, é querer as honras da pobreza e a comodidade da riqueza.

Não te envergonhes de ser pobre nem de pedir esmolas por amor de Deus; recebe com humildade o que te derem e sofre com mansidão o que te recusarem. Lembra-te muitas vezes da viagem de Nossa Senhora ao Egito, levando o Menino Jesus, e de tudo o que sofreu, tantos desprezos e misérias. Se viveres assim, serás riquíssima em tua pobreza.

Capítulo 17
A amizade em geral e suas espécies más

O amor ocupa o primeiro lugar entre as paixões; ele reina no coração e dirige todos os seus movimentos; apodera-se de todos eles, comunicando-lhes a sua natureza e as suas impressões; torna-nos semelhantes àquilo que amamos.

Conserva, Filoteia, o teu coração livre de todo o amor mau, porque se tornaria imediatamente um coração mau. O mais perigoso de todos os amores é a amizade, porque os outros amores podem afinal existir sem se comunicar; mas a amizade é fundada essencialmente nesta relação entre duas pessoas, sendo quase impossível que as suas boas e as suas más qualidades não passem de uma para a outra.

Nem todo o amor é amizade, pois que podemos amar sem ser amados; neste caso só há amor, mas não há amizade; porque a amizade é um amor mútuo, e se o amor não é mútuo, não pode ser chamado amizade. E ainda não é bastante que o amor seja mútuo, é necessário também que as pessoas que se amam conheçam esta afeição recíproca, de modo que, se a ignorarem, têm amor, mas não têm amizade. Em terceiro lugar requer-se que haja alguma comunicação entre as pessoas que se amam, a qual é ao mesmo tempo o fundamento e o sustentáculo da amizade.

A diversidade das comunicações forma a diversidade das amizades e estas comunicações diversas diferem segundo os bens que se podem comunicar mutuamente. Se estes bens são falsos e vãos, a amizade será também falsa e vã, e, se são verdadeiros, a amizade será verdadeira.

Destarte a sua excelência cresce à proporção daquela dos bens que se comunicam, como o melhor mel é o que as abelhas sugam das flores mais raras e esquisitas. Em Heracleia, cidade do Ponto, existe uma espécie de mel tão venenoso que quem se alimenta dele fica maluco, porque as abelhas o vão colher no acônito, de que é rica aquela região, e é uma imagem da amizade falsa e má, que se funda na comunicação de bens falsos e favoráveis ao vício.

A comunicação dos prazeres carnais é uma propensão mútua e isca brutal, que entre os homens não merece o nome de amizade mais do que a dos jumentos e cavalos, pela semelhança dos efeitos; e se no matrimônio não houvesse mais nenhum efeito, também nele não haveria amizade. Mas porque, além desta, há nele a comunicação da vida, da atividade, dos bens, das afeições e uma indissolúvel fidelidade, por isso a amizade do matrimônio é verdadeira e santa amizade.

A amizade fundada sobre os prazeres sensuais ou sobre certas perfeições vãs e frívolas é tão grosseira que nem merece o nome de amizade. Chamo prazeres sensuais aqueles que provêm imediata e principalmente dos sentidos exteriores, como o prazer natural de ver uma bela pessoa, de ouvir uma voz melodiosa, de apalpar e outros prazeres semelhantes. Chamo perfeições vãs e frívolas certas habilidades ou qualidades, quer naturais, quer adquiridas, que os espíritos fracos têm em conta de grandes perfeições.

Com efeito, quantas moças, mulheres e jovens dizem com toda a seriedade: Na verdade aquele senhor tem um grande merecimento, porque dança esplendidamente, sabe a fundo todos os jogos, canta que é uma delícia, tem um gosto todo especial para a elegância de vestir-se, mostra sempre um ar agradável, tem uma conversa interessante e alegre!

Que juízos, Filoteia! Deste modo julgam os charlatães entre eles que os maiores tolos são os homens mais perfeitos.

Como tudo isso diz respeito aos sentidos, as amizades daí originárias se chamam sensuais e mais merecem o nome de um divertimento vão que de amizade.

Deste teor são em geral as amizades dos jovens que se prendem com bigodes, com cabelos, com olhares, com roupas, com gestos, com a loquacidade; amizades dignas da idade de amigos que ainda não têm virtude senão na casca, nem juízo algum senão em botão. Por isso tais amizades passam e se desfazem logo como a neve sob a ação do sol.

Capítulo 18
As mais perigosas amizades

Certas amizades loucas entre pessoas de diverso sexo, e sem intenção de casamento, não podem merecer o nome de amizade nem de amor, pela sua incomparável leviandade e imperfeição. São abortos ou, melhor ainda, fantasmas da amizade. Prendem e comprometem os corações dos homens e das mulheres, entrelaçando-os em vãs e loucas afeições, fundadas nessas frívolas comunicações de miseráveis agrados de que acabo de falar. E ainda que estes loucos amores por via de regra vão parar e despenhar-se em carnalidades e lascívias muito baixas e torpes, contudo não é este o primeiro desígnio dos que andam nestas conversas, aliás não seriam já amizades, senão desonestidades manifestas. Algumas vezes passarão até muitos anos sem que entre os que estão contagiados desta loucura haja algo diretamente contrário à castidade do corpo, porque se contentam unicamente com desafogar os corações em anseios, desejos, suspiros, galanteios e outras ninharias e leviandades deste teor, levados por diversos fins.

Uns não têm senão o desígnio de saciar o seu coração, dando e recebendo provas de amor, seguindo nisto a sua inclinação amorosa, e estes tais escolhem os amores, consultando apenas o seu gosto e propensão, de sorte que, apenas se lhes depara algum sujeito agradável, sem examinar o seu interior nem o seu procedimento, começam esta comunicação de namorados, e metem-se dentro das miseráveis redes, de que depois muito lhes custará sair. Outros deixam-se levar a isso por vaidade, parecendo-lhes que não é pequena glória agarrar e prender os corações com o amor. E estes, fazendo a sua escolha por ostentação, deitam os seus anzóis, e estendem as suas redes em lugares de bela aparência, elevados, famosos e ilustres. Outros são levados pela sua inclinação amorosa e ao mesmo tempo pela vaidade; porque, embora tenham o coração atreito e inclinado ao amor, não querem porém meter-se a ele senão com alguma vantagem de glória.

Estas amizades são todas más, loucas e vãs: más, porque vão dar e rematam ao fim no pecado da carne, e porque roubam o amor, e por conseguinte o coração a Deus, à mulher e ao marido, a quem ele pertencia; loucas, porque não têm nem fundamento nem razão; vãs, porque não dão proveito algum, nem honra, nem contentamento. Pelo contrário, fazem perder tempo, lesam a honra sem dar nenhum prazer, afora o de uma ansiedade de pretender e esperar, sem saber o que se quer nem o que se pretende, porque sempre se lhes afigura, a estes espíritos fracos e miseráveis, que têm não sei que de apetecível as provas que lhes dão de amor recíproco, e que não são capazes de explicar, de onde resulta que o seu desejo não pode terminar, mas vai sempre apoquentando o seu coração com perpétuas desconfianças, ciúmes e inquietações.

São Gregório Nazianzeno, escrevendo contra as mulheres vãs, diz maravilhas a este respeito; aqui tens um pequeno trecho que ele na realidade dirige às mulheres, mas é bom também para os homens:

A tua natural formosura basta para teu marido; porque se é para muitos homens, como uma rede estendida para um bando de pássaros, que irá daí suceder? Há de agradar-te aquele a quem tua formosura agradar; pagarás um relance de olhos com outro relance, olhares com olhares; virão logo a seguir os sorrisos, e pequenas palavras de amor, deixando-as como que cair com dissimulação, no princípio; mas bem depressa se lhes tomará gosto, e se passará aos desbragamentos manifestos. Ó minha língua palradeira, foge a todo o transe de dizer o que sucederá depois; eu contudo direi esta verdade: nada de tudo o que os moços e as mulheres dizem ou fazem juntos nestas loucas conversas é isento de grandes estímulos e perigos. Todas as patranhas de namorados se prendem umas com as outras e se seguem todas umas às outras, nem mais nem menos do que um ferro atraído pelo ímã atrai consecutivamente muitos outros.

Oh! como diz bem este grande bispo: Que pensas tu fazer? Queres amar? Não queres? Mas olha que ninguém dá voluntariamente, que não receba forçosamente; neste jogo, quem apanha é apanhado. A erva aproxis acende-se, apenas vê o fogo; os nossos corações são na mesma: apenas veem uma alma abrasada em amor por eles, ficam sem demora abrasados de amor por ela. Eu bem quisera enamorar-me, me dirá alguém, mas não com muito empenho. Ai! como te enganas! Este fogo do amor é mais ativo e penetrante do que te parece: julgas que só recebes uma centelha dele e ficarás assombrada ao ver que num momento se terá apossado de todo o teu coração, e terá reduzido a cinzas todas as tuas resoluções, e a fumo a tua reputação. O sábio exclama: Quem terá compaixão de um encantador mordido da serpente? E eu exclamo na sua esteira: ó loucos e insensatos, cuidais que enfeitiçais o amor para o manejar e usar como vos aprouver? Quereis brincar com ele, e ele vos picará e morderá perigosamente, e sabeis o que se dirá? Todos mofarão de vós, e se rirão por terdes querido enfeitiçar e prender o amor e, com uma falsa segurança, terdes metido no vosso seio uma perigosa víbora, que vos corrompeu e perdeu a alma e a honra. Ó Deus, que cegueira esta, a de jogar assim a crédito sobre penhores tão frívolos a principal joia da nossa alma? Sim, Filoteia! porque Deus não quer o homem senão pela alma, nem a alma senão pela vontade, nem a vontade senão pelo amor. Ai! nós não temos todo aquele amor de que precisamos. Quero eu dizer, só sendo o amor infinito, teríamos o bastante para amar a Deus; e contudo, como se nos sobejasse, malbaratamo-lo e empregamo-lo em coisas loucas, vãs e frívolas. Ah! este grande Deus, que para si reserva apenas o amor das nossas almas, em paga e reconhecimento da sua criação, conservação e redenção, exigirá uma conta muito apertada e rigorosa destes loucos devaneios a que nos damos. E se há de fazer-se um exame tão exato das palavras ociosas, como será o que há de fazer-se das amizades ociosas, impertinentes, loucas e prejudiciais?

A nogueira prejudica imenso as vinhas e os campos, onde está plantada, porque, sendo tamanha, chama a si toda a seiva da terra, que depois não tem força para sustentar o resto das plantas; as suas folhas são tão densas que produzem uma sombra grande e cerrada, e por último atrai os viandantes, que para deitar abaixo o seu fruto estragam e calcam tudo em volta dela. Estes namoros causam os mesmos estragos na alma, porque a ocupam de tal modo, e empucham tão poderosamente os seus movimentos, que ela fica inepta e inábil para qualquer obra boa: as folhas, isto é, as conversas, divertimentos e galanteios são tão frequentes, que fazem perder todo o tempo. E finalmente atraem tantas tentações, distrações, suspeitas e outras consequências, que o coração fica todo pisado e corrompido. Numa palavra, estes namoros não só desterram o amor celestial, mas também o temor de Deus, enervam o espírito, fazem desvanecer a reputação: e, por dizer tudo de uma só vez, são o entretimento e a diversão das cortes, mas a peste dos corações.

Capítulo 19
As verdadeiras amizades

Ó Filoteia, ama a todos os homens com um grande amor de caridade cristã, mas não traves amizade senão com aquelas pessoas cujo convívio te pode ser proveitoso; e quanto mais perfeitas forem estas relações, tanto mais perfeita será a tua amizade.

Se a relação é de ciências, a amizade será honesta e louvável e o será muito mais ainda se a relação for de virtudes morais, como prudência, justiça, fortaleza; mas se for a religião, a devoção e o amor de Deus e o desejo da perfeição o objeto de uma comunicação mútua e doce entre ti e as pessoas que amas, ah! então tua amizade é preciosíssima. É excelente, porque vem de Deus; excelente, porque Deus é o laço que a une; excelente, enfim, porque durará eternamente em Deus.

Ah! quanto é bom amar já na terra o que se amará no céu e aprender a amar aqui estas coisas como as amaremos eternamente na vida futura. Não falo, pois, aqui simplesmente do amor cristão que devemos a nosso próximo, todo e qualquer que seja, mas aludo à amizade espiritual, pela qual duas, três ou mais pessoas se comunicam mutuamente as suas devoções, bons desejos e resoluções por amor de Deus, tornando-se um só coração e uma só alma.

Com toda a razão podem cantar então as palavras de Davi: *Oh! quão bom e agradável é habitarem juntamente os irmãos!* Sim, Filoteia, porque o bálsamo precioso da devoção está sempre passando de um coração ao outro por uma contínua e mútua participação; tanto assim que se pode dizer que Deus lançou sobre esta amizade a sua bênção por todos os séculos dos séculos.

Todas as outras amizades são como as sombras desta e os seus laços são frágeis como o vidro, ao passo que estes corações ditosos, unidos em espírito de devoção, estão presos por uma corrente toda de ouro. Filoteia, todas as tuas amizades sejam desta natureza, isto é, todas aquelas que dependem de tua livre escolha, porque não deves romper nem negligenciar as que a natureza e outros deveres te obrigam a manter, como em relação a teus pais, parentes, benfeitores e vizinhos.

Hás de ouvir talvez que não se deve consagrar afeto particular ou amizade a ninguém, porque isto ocupa por demais o coração, distrai o espírito e causa ciúmes; mas é um mau conselho, porque, se muitos autores sábios e santos ensinam que as amizades particulares são muito nocivas aos religiosos, não podemos, no entanto, aplicar o mesmo princípio a pessoas que vivem no século – e há aqui uma grande diferença.

Num mosteiro onde há fervor, todos visam o mesmo fim, que é a perfeição do seu estado, e por isso manutenção das amizades particulares não pode ser tolerada aí, para precaver que, procurando alguns em particular o que é comum a todos, passem das particularidades aos partidos.

Mas no mundo é necessário que aqueles que se entregam à prática da virtude se unam por uma santa amizade, para mutuamente se animarem e conservarem nesses santos exercícios. Na religião os caminhos de Deus são fáceis e planos e os que aí vivem se assemelham a viajantes que caminham numa bela planície, sem necessitar de pedir a mão em auxílio. Mas os que vivem no século, onde há tantas dificuldades a vencer para ir a Deus, parecem-se com os viajantes que andam por caminhos difíceis, escabrosos e escorregadiços, precisando sustentar-se uns nos outros para caminhar com mais segurança.

Não, no mundo nem todos têm o mesmo fim e o mesmo espírito e daí vem a necessidade desses laços particulares que o Espírito Santo forma e conserva nos corações que lhe querem ser fiéis. Concedo que esta particularidade forme um partido, mas é um partido santo, que somente separa o bem do mal: as ovelhas das cabras, as abelhas dos zangões, separação esta que é absolutamente necessária.

Em verdade não se pode negar que Nosso Senhor amava com um amor mais terno e especial a São João, a Marta, a Madalena e a Lázaro, seu irmão, pois que o Evangelho o dá a entender claramente. Sabe-se que São Pedro amava ternamente a São Marcos e a Santa Petronila, como São Paulo ao seu querido Timóteo e a Santa Tecla.

São Gregório Nazianzeno, amigo de São Basílio, fala com muito prazer e ufania de sua íntima amizade, descrevendo-a do modo seguinte: parecia que em nós havia uma só alma, para animar os nossos corpos, e que não se devia mais crer nos que dizem que uma coisa é em si mesma tudo quanto é e não numa outra; estávamos, pois, ambos em um de nós e um no outro. Uma única e a mesma vontade nos unia em nossos propósitos de cultivar a virtude, de conformar toda a nossa vida com a esperança do céu, trabalhando ambos unidos como uma só pessoa, para sair, já antes de morrer, desta terra perecedora.

Santo Agostinho testemunha que Santo Ambrósio amava a Santa Mônica unicamente devido às raras virtudes que via nela e que ela mesma estimava este santo prelado como um anjo de Deus.

Mas para que deter-te tanto tempo numa coisa tão clara? São Jerônimo, Santo Agostinho, São Gregório, São Bernardo e todos os grandes servos de Deus tiveram amizades particulares, sem dano algum para a sua santidade.

São Paulo, repreendendo os pagãos pela corrupção de suas vidas, acusa-os de gente sem afeto, isto é, sem amizade de qualidade alguma. Santo Tomás reconhecia, com todos os bons filósofos, que a amizade é uma virtude e entende a amizade particular, porque diz expressamente que a verdadeira amizade não pode se estender a muitas pessoas.

A perfeição, portanto, não consiste em não ter nenhuma amizade, mas em não ter nenhuma que não seja boa e santa.

Capítulo 20
Diferença das amizades vãs e verdadeiras

Vou te dar agora, Filoteia, um aviso importantíssimo e uma regra geral. O mel de Heracleia, de que já falei, e que é um veneno muito destrutivo, assemelha-se muito ao mel ordinário, que é tão saudável, e há grande perigo de tomar um pelo outro ou de tomar uma mistura de ambos, porque a utilidade de um não impede a malignidade do outro. Também quanto às amizades é preciso muito cuidado, para não nos enganarmos, principalmente tratando-se de uma pessoa de sexo diverso, por melhores que sejam os princípios que nos unam a ela; pois o demônio tapa os olhos aos que se amam. Começa-se por um amor virtuoso; mas, se não se tomarem precauções prudentes, o amor frívolo se vai misturando e depois vem o amor sensual, e por fim o amor carnal. Sim, mesmo no amor espiritual não se está livre de perigo se não se sabe premunir-se de desconfiança e vigilância, conquanto o engano aqui não seja tão fácil, porque a inocência perfeita do coração descobre imediatamente tudo o que se pode ajuntar aí de impuro, assim como as manchas aparecem muito mais sobre o branco. Eis aí a razão por que, quando o demônio quer corromper um amor todo espiritual, o faz com mais astúcia, tentando ver se pode sugerir primeiro algumas disposições menos favoráveis à pureza.

Para discernires bem entre a amizade santa e a amizade mundana, grava na memória as regras seguintes:

O mel de Heracleia é mais doce à língua que o mel vulgar, porque as abelhas o vão colher no acônito, que lhe dá esta doçura extraordinária, e a amizade mundana traz uma influência de palavras doces, langorosas, apaixonadas e cheias de adulação pela beleza, graças e vãs qualidades físicas. Mas a amizade santa tem uma linguagem simples, singela e sincera e só louva as virtudes e dons de Deus, único fundamento em que se apoia.

Quem comeu do mel maligno sente umas tonteiras de cabeça e muitas vertigens, e a amizade falsa causa um desvio e desvairamento de espírito que faz titubear a pessoa na castidade e na devoção, levando-a a olhares afetados, lânguidos e imoderados, a carícias sensuais, a suspiros desordenados, a pequenas queixas de não ser correspondida, a certas meiguices levianas, afetadas e repetidas, a galantarias e beijos e a outras particularidades e fervores inconvenientes, presságios certos e infalíveis de iminente ruína da honestidade. Mas a amizade santa só tem olhos para o pudor, demonstrações para a pureza e sinceridade, suspiros para o céu, liberdade para o espiritual e queixas pelos interesses de Deus, que não é amado: sinais infalíveis de uma honestidade perfeita.

O mel de Heracleia ofusca a vista e a amizade vã ofusca o juízo tão fortemente, que já não se pode distinguir entre o bem e o mal, aceitam-se como verdadeiras razões os pretextos menos fundamentados, teme-se a luz e amam-se as trevas. Mas a amizade santa tem olhos clarividentes, não se esconde e gosta mesmo de mostrar-se às pessoas de bem.

Enfim o mel envenenado... reina nos céus! Por último, o mel envenenado deixa um grande amargor na boca. Da mesma sorte, as falsas amizades convertem-se e rematam em palavras e pedidos carnais e torpes; ou, no caso de negativa, em injúrias, calúnias, imposturas, tristezas, confusões e ciúmes, que bem depressa vão parar em brutalidades e desvarios. Mas a amizade casta é sempre igualmente honesta, cortês e amigável. Nunca se converte senão numa união de espíritos mais perfeita e mais pura, imagem viva da amizade bem-aventurada que se pratica no céu.

São Gregório Nazianzeno diz que o pavão, gritando quando faz sua roda, excita sobremaneira as fêmeas que o escutam. Quando vemos um homem pavonear-se, enfeitar-se, e vir assim dizer chocarrices, chistes e palavras doces aos ouvidos de uma mulher ou de uma moça sem intenção de justo matrimônio, ah! sem dúvida que não é senão para a arrastar a alguma desonestidade. A mulher séria e honrada tapará os ouvidos para não ouvir os gritos desse pavão e a voz do encantador, que a quer enfeitiçar e prender com finezas. E se ela der ouvidos, ó meu Deus, que mau prenuncio da futura perda de sua alma! Os jovens que fazem gestos, carícias e dizem palavras em que não gostariam de ser surpreendidas por seus pais, mães, maridos, esposas ou confessores, mostram com isso que tratam de coisa alheia à honra e à consciência. Nossa Senhora perturbou-se vendo um anjo em forma humana, porque estava só e ele lhe tecia elogios sublimados, embora celestiais, Ó Salvador do mundo, a pureza teme a um anjo em forma humana, e porque não há de a impureza temer um homem, ainda que lhe apareça em figura de anjo, quando a louva com louvores sensuais e humanos?

E se já estás presa nas redes destes amores loucos, oh! Deus, como te será difícil soltares-te! Põe-te diante da sua Divina Majestade, reconhece na sua presença a enormidade da tua miséria, a tua fraqueza e vaidade; depois, com o maior esforço de coração que te for possível, detesta estes amores começados, abjura a vã profissão que deles fizeste, renuncia a todas as promessas recebidas e, com uma grande e mui decidida vontade, põe prazo ao teu coração, e resolve nunca mais entrar nestes jogos e diversões de amor.

Se te podes afastar do objeto deles, sem restrições o aprovo; porque, como os que foram mordidos pelas serpentes não podem facilmente sarar na presença dos que noutra ocasião foram feridos pela mesma mordedura: assim também a pessoa que está picada do amor dificilmente sarará desta paixão, enquanto estiver perto da outra que tiver sido atingida pela mesma picadura. A mudança de lugar serve sobremaneira para abrandar os ardores e inquietações, quer da dor, quer do amor. O mancebo de quem fala Santo Ambrósio no segundo livro da Penitência, tendo feito uma longa viagem, tornou-se em absoluto liberto dos loucos amores a que se entregara, e ficou de tal sorte mudado, que a louca namorada, encontrando-o, e dizendo-lhe: não me conheces? eu sou a mesma –, ele respondeu: sim, mas eu não sou o mesmo. A ausência tinha operado nele esta feliz mudança. E Santo Agostinho testifica que, para mitigar a dor que teve com a morte do seu amigo, retirou-se de Tagaste, onde ele morrera, e foi para Cartago.

Mas quem não pode afastar-se, que deve fazer? É preciso a todo o custo cortar por toda a conversa particular, por todo o entretenimento secreto, por toda a meiguice e requebro no olhar, por todos os sorrisos, e em geral por toda a espécie de comunicações e incentivos, que podem alimentar este fogo que tão mau cheiro exala e tanto fumo despende. Quando muito, se é forçoso falar ao cúmplice, que seja apenas para declarar, por uma audaciosa, curta e severa protestação, o eterno divórcio que se jurou. Eu grito bem alto a todos os que caíram nestes laços dos namoros: cortai, despedaçai, quebrai; é preciso não perder tempo a descoser estas amizades loucas, é preciso rasgá-las e despedaçá-las; não se hão de desatar os nós, é preciso parti-los ou cortá-los, pois afinal de contas esses cordões e ligaduras para nada servem. Não há razão para fazer caso de um amor que é tão contrário ao amor de Deus.

– Mas, depois de eu ter assim quebrado os grilhões desta infame escravidão, ainda me ficará dela algum sentimento e saudade, e as marcas e os sinais dos ferros ainda ficarão gravados em meus pés, isto é, nas minhas afeições. – Não o farão, Filoteia, se conceberes tamanho ódio e aversão pelo mal, como ele merece: porque, se isto for assim, nunca mais serás agitada por nenhum movimento, afora o de um extremo horror por este amor infame e por tudo o que dele depende; e ficarás livre de toda a afeição pelo objeto abandonado, e só com uma caridade puríssima para com Deus; mas, se pela imperfeição do teu arrependimento te ficam ainda algumas inclinações más, procura para a tua alma uma solidão mental, conforme mais acima te indiquei, e acolhe-te a ela o mais que possas, e por meio de repetidas aspirações renuncia a todas as tuas inclinações: detesta-as com todas as tuas forças; lê, com mais frequência do que costumas, livros de devoção; confessa-te mais amiúde do que é teu costume, e comunga; trata humilde e francamente de todas as sugestões e tentações, que neste ponto te saltearem, com o teu diretor, e senão, ao menos com alguma alma fiel e prudente, e não duvides de que Deus te livrará de todas as paixões, contanto que perseveres fielmente nestes exercícios.

Ah! me dirás tu, mas não será ingratidão romper tão desapiedadamente com uma amizade? Oh! que ditosa é a ingratidão que nos torna agradáveis a Deus! Não, podes crer-me, Filoteia, não será ingratidão, será até um grande benefício que farás ao amante: porque, quebrando as tuas cadeias, quebrarás as suas, pois vos eram comuns e, embora ele por enquanto não fique ciente e inteirado da sua felicidade, há de reconhecê-la sem muita tardança e convosco cantará em ação de graças: Ó Senhor! Vós quebrastes as minhas cadeias, eu vos sacrificarei a hóstia de louvor, e invocarei o vosso santo nome.

Capítulo 21
Avisos e remédios contra as más amizades

Desde a primeira tentação que teu coração sentir, por mais leve que seja, vira-o imediata e completamente para o outro lado e com uma detestação oculta, mas firme, destas vaidades sensuais, eleva-te em espírito à cruz do divino Salvador e toma a sua coroa de espinhos, para fazer uma cerca, como diz a Escritura, em redor do teu coração, a fim de que, como ela mesma acrescenta, as pequenas raposas não se aproximem.

Guarda-te cuidadosamente de entrar em alguma combinação com o inimigo; nem digas: eu o escutarei, mas não farei nada do que me disser; dar-lhe-ei atenção, mas recusarei tudo de coração.

Ó Filoteia, arma-te nessas ocasiões com a firmeza mais sólida. Muito estreitamente ligados estão o coração e os ouvidos para se crer que aquele não seja influído pelo que estes recebem; e, como é impossível deter uma torrente que se lança pelo declive de uma montanha, também não se pode impedir que aquilo que o amor fez chegar aos ouvidos não caia no coração.

Uma pessoa de honra nunca dará atenção à voz do encantador. Se acaso o escuta – ó Deus! – que funestos augúrios de perversão completa do coração! A Santíssima Virgem perturbou-se à vista do anjo, porque estava só e muito grandes eram os louvores que lhe trazia, embora viesse do céu. Ó Salvador do mundo! Aquela que é a mesma pureza teme um anjo em forma humana; e nós, que somos tão impuros, não deveríamos temer um homem, embora pareça um anjo, se nos dá louvores cheios de adulações vãs e sensuais?

Semelhantes complacências jamais serão permitidas nem justificadas por razão alguma de boa educação ou respeito; nem mesmo se, procedendo de outra forma, te mostrares descortês e incivilizada.

Lembra-te sempre que, tendo a Deus consagrado o coração e imolado o teu amor, seria uma espécie de sacrilégio tirar daí a mínima parte que fosse; renova no momento da tentação o teu sacrifício, por toda sorte de boas resoluções e protestos, e, conservando o coração fechado, como o veado no seu esconderijo, suplica a assistência de Deus; e Deus virá em teu auxílio e o seu amor tomará o teu sob a sua proteção, a fim de que permaneça intacto para ele.

Capítulo 22
Outros avisos sobre as amizades

Sem uma íntima e grande cordialidade não se pode contrair nem manter uma amizade; e, como esta cordialidade é contínua, bem depressa se começam a confiar os segredos do coração. Todas as inclinações naturais passam invisivelmente de um para o outro, pelas mútuas impressões que um faz no outro e por uma troca recíproca de sentimentos e afetos.

É o que acontece principalmente quando a amizade se funda numa grande estima, porque a amizade abre o coração e a estima dá entrada a tudo o que se apresenta, seja bom ou mau. As abelhas vão colher o seu mel nas flores e, se estas são venenosas, chupam-lhe também o veneno: imagem perfeita da amizade que, sem o notar, vai recebendo tanto o mal como o bem.

Põe, pois, cuidadosamente em prática, Filoteia, estas palavras que, segundo a tradição, o Filho de Deus sempre repetia: *Sede bons cambiadores e bons conhecedores de moedas*, isto é, não recebais a moeda falsa com a verdadeira, nem o ouro aquilatado com o falso; separai o que é preciso do que é vil e desprezível. Com efeito, ninguém existe que não tenha certas imperfeições e por que razão havemos de participar, na amizade, dos defeitos do amigo? Devemos amá-lo, embora imperfeito; mas não devemos apropriar-nos de suas imperfeições nem amá-las, porque, sendo a amizade uma associação do bem e não do mal, devemos distinguir as boas das más qualidades do amigo, como os trabalhadores do Tejo separam o ouro da areia.

São Gregório Nazianzeno conta que diversos amigos de São Basílio tanto o estimavam e veneravam que até chegaram a imitar seus defeitos naturais e exteriores, como, por exemplo, seu modo vagaroso de falar, seu modo de andar, seu ar severo e pensativo e até o aspecto da barba, e nós vemos na realidade os maridos, as mulheres, os amigos tomarem insensivelmente as imperfeições uns dos outros e os filhos dos pais, por uma certa imitação inconsciente a que a estima ou veneração os induz e conduz.

Mas cada um já tem vícios de sobra e não precisa os dos outros; e a amizade não só não exige nada disso, mas até quer que nos auxiliemos mutuamente a corrigir os nossos defeitos. Há de suportar-se com brandura as imperfeições do amigo, sem o reforçar ainda mais nelas, pelas adulações, e sem permitir que nossa alma fique contagiada por complacência.

Estou falando somente das imperfeições, porque, quanto aos pecados, nem mesmo atura-los devemos no amigo; é uma amizade muito fraca ou má ver o amigo perecer e não o socorrer ou não ousar admoestá-lo um pouco sensivelmente para o salvar.

A verdadeira amizade não se pode conciliar com o pecado, porque este a arruína inteiramente, como a salamandra, que se diz que extingue o fogo; se é um pecado passageiro, a amizade o expele imediatamente por um bom conselho; mas, se se trata de um pecado habitual, ele destrói toda a amizade, que só pode existir com a verdadeira virtude. Muito menos, portanto, se há de pecar por causa do amigo, o qual se tornaria nosso inimigo se nos quisesse levar ao pecado, e bem mereceria perder a nossa amizade se tivesse em mira perder a nossa alma.

Ainda mais, um sinal certo de uma amizade falsa é o apego a uma pessoa viciosa; e, seja qual for o vício, nossa amizade é sempre viciosa; pois, não sendo fundada na virtude sólida, outro fundamento não pode ter senão o prazer sensual ou algumas daquelas imperfeições vãs e frívolas de que já tenho falado.

As sociedades e companhias de negociantes só têm a aparência de amizade que se firma, não no amor das pessoas, mas no amor ganho. Enfim, eis aqui duas máximas divinas, que chamo as duas colunas da vida cristã. Uma é do sábio: *Quem tiver temor de Deus terá também uma amizade honesta*. A outra é de São Tiago: *A amizade deste mundo é inimiga de Deus*.

Capítulo 23
Exercício de mortificação exterior

Afirmam os naturalistas que, escrevendo-se uma palavra numa amêndoa ainda intacta e fechando-a de novo, cuidadosamente, em sua casca, uma vez lançada em terra, todos os frutos que daí nascem trazem escrita essa mesma palavra. Quanto a mim, Filoteia, nunca aprovei o método de certas pessoas que, para reformarem o homem, começam pelo exterior: pelo semblante, pelos vestidos e pelos cabelos.

Parece-me, ao contrário, que se deva começar pelo interior. *Convertei-vos a mim*, diz Nosso Senhor, *de todo o vosso coração. Meu filho, dá-me o teu coração*. E, de fato, o coração é a fonte das ações e são estas exatamente qual é o coração. O Divino Esposo, convidando a alma para uma perfeita união, lhe diz: *Põe-me como um selo sobre o teu coração e sobre o teu braço*. Nem é sem muita razão que assim fala; pois quem abriga Jesus Cristo no coração, tê-lo-á também em suas ações exteriores, que são representadas pelos braços. Por isso, Filoteia, antes de tudo quisera gravar em teu coração estas palavras sacrossantas: *Viva Jesus!* – certo de que, se o nome dulcíssimo de Jesus estiver em teu coração, em breve passará para as ações exteriores, aos lábios, aos olhos, às mãos, tanto que poderás dizer com o Apóstolo São Paulo: *Eu vivo, mas não sou eu já o que vive, pois Cristo é que vive em mim*. Enfim, quem ganhou o coração de um homem ganhou todo o homem; mas esse coração mesmo, pelo qual temos que começar a reformar o homem, precisa de instruções sobre o modo de comportar-se quanto ao exterior – e é isso o que vou fazer em poucas palavras.

Se podes aguentar o jejum, fazes muito bem em jejuar um pouco mais do que a Igreja obriga, porque o jejum, além de elevar o espírito a Deus, reprime a sensualidade, facilita as virtudes e aumenta os merecimentos. Grande proveito nos traz nos mantendo no estado de mortificar a gula e de sujeitar o apetite sensual e o corpo às leis do espírito; e, mesmo que não se jejue muito, o inimigo tem grande medo daqueles que conhece que sabem jejuar. As quartas-feiras, as sextas-feiras e os sábados foram sempre dias que os cristãos antigos tinham como dias de abstinência; imita-os de algum modo, segundo a tua devoção e o sábio conselho do teu diretor.

De boa mente te diria o que São Jerônimo disse a Leta, uma senhora de provada virtude: *Os jejuns longos e imoderados muito me desagradam, principalmente quando os observam jovens de tenra idade*. Sei de experiência que os jumentos, quando estão cansados de uma longa jornada, procuram apartar-se do caminho: quero dizer que os jovens que debilitaram suas forças pelo excesso do jejum se deixam levar facilmente a uma vida cômoda e delicada. Em dois tempos os veados não podem correr bem: quando estão muito gordos e quando estão muito magros; e em duas ocasiões os homens estão expostos a graves tentações: quando o corpo está muito bem nutrido e quando está mal-alimentado. No primeiro caso torna-se rebelde e no segundo crê-se incapaz de tudo, de modo que não podemos carregá-lo quando está muito pesado, nem ele nos pode levar quando está caindo de fraqueza. A prática excessiva de jejuns, disciplinas, cilícios e outras austeridades inutiliza os ânimos mais vigorosos de certas pessoas para as obras de caridade, como aconteceu com São Bernardo, que mais tarde muito se arrependeu de sua vida por demais austera; e observa-se muitas vezes que, por ter maltratado demasiado a sua carne no princípio, fica-se constrangido a poupá-la mais tarde.

Não teria sido melhor que se tivessem tratado com moderação e uniformidade e considerando os sofrimentos e trabalhos do seu estado?

O jejum e o trabalho abatem e enfraquecem a carne; se, pois, o teu trabalho é necessário e útil para a glória de Deus, prefiro que sofras o peso do trabalho do que o do jejum, e é este o parecer da Igreja, a qual dispensa dos jejuns prescritos as pessoas que se ocupam muito com trabalhos úteis ao serviço de Deus e do próximo. Se custa jejuar, também não custa menos tratar dos doentes, visitar os prisioneiros, confessar, pregar, consolar os aflitos, rezar e outros exercícios semelhantes.

E estas últimas modificações são melhores que a primeira, porque, além de combaterem a carne, produzem frutos maiores e mais preciosos.

Assim, geralmente falando, é preferível conservar mais forças corporais do que se precisa, a extenuá-las mais do que é necessário, porque sempre as podemos enfraquecer, quando queremos, mas nem sempre as podemos restaurar à vontade.

Parece-me que o que devemos fazer é observar aquelas palavras de Nosso Senhor a seus discípulos: *comei de tudo o que vos for servido*. Penso que é uma virtude muito maior comer, sem escolha, de tudo que nos apresentam e conforme a ordem em que nos apresentam, seja ou não agradável ao nosso gosto, do que em escolher sempre o pior que estiver na mesa.

Neste último exercício, é verdade, parece haver mais austeridade, mas no primeiro existe menos vontade própria, renunciando-se não só ao seu gosto, como também à sua escolha.

Em seguida, não é pequena mortificação submeter em tudo o seu gosto e sujeitá-lo a todos os pratos, e, enfim, esta maneira de mortificação não é ostensiva, não incomoda a ninguém e é inteiramente conforme às regras da civilidade. Rejeitar uma iguaria, para comer outra, examinar e estar a escolher dentre todos os pratos, não achar nada bem preparado e limpo bastante e outras coisas semelhantes – tudo isso denota uma pessoa mole, gulosa e pouco mortificada.

Aprecio mais a São Bernardo por ter bebido certo dia azeite em vez de água ou vinho, do que se tivesse bebido de propósito água de absinto, porque este fato está mostrando que ele não dava atenção ao que bebia, e é exatamente nesta indiferença do que se bebe e come que consiste a perfeição daquelas palavras de Nosso Senhor: *Comei do que vos for servido.*

Devem-se excetuar, contudo, os pratos que fazem mal à saúde ou às funções do espírito, como para certas pessoas as comidas muito quentes ou temperadas, fumosas e flatulentas, e as pessoas que por seus muitos trabalhos para a glória de Deus precisam de algum alimento extraordinário. Numa palavra, sobriedade moderada e constante é muito melhor que uma abstinência austera, mas repassada de intervalos de grande relaxamento.

O exercício moderado da disciplina é muito próprio para reanimar o fervor da devoção. O cilício mortifica muito o corpo, mas o seu abuso não convém nem ao estado matrimonial nem às compleições delicadas nem a outros estados de muita sobrecarga de trabalhos pesados; poder-se-á trazê-lo, com a licença e conselho de um confessor discreto, nos dias principalmente destinados à penitência.

O sono há de determinar-se segundo a necessidade de cada um, devido à sua compleição, para que se possa trabalhar utilmente durante o dia; e, porque a Sagrada Escritura, os exemplos dos santos, a razão e a experiência nos dizem que as primeiras horas do dia são as melhores e as mais proveitosas e mesmo porque Nosso Senhor é chamado o Sol Nascente e sua Santíssima Mãe a Aurora, encarecidamente aconselha que se vá deitar mais cedo, para que também se possa madrugar. Esse tempo é, sem dúvida, o mais sossegado para o espírito, o mais livre e favorável aos exercícios de piedade e também à saúde. Não nos convidam os passarinhos a levantar-nos bem cedo e a cantar os louvores de Deus?

Balaão, montado numa jumenta, estava de caminho para ir falar com o Rei Balac; mas, como não tivesse uma intenção reta, esperava-o o anjo do Senhor com uma espada, para o matar. A jumenta, que viu o anjo, parou três vezes, por mais que o profeta a tangesse com uma vara; até que pela terceira vez, deixando-se cair debaixo de Balaão, perguntou-lhe: "Que vos fiz eu? E por que me bateis assim pela terceira vez?" Em seguida, abriu o Senhor os olhos ao profeta, a quem também o anjo apareceu e disse: "Por que feriste a tua jumenta? Se ela não se tivesse desviado de diante de mim, eu te teria matado a ti e poupado a ela". Disse então Balaão ao anjo: "Pequei porque não sabia que vos oporíeis à minha viagem".

Aqui estás vendo, Filoteia, que Balaão, sendo a causa de todo o mal, açoitava, contudo, a sua jumenta que não tinha culpa nenhuma; e assim sucede frequentemente conosco. Uma mulher, ao ver o seu marido e o seu filho doentes, põe-se aí a jejuar, a trazer cilícios, a disciplinar-se como Davi fez numa ocasião semelhante. Ah! minha filha, estás a fazer como Balaão, que batia em sua jumenta; afliges o teu corpo, que é inocente de Deus levantar a mão em cólera contra ti. Sobe à fonte do mal; corrige esse coração idólatra do marido ou do filho que deixaste tornar-se escravo de suas más inclinações e que teu orgulho educou para toda sorte de vaidades. Um homem costuma recair sempre de novo num pecado de impureza e logo os remorsos lhe sobrevêm e o fazem temer, como setas da cólera de Deus. Voltando a si, exclama: Ah! carne rebelde, corpo desleal, tu me traíste! E descarrega sobre a sua carne a sua indignação, afligindo-a com rigor exagerado. Ó pobre alma, se a carne te pudesse falar como a jumenta de Balaão, ela te diria: Por que me estás ferindo, miserável? É contra ti que Deus se encolerizou; tu és o criminoso. Por que me levas a estas más conversas? Por que empregas meus olhos e os outros sentidos em coisas desonestas? Por que me cegas com imaginações perigosas? Tem bons pensamentos, que não terei más sensações; convive com pessoas de pudor e a paixão não mais referverá em mim. Ah! Tu me lanças ao fogo e não vês que me queimo; enches meus olhos de fumaça e não vês que se inflamam. Ah! Filoteia, nestas ocasiões Deus certamente te diz: Parte teu coração de dor, mortifica-o, penitencia-o como merece; é contra ele principalmente que me irritei. Sem dúvida, para curar a brotoeja não é necessário um banho, mas sim purificar o sangue; e, no tocante a nossos vícios, embora seja bom mortificar a carne, o principal é sempre purificar o coração.

Em suma, a regra geral que te dou é de nunca começar austeras punições corporais sem o conselho do teu diretor espiritual.

Capítulo 24
A sociedade e a solidão

Tanto procurar como fugir à convivência com os homens são dois extremos censuráveis na devoção, que deve regrar os deveres da vida social. O fugir é um sinal de orgulho e desprezo do próximo e o procurar é fonte de muitas coisas ociosas e inúteis. Cumpre amar ao próximo como a nós mesmos. Para demonstrar-lhe esse amor não devemos fugir à sua companhia, e para patentear o amor que temos a nós mesmos devemos estar contentes, quando estamos sozinhos. *Pensai em vós mesmos*, diz São Bernardo, *e depois nos outros*. Se nada te obriga a fazer ou receber visitas, fica contigo mesma e entretém-te com teu coração; mas, se algum motivo te impõe esses deveres, cumpre-os em nome de Deus, tratando o próximo com toda a amabilidade e caridade.

Chama-se convivência má a que procede de más intenções ou se é uma relação má entre pessoas indiscretas, licenciosas ou dissolutas; é preciso evitá-la, como as abelhas o enxame de zangões e vespas; porque, se o hálito e a saliva das pessoas mordidas por um cão danado são muito perigosos, máxime para os meninos e pessoas de uma compleição delicada, também a relação com pessoas viciosas não é menos de temer, principalmente para aquelas cuja virtude é ainda tenra, tíbia e delicada.

Há conversas que só têm a utilidade de refrigerar o espírito cansado de muitas ocupações sérias e, não se fazendo disso um divertimento ocioso, pode-se empregar nelas o tempo necessário para uma honesta recreação.

Há outras conversas que são exigidas pela boa educação, como as visitas recíprocas ou reuniões em homenagem a alguma pessoa. Quanto a estes deveres, nem os devemos cumprir com escrúpulos de faltar nas mínimas regras, nem negligenciá-los ou pô-los de lado, por incivilidade; devem ser satisfeitos com um cuidado razoável, livre de falta de educação e de exageros.

Resta-me agora falar das conversas úteis, isto é, as das pessoas devotas e virtuosas.

Ó Filoteia, grande dita é achar sempre semelhantes pessoas. Uma vinha plantada entre oliveiras dá cachos oleosos, do sabor da azeitona; assim também uma alma que convive com pessoas de bem vai adquirindo infalivelmente as suas boas qualidades e sua conversa lhe é sempre um meio muito útil para progredir na vida espiritual. Os zangões sozinhos não podem fazer o mel, mas ajudam as abelhas a fazê-lo.

Os modos naturais e simples, modestos e suaves são os mais recomendáveis no trato do próximo; pessoas há que nada fazem ou dizem senão com uma afetação tal que todos se desgostam naturalmente. Quem só quisesse, por exemplo, passear contando os passos, falar cantando, seria um homem muito fastidioso para os outros; também aqueles que falam e procedem sempre de um modo estudado e como que em cadência estragam completamente uma conversa, aliás agradável, e mostram em toda parte um certo espírito de presunção.

Uma alegria suave e moderada deve ser a alma da conversa; assim muito se louva a Santo Antão e São Romualdo, porque em toda a sua conhecida austeridade não perderam um ar de civilidade e alegria que ornava as suas pessoas e as suas palavras: *Regozijai-vos com os que se regozijam* e eu te digo com o apóstolo:

Alegrai-vos incessantemente no Senhor e de novo vos digo: Alegrai-vos, a vossa modéstia seja conhecida de todos os homens.

Para que te alegres em Nosso Senhor não é bastante que o motivo de tua alegria seja lícito, mas deve ser também honesto. Observa, portanto, exatamente as regras da modéstia; nunca permitas a ti mesma esses tratos que se dão aos outros por brincadeiras, mas que são sempre represensíveis. Jogar um no chão, beliscar outro, pintar um terceiro de preto, enganar a um tolo, tudo isso denota uma alegria desenfreada e maligna.

Além da solidão interior, de que já tenho falado e que deves conservar no meio de todas as conversas, deves amar a solidão exterior, não a ponto de ir procurá-la no deserto, como Santa Maria Egipcíaca, São Paulo, Santo Antão, Santo Arsênio e tantos outros eremitas, mas para que tenhas tempo de estar contigo mesma, quer no teu quarto, quer no jardim ou em algum outro lugar com mais liberdade, entretendo o coração com boas reflexões ou leituras. Assim fazia o grande bispo de Nazianzo. *Passeava* – dizia ele – *comigo mesmo pela praia do mar, mais ou menos ao pôr do sol, e aí passava tranquilamente um espaço de tempo; era este o meu costume, para por meio deste pequeno divertimento aliviar o espírito dos trabalhos constantes da vida.* E Santo Agostinho conta o mesmo de Santo Ambrósio. *Muitas vezes* – diz ele – *procurei-o em sua casa, sempre aberta a todos, e contemplava-o com gosto, todo absorto na leitura de um livro; e depois de esperar muito tempo em profundo silêncio, retirava-me sem lhe falar, pensando que era melhor não lhe furtar esses minutos que lhe sobravam de suas muitas ocupações para descansar o espírito.* É o exemplo que o Filho de Deus nos deu; referindo-lhe, pois, um dia os apóstolos tudo o que tinham acabado de fazer em suas missões, disse-lhes Jesus: *Retiremo-nos para a solidão e descansemos um pouco.*

Capítulo 25
A decência dos vestidos

São Paulo quer que as mulheres cristãs (o que há de entender-se também dos homens) se vistam segundo as regras da decência, deixando de todo excesso e imodéstia em seus ornatos. Ora, a decência dos vestidos e ornatos depende da matéria, da forma e do asseio.

O asseio deve ser geral e contínuo, de sorte que evitemos toda mancha ou coisa semelhante que possa ofender os olhos; esta limpeza exterior considera-se como um indício da pureza da alma, a ponto de o mesmo Deus exigir dos seus ministros dos altares uma pureza e honestidade perfeita quanto ao corpo.

No tocante à matéria e à forma dos vestidos, a decência só se pode determinar com relação às circunstâncias do tempo, da época, dos estados ou vocações, da sociedade em que se vive e das ocasiões. É uso geral vestir-se melhor nos dias de festa, à proporção de sua solenidade, ao passo que no tempo da penitência, como na Quaresma, escusa-se muita coisa. Os dias de casamento e os de luto têm igualmente grande diferença e regras peculiares. Achando-se na corte de um príncipe, o vestuário terá mais dignidade e esplendor do que quando se está em casa. Uma mulher pode e deve se enfeitar melhor quando está com seu marido, sabendo que ele a deseja;

mas, se o fizesse em sua ausência, haveria de perguntar-se a quem quererá agradar com isso. As moças se concedem mais adornos, porque podem desejar agradar a muitos, contanto que suas intenções sejam de ganhar um só coração para o casamento legítimo. O mesmo se há de dizer das viúvas que estão pensando em novas núpcias, contanto que não queiram imitar em tudo as jovens, porque, depois de ter passado pelo estado matrimonial e pelos desgostos da viuvez, pensa-se que devem ser mais sóbrias e moderadas. Para aquelas que são verdadeiras viúvas, como diz o apóstolo, isto é, aquelas que possuem no coração as virtudes da viuvez, nenhum adorno convém além de um ou outro, conforme à humildade, modéstia ou devoção; se querem, pois, dar amor aos homens, não são verdadeiras viúvas e, se não o querem dar, por que atrair a si os olhares? Quem não quer receber hóspedes tem de tirar de sua casa a tabuleta. Ri-se sempre dos velhos que se querem fazer de bonitos: é esta uma fraqueza que mesmo o mundo só perdoa na mocidade.

Conserva um asseio esmerado, Filoteia, e nada permitas em ti rasgado ou desarranjado. É um desprezo das pessoas com quem se convive andar no meio delas com roupas que as podem desgostar; mas guarda-te cuidadosamente das vaidades e afetações, das curiosidades e das modas levianas. Observa as regras da simplicidade e modéstia, que são indubitavelmente o mais precioso ornato da beleza e a melhor escusa da fealdade. São Pedro adverte principalmente as moças que não usem penteados extravagantes. Os homens de tão pouco caráter, que se divertem com essas coisas de sensualidade e vaidade, são tidos por toda parte na conta de espíritos efeminados. Diz-se que não se tem má intenção nessas coisas, mas eu replico, como fiz outras vezes, que o demônio sempre tem. Para mim eu desejava que uma pessoa devota fosse sempre a mais bem-vestida de uma reunião, mas a menos pomposa e afetada, e que fosse ornada, como se lê nos Provérbios, de graça, de decência e dignidade. São Luís resume tudo isso numa palavra, dizendo que cada um deve vestir-se segundo o seu estado; de modo que as pessoas prudentes e a gente de bem não possam achar exagero algum e os jovens nenhuma falta de ornato e decência; e no caso em que os jovens não se deem por contentes, é preciso seguir o conselho das pessoas prudentes.

Capítulo 26
As conversas e, em primeiro lugar, como se há de falar de Deus

Um dos meios mais triviais que têm os médicos para conhecer o estado de saúde de uma pessoa é a inspeção da língua; e eu posso afirmar que as nossas palavras são o indício mais certo do bom ou do mau estado da alma. Nosso Senhor disse: *Por vossas palavras sereis justificados e por vossas palavras sereis condenados*. Muitas vezes e espontaneamente movemos a mão para o lugar em que sentimos uma dor e movemos a língua, a todo o amor que sentimos no coração.

Se amas a Deus, Filoteia, falarás frequentemente de Deus nas tuas conversas íntimas com as pessoas de casa, com teus amigos e vizinhos: *A boca do justo*, diz a Escritura, *meditará sabedoria e a sua língua falará prudência*. Fala, pois, muitas vezes de Deus e experimentarás o que se diz de São Francisco – que, quando pronunciava o nome do Senhor, sentia a alma inundada de consolações tão abundantes que até sua língua e seus lábios se enchiam de doçura.

Mas fala de Deus como de Deus, isto é, com um verdadeiro sentimento de respeito e de piedade e nunca fales dele manifestando uma ciência vã ou num tom de pregador, mas com espírito de caridade, mansidão e humildade. Imita, quanto a isto, a Esposa dos Cantares, derramando o mel delicioso da devoção e das coisas divinas no coração do próximo, e pede a Deus em espírito que se digne deixar cair este orvalho santo nas almas das pessoas que te ouvem. Sobretudo, não lhes fales com um tom de correção, mas de um modo de inspiração e como os anjos, isto é, com uma doçura angélica, porque é admirável quanto pode alcançar nos corações uma boa palavra que procede do espírito de amor e mansidão.

Jamais fales de Deus ou da devoção como assunto de diversão ou passatempo, mas sempre atenta e devotamente; digo isso para te prevenir contra uma espécie de vaidade muito perigosa em que costumam incorrer muitas pessoas que fazem profissão de piedade, isto é, dizer a toda hora muitas palavras santas, como uma simples conversa e sem nenhuma atenção, e depois disso pensa-se que se é realmente tal como se deixou transparecer aos outros, o que infelizmente não se é de modo algum.

Capítulo 27
Honestidade das palavras e respeito que se deve ao próximo

Se alguém não peca por palavras, é um homem perfeito, diz São Tiago.

Tem todo o cuidado em não deixar sair de teus lábios alguma palavra desonesta, porque, embora não proceda de uma má intenção, os que a escutam a podem interpretar de outra forma. Uma palavra desonesta que penetra num coração frágil estende-se como uma gota de azeite e às vezes toma posse de tal modo dele que o enche de mil pensamentos e tentações sensuais. É ela um veneno do coração, que entra pelo ouvido; e a língua que serve de instrumento a esse fim é culpada de todo o mal que o coração pode vir a sofrer, porque, ainda que neste se achem disposições tão boas que frustrem os efeitos do veneno, a língua desonesta, quanto dela dependa, procurou levar esta alma à perdição. Nem se diga que não se prestou atenção, porque Nosso Senhor disse *que a boca fala da abundância do coração.* E, mesmo que não se pensasse nada de mal, o espírito maligno o pensa, e por meio dessas palavras suscita o sentimento mau nos corações das pessoas que as ouvem.

Diz-se que quem comeu a raiz denominada angélica fica com um hálito doce e agradável, e os que possuem no coração o amor à castidade, que torna os homens em anjos na terra, só têm palavras castas e respeitosas. Quanto às coisas indecentes e desonestas, o apóstolo nem quer que se nomeiem nas conversas, afirmando *que nada corrompe tanto os bons costumes como as más conversas*. Se se fala dissimuladamente e em torneios sutis e artificiosos de coisas desonestas, o veneno encerrado nessas palavras é ainda mais sutil, danoso e penetrante, assemelhando-se aos dardos, que são tanto mais para temer quanto mais finos são e mais agudas têm as pontas. Quem quer granjear deste modo o nome e a estima de homem espirituoso ignora completamente o fim da conversa; a conversa deve parecer-se com o trabalho comum de um enxame de abelhas para fazer um mel precioso, e o modo de agir dessas pessoas pode-se comparar a um montão de vespas em torno de uma podridão. Assim, se um louco te disser palavras indecentes, testemunha-lhe logo a tua indignação, voltando-te para falar com uma outra pessoa ou de algum outro modo que te sugerir a prudência.

Muito má qualidade é ter um espírito motejador. Deus odeia extremamente este vício e puniu-o, como se lê no Antigo Testamento, com muita severidade. Nada é mais contrário à caridade e máxime à devoção que o desprezo do próximo, mas a irrisão e mofa trazem forçosamente consigo este desprezo; é, pois, um pecado muito grave e dizem os moralistas que, entre todos os modos de ofender o próximo por palavras, este é o pior, porque tem sempre unido o desprezo, ao passo que nos outros a estima ainda pode subsistir. Mas, quanto a esses jogos de palavras espirituosas com que pessoas honestas costumam divertir-se, com uma certa animação, sem pecar contra a caridade ou a modéstia, são até uma virtude, que os gregos chamam eutrapelia ou arte de sustentar uma conversa agradável; servem-se para recrear o espírito das ocasiões insignificantes que as imperfeições humanas gerais fornecem ao divertimento. Somente deve-se tomar o cuidado que essa alegria inocente não se vá tornando em mofa, porque esta provoca a rir-se do próximo por desprezo, ao passo que esses gracejos delicados só fazem rir por prazer e pelo espírito de certas palavras, ditas por liberdade, confiança e familiaridade, com toda a franqueza, e recebidas de boa mente, tendo-se completa certeza que ninguém as levará a mal. Quando os religiosos da corte de São Luís queriam entabular uma conversa séria e elevada depois do jantar, dizia-lhes o santo rei: *Agora não é tempo de arrazoar muito, mas de divertir-se com uma conversação animada; diga, pois, cada um, livre e honestamente, o que lhe vem ao pensamento.* Queria com isso dar um prazer à nobreza de que se rodeava, condescendendo nestas provas familiares da bondade de sua real majestade.

Enfim, Filoteia, passemos o pouco de tempo que nos é dado para uma conversa recreativa e agradável, de modo que a devoção aí praticada nos assegure uma eternidade feliz.

Capítulo 28
Os juízos temerários

Não julgueis, diz nosso Salvador, e *não sereis julgados. Não condeneis, e não sereis condenados. Não julgueis antes do tempo*, diz o apóstolo, *até que venha o Senhor, o qual descobrirá o que há de mais secreto nos corações.*

Oh! quanto os juízos temerários desagradam a Deus! São temerários os juízos dos filhos dos homens, porque não são juízes uns dos outros, e, julgando, arrogam-se o direito e o ofício de Nosso Senhor. São temerários ainda, porque a principal malícia do pecado depende da malícia e do conselho do coração, que é para nós um segredo tenebroso. São, enfim, temerários, porque cada um tem bastante que fazer em julgar a si mesmo, sem se meter a julgar o seu próximo. Para não ser julgado, é tão necessário não julgar os outros como julgar a si mesmo, porque Nosso Senhor nos proíbe o primeiro e o apóstolo nos preceitua o segundo, dizendo: *Se nos julgarmos a nós mesmos, não seremos julgados.*

Mas – ó meu Deus! fazemos exatamente o contrário; fazemos o que nos é proibido, julgando o nosso próximo a cada passo, e não fazemos o que nos foi preceituado, isto é, julgar nós mesmos.

Como os juízos temerários têm diversos princípios, devemos curá-los também com remédios diversos. Há corações de sua natureza tão agros, severos e ásperos, que espalham indiscriminadamente a sua agrura e severidade sobre todas as coisas e *convertem em absinto os juízos*, como diz o Profeta Amós, julgando o próximo sempre com todo o rigor e aspereza.

Precisam estes de um remédio muito hábil, tanto mais que seu incômodo, sendo natural, é muito mais difícil de vencer. Esta asperidade de coração, ainda que não seja em si pecado, mas simplesmente uma imperfeição, predispõe, no entanto, habitual e diretamente ao juízo temerário e à detração.

Outros julgam temerariamente, não por aspereza natural, mas por orgulho, pensando insensatamente que quanto mais rebaixam os outros, tanto mais elevam os seus próprios méritos; espíritos arrogantes e presunçosos admiram incessantemente a si próprios e colocam-se tão alto em sua própria estima que encaram tudo o mais como alguma coisa de ordinário e mesquinho. *Não*, dizia o fariseu, *eu não sou semelhante aos outros homens*. Há outras pessoas, cujo orgulho não é tão declarado e que consideram o mal do próximo com complacência porque, contrapondo-o ao bem que pensam existir em si, o saboreiam com mais doçura e se creem mais apreciadas; e essa complacência anda tão escondida que é preciso ter bons olhos para descobri-la – e tanto assim que aqueles mesmos que a nutrem de ordinário a ignoram e só a notam se lha mostram.

Muitos querem escusar-se dos seus remorsos, julgando com gosto que os outros têm o mesmo defeito ou maior ainda e persuadindo-se ao mesmo tempo que o número dos criminosos diminui a grandeza do crime.

Muitos outros ocupam-se com grande prazer em filosofar por vãs conjeturas sobre o caráter, os costumes e as inclinações dos outros, de modo que, se por desgraça acertam uma vez em seus juízos com a verdade, tanto cresce neles a audácia e a facilidade de julgar que não é sem grande dificuldade que se podem corrigir. E quantos julgam sob a influência da paixão, pensando sempre mal dos que odeiam e bem dos que amam!

Existe só uma exceção muito curiosa, mas também muito verdadeira: o excesso do amor faz muitas vezes pensar mal das pessoas que se amam, o que é um efeito monstruoso de um amor impuro e imperfeito, inquieto e anormal.

Malditos ciúmes que, como se sabe, apodam uma pessoa de pérfida e adúltera por causa de um simples olhar, de uma palavra um pouco leviana, do sorriso mais puro! Enfim, o temor, a ambição e outras fraquezas humanas muito contribuem frequentemente para produzir essas vãs suspeitas e juízos temerários.

Que remédio haverá para todos esses males? Diz-se que quem bebeu do suco de uma erva da Etiópia, chamada ofiúsa, imagina ver por toda parte serpentes e mil outras coisas pavorosas e, para curá-los, é preciso lhes dar a beber um pouco de vinho de palma. Seja como for, mas quanto aos que se deixaram corromper pela inveja, ambição ou ódio, achem mal e repreensível tudo o que veem; para estas pessoas só o espírito de caridade que a palma representa pode vencer esta má inclinação de formar juízos temerários e iníquos.

A caridade, muito longe de ir observar o mal, teme até encontrá-lo, e, se o encontra, procura evitá-lo, fazendo como se não o visse. Se ouve por alto falar de alguma coisa má, mais que depressa fecha os olhos e por sua santa simplicidade pensa que foi só uma sombra ou aparência do mal.

E se, coagida, tem que reconhecer a realidade de um mal, ela vira logo que pode os olhos para o outro lado e procura esquecê-lo.

A caridade é, pois, um meio eficacíssimo para todos os males, mas particularmente para este.

Todas as coisas aparecem amarelas aos olhos dos achacados da iterícia e diz-se que para os curar é necessário aplicar um certo emplastro na planta dos pés. A malícia do juízo temerário, de um modo semelhante a esta doença, faz aparecer tudo mau aos olhos dos que a apanharam. Quem se quer curar tem que aplicar algum remédio, não ao espírito, mas aos afetos do coração, que se podem chamar figuradamente os pés da alma, porque por eles ela se move para onde quer. Se o teu coração é, pois, bondoso e cheio de amor, os teus juízos serão delicados e caridosos. Sobre este ponto vou te referir três exemplos magníficos:

Isaac dissera que Rebeca era sua irmã, mas Abimelec, notando entre eles certas demonstrações de amor muito ternas e familiares, presumiu que ela era sua mulher. Um olho maligno teria formado logo um mau juízo dos dois. Abimelec, no entanto, opinou do modo mais caridoso possível num caso como este. Eis aí como devemos julgar do próximo: o melhor possível; e, se uma ação tivesse cem aspectos diferentes, deveríamos encará-la unicamente pelo lado mais belo. São José não podia duvidar que Nossa Senhora estava para dar à luz; mas, porque conhecia a santidade eminente e a sua vida toda pura e angélica, não teve a mais leve suspeita contra ela, por maiores que fossem as provas em contrário; deixando a Deus julgar sobre o caso, tomou simplesmente a resolução de abandoná-la. E o Espírito Santo diz no Evangelho que assim procedeu porque era um homem justo.

O homem justo, quando não pode escusar um fato nem a intenção daquele que aliás conhece por homem de bem, não só não o quer julgar, mas lança de si tal pensamento e deixa o juízo unicamente a Deus. O Salvador, na cruz, não podendo desculpar inteiramente o pecado dos que o tinham crucificado, quis ao menos diminuir-lhe a malícia em razão da ignorância. Assim, se às vezes não podemos desculpar o pecado do próximo, tornemo-lo ao menos digno de compaixão, atribuindo a falta à causa mais sofrível que possa ter, como a ignorância ou a fraqueza.

Então nunca podemos julgar o próximo? Nunca, Filoteia; mesmo nas sentenças do tribunal humano é Deus quem julga. É verdade que são os juízes que aí aparecem e fulminam a sentença, mas eles são apenas os ministros e intérpretes de Deus e nunca devem pronunciar um juízo que não seja segundo a sua lei, e suas sentenças são os seus próprios oráculos. Se se afastam desta regra, seguindo suas paixões, então são na verdade eles que julgam e que por conseguinte serão julgados; aos homens, como homens, é absolutamente vedado julgar os seus semelhantes. Ver ou conhecer uma coisa não é o mesmo que julgá-la, porque para julgar sempre se pressupõe, como explica a Sagrada Escritura, alguma espécie de razão grande ou pequena, verdadeira ou aparente, que se deve examinar com muita prudência; por isso diz o Espírito Santo que quem não tem fé já está julgado, porque nenhuma dúvida há que serão um dia condenados. Não será então uma falta duvidar do próximo? Não, porque o que é ilícito é o julgar e não o duvidar. Mas também não nos é permitido duvidar ou suspeitar mais do que as razões nos obrigam; de outra forma seriam dúvidas ou suspeitas temerárias. Se alguns olhos malignos vissem a Jacó, quando beijou Raquel, junto ao poço, saudando-a cortesmente segundo os usos do tempo, ou, então, se vissem Rebeca receber das mãos de Eliezer, um homem desconhecido naquela terra, as pulseiras e brincos que lhe trazia, teria certamente pensado e julgado mal, sem razão nem fundamento algum, destas duas pessoas que eram modelos de castidade. Se uma ação é, pois, dúbia em si, é uma suspeita temerária inferir daí uma consequência má, a não ser que muitas circunstâncias juntas formem uma razão convincente.

Enfim, as pessoas zelosas da retidão de sua consciência nunca acham ensejo de julgar temerariamente; e, em vez de perderem tempo perscrutando as ações e intenções do próximo, cujo procedimento parece enleado e inexplicável, entram em si mesmas e envidam todos os esforços para melhorar e aperfeiçoar a sua própria vida; assemelham-se às abelhas, que, quando o tempo está nublado, retiram-se para as suas colmeias e se ocupam com os pequenos trabalhos da preparação do mel. Só uma alma que não sabe o que fazer de bom e útil é que se diverte a examinar a vida alheia. Excetuam-se, entretanto, os que têm esse ofício obrigatório, quer numa família, quer num estado, e para os quais essa atenção e vigilância sobre as ações do próximo constitui um de seus deveres mais sagrados. Cumpram, pois, estes o seu dever com verdadeiro amor e, uma vez preenchido, voltem a cuidar em si próprios.

Capítulo 29
A maledicência

A inquietação, o desprezo do próximo e o orgulho são inseparáveis do juízo temerário; e, entre os muitos outros efeitos perniciosos que deles se originam, ocupa o primeiro lugar a maledicência, que é a peste das conversas e palestras. Oh! quisera ter uma daquelas brasas do altar sagrado para purificar os homens de suas iniquidades, à imitação do serafim que purificou a Isaías das suas, para torná-lo digno de pregar a Palavra de Deus. Certamente, se fosse possível tirar a maledicência do mundo, exterminar-se-ia uma boa parte dos pecados.

Quem tira injustamente a boa fama ao seu próximo, além do pecado que comete, está obrigado à restituição inteira e proporcionada à natureza, qualidade e circunstâncias da detração, porque ninguém pode entrar no céu com os bens alheios, e entre os bens exteriores a fama e a honra são os mais preciosos e os mais caros. Três vidas temos nós diferentes: a vida espiritual, que a graça divina nos confere; a vida corporal, de que a alma é o princípio, e a vida social, que repousa os seus fundamentos na boa reputação. O pecado nos faz perder a primeira, a morte nos tira a segunda e a maledicência nos leva a terceira.

A maledicência é uma espécie de assassínio, e o maldizente torna-se réu de um tríplice homicídio espiritual: o primeiro e o segundo com respeito à sua alma e à alma da pessoa com quem se fala; e o terceiro com respeito à pessoa de quem se deturpa o bom-nome. São Bernardo diz, por isso, que os que cometem a maledicência e os que a escutam têm o demônio no corpo, aqueles na língua e estes no ouvido, e Davi, falando dos maldizentes, diz: *Aguçaram as suas línguas como a das serpentes,* querendo significar que, à semelhança da língua da serpente, que, como observa Aristóteles, tem duas pontas, sendo fendida no meio, também a língua do maldizente fere e envenena de uma só vez o coração daquele com quem está falando e a reputação daquele sobre quem se conversa.

Peço-te encarecidamente, Filoteia, que nunca fales mal de ninguém, nem direta nem indiretamente. Guarda-te conscientemente de imputar falsos crimes ao próximo, de descobrir os ocultos, de aumentar os conhecidos, de interpretar mal as boas obras, de negar o bem que sabes que alguém possui na verdade ou de atenuá-lo por tuas palavras; tudo isso ofende muito a Deus, máxime o que encerra alguma mentira, contendo então sempre dois pecados: o de mentir e o de prejudicar o próximo.

Aqueles que, para maldizer, começam elogiando o próximo, são ainda mais maliciosos e perigosos. Protesto, dizem eles, que estimo muito a fulano, que aliás é um homem de bem, mas a dizer a verdade não teve razão em fazer isso e aquilo. Aquela moça é muito boa e virtuosa, mas deixou-se enganar. Não estás vendo o ardil? Quem quer disparar um arco puxa-o primeiro quanto pode para si, mas é só para o arremessar com mais força; assim parece que o maldizente primeiro retira uma detração que já tinha na língua, mas fá-lo somente para que, arrojando-a depois como uma flecha, com maior malícia, penetre mais profundamente nos corações.

A maledicência, afinal, proferida à guisa de gracejo, é a mais cruel de todas, tanto assim que se pode comparar a sua crueldade com a da cicuta, que, não sendo em si um veneno muito forte e até fácil de ser preservado, torna-se irremediável se se mistura com o vinho. Deste modo uma maledicência que por si não conseguiria outra coisa senão entrar por um ouvido e sair pelo outro, muito impressiona o espírito apresentando-se dum modo sutil e jocoso.

É isso que Davi nos quer dizer naquelas palavras: *Eles têm o veneno de víbora em seus lábios.* Com efeito, a víbora faz a sua mordedura quase imperceptível e causa uma sensação agradável, a qual, porém, dilatando o coração e as entranhas, faz o veneno penetrar tão profundamente que não há mais cura.

Nunca digas: – Fulano é um bêbado, embora o tenhas visto embriagado. Nem o chames adúltero, por tê-lo visto neste pecado. Nem digas que é incestuoso, por tê-lo encontrado nesta desgraça. Porque uma só ação não dá nome à coisa. O sol parou uma vez em favor de Josué e obscureceu-se também na morte vitoriosa de Nosso Senhor, mas ninguém vai dizer que o sol é imóvel ou escuro. Noé embriagou-se uma vez e Ló outra, e este além disso cometeu grande incesto. E contudo não foram ébrios, nem o último foi incestuoso. E São Pedro não foi sanguinário por ter derramado sangue uma vez, nem blasfemo por ter uma vez blasfemado. Para tomar o nome de uma virtude ou de um vício é preciso ter progresso e hábito neles. Falsidade, pois, dizer que um homem é colérico ou ladrão, por tê-lo visto irar-se ou roubar uma vez.

Ainda que um homem tenha sido viciado muito tempo, corremos risco de mentir se o chamarmos de viciado. Simão, o Leproso, tachava a Madalena de "pecadora", porque ela o tinha sido antes. Mas ele mentia, pois ela já não o era. Penitente e contrita, o próprio Nosso Senhor tomou sua defesa. O louco do fariseu tinha o publicano na conta de grande pecador, porventura na conta de injusto, adúltero e ladrão. Enganava-se, porém, redondamente, porque naquele mesmo instante o publicano tinha sido justificado.

Ah! se, pois, a bondade de Deus é tão grande que um só momento basta para obter e receber a graça, que certeza podemos ter que um homem, ontem pecador, ainda o seja hoje? O dia passado não deve julgar o dia presente; é só o último dia que julga todos os demais. Nunca podemos, pois, dizer que um homem é mau, sem perigo de mentir; o máximo que podemos dizer, se for necessário, é que cometeu tal ou tal ação má ou que tem levado uma vida má no passado ou que procede mal no presente; mas não se pode tirar alguma consequência de ontem para hoje nem de hoje para ontem e muito menos para amanhã.

Esta delicadeza de consciência devemos unir à prudência, que é necessária para precavermo-nos de outro extremo em que caem aqueles que, para evitar a maledicência, põem-se a louvar o vício. Se uma pessoa tem o costume de falar mal do próximo, não digas logo, para exculpá-la, que é leal, franca e sincera.

Se uma outra é manifestamente vaidosa, não vás dizer que tem um coração nobre e maneiras delicadas. Não chames às familiaridades perigosas de simplicidade e naturalidade de uma alma inocente. Não denomines a desobediência, zelo; a arrogância, generosidade; a sensualidade, amizade. Não, Filoteia, para fugir à maledicência não devemos favorecer os outros vícios, nem os lisonjear nem os estimular; mas deve-se dizer franca e livremente que um vício é um vício e repreender o que é repreensível. Fazendo isto, sem dúvida daremos glória a Deus, contanto que observemos as condições seguintes:

Em primeiro lugar, só se devem repreender os vícios do próximo se disso provier alguma utilidade para aquele de quem se fala ou para aqueles com quem se fala. Refere-se, por exemplo, em presença de jovens que tais e tais pessoas vivem numa familiaridade perigosa e indiscreta, que certo jovem é muito dissoluto em palavras ou em outros modos contrários ao pudor. Pois bem! Se não repreendo francamente este modo de vida, se o quero desculpar, aquelas almas frágeis dos meus ouvintes tomarão ensejo para fazer o mesmo. É, pois, muito útil que repreenda imediatamente o que se disse, a não ser que o deixe para fazer numa outra ocasião mais propícia, em que sofra menos a reputação das pessoas mencionadas.

Em segundo lugar, é necessário que eu tenha obrigação de falar, como se eu fosse um dos principais daquela reunião de pessoas, de forma que o meu silêncio passasse por uma aprovação. Se eu ocupo um dos últimos lugares, nem devo nem posso repreender a ninguém e minhas palavras devem ser bem pensadas e exatas, para não dizer mais do que é preciso. Por exemplo, tratando de uma certa familiaridade entre dois jovens, por tudo quanto há, Filoteia, devo ter a balança bem justa e nada acrescentar que diminua ou agrave o fato. Se não há, pois, mais do que uma certa aparência ou uma simples imprudência, também não devo dizer mais do que isto; e, se não há nem aparência nem imprudência nem coisa alguma além de um ou outro pretexto para um espírito malicioso murmurar, calar-me-ei de todo ou então direi só isso que sei.

A Sagrada Escritura compara muitas vezes e com muita razão a língua maldizente a uma navalha, porque, ao julgar o próximo, deve-se prestar tanta atenção, como um hábil cirurgião que corta entre os nervos e os tendões. É preciso que o golpe que eu der seja tão certeiro e justo, que não diga nem mais nem menos do que é.

Enfim, censurando algum defeito, devemos poupar a pessoa tanto quanto podemos. É verdade que se pode falar abertamente dos pecadores públicos reconhecidos como tais, mas deve ser em espírito de caridade e compaixão e não com arrogância ou presunção por um certo prazer que se ache nisso; este último sentimento denotaria um coração baixo e vil. Excetuo somente os inimigos de Deus e da Igreja, porque a estes devemos combater quanto pudermos, como são os chefes de heresias, cismas etc. É uma caridade descobrir o lobo que se esconde entre as ovelhas, em qualquer parte onde o encontramos.

Alguns tomam a liberdade de criticar os príncipes e falar mal de nações inteiras, conforme o afeto particular que lhes consagram. Não incidas nesta falta, Filoteia, que, além de ser uma ofensa a Deus, poderia causar mil gêneros de desgostos. Ouvindo falar mal do próximo, procura pôr logo em dúvida o que se diz, se o podes fazer justamente; ao menos desculpa a sua intenção ou, se isto mesmo não for possível, manifesta a tua compaixão. Muda de assunto, lembrando-te a ti mesma e às outras pessoas que quem não comete muitas faltas só o deve à graça divina. Procura por algum modo delicado que o maldizente reconsidere e, se sabes, dize francamente algum bem da pessoa ofendida.

Capítulo 30
Alguns outros avisos acerca do falar

Seja sincera tua linguagem, agradável, natural e fiel. Guarda-te de dobrez, artifícios e toda sorte de dissimulações, porque, embora não seja prudente dizer sempre a verdade, entretanto é sempre ilícito faltar à verdade. Acostuma-te a nunca mentir, nem de propósito nem por desculpa nem de outra forma qualquer, lembrando-te que Deus é o Deus da verdade.

E, se alguma mentira te escapar por descuido e a podes reparar por uma explicação ou de algum outro modo, faze-o prontamente. Uma escusa verdadeira tem muito maior graça e eficácia, para justificar, que uma mentira meditada.

Conquanto se possa às vezes disfarçar e encobrir a verdade por algum artifício de palavras, só o devemos fazer nas coisas importantes, quando a glória e o serviço de Deus o exigem manifestamente; fora disso, são estes artifícios muito perigosos, tanto assim que diz a Sagrada Escritura que o *Espírito Santo não habita num espírito dissimulado e duplo.*

Nunca existiu sutileza melhor e mais estimável que a simplicidade. A prudência mundana com todos os seus artifícios é o sinal dos filhos do século; os filhos de Deus andam por um caminho reto e têm o coração sem dobras. *Quem caminha com simplicidade*, diz o sábio, *caminha com confiança.* A mentira, a dobrez, a dissimulação serão sempre tendências naturais de um espírito vil e fraco.

Santo Agostinho tinha dito no quarto livro de suas Confissões que sua alma e a de seu amigo eram unidas numa só alma, que esta vida lhe era insuportável depois do seu falecimento, porque não queria viver assim só pela metade, mas que por esta mesma razão não queria morrer, com medo que seu amigo morresse completamente.

Mais tarde estas palavras lhe pareceram demasiado afetadas e artificiosas e no seu livro das Retratações ele censurou, chamando-as de inépcia.

Eis aí, Filoteia, que delicadeza desta alma santa e bela, quanto à afetação nas palavras! A fidelidade, sinceridade e naturalidade da linguagem é certamente um lindo ornato da vida cristã. *Disse e o farei*, protestava Davi, *guardarei os meus caminhos para não pecar com minha língua. Põe, Senhor, guardas à minha boca e aos meus lábios uma porta que os feche.*

Aconselhava o Rei São Luís nunca contradizer a ninguém senão em caso de pecado ou de algum grave dano, para evitar as contendas. E, quando for necessário contradizer aos outros e opor a própria opinião à sua, isto deve ser feito com muita doçura e jeito, para não parecer que se lhes quer fazer violência; tanto mais que com aspereza pouco ou nada se consegue.

A regra de falar pouco, que os antigos sábios tanto recomendavam, não se toma no sentido de dizer poucas palavras, mas no de não dizer muitas inúteis, não quanto à quantidade, mas quanto à qualidade. Dois extremos me parece que devem ser evitados cuidadosamente.

O primeiro consiste em assumir, nas conversas de que se participa, um ar orgulhoso e austero, de um silêncio afetado, manifestando desconfiança ou desprezo.

O segundo consiste em falar demais, sem deixar ao interlocutor nem tempo nem ocasião de dizer algumas palavras, o que deixa transparecer um espírito presunçoso e leviano.

São Luís não tinha por bem falar-se numa reunião em segredo ou, como então se dizia, "em conselho", particularmente à mesa, com receio de que os outros pensassem que se estava falando mal deles. Sim – dizia ele – se à mesa ou numa reunião se tem alguma coisa boa ou interessante para dizer, diga-se alto e para todos; tratando-se, porém, de uma coisa séria e importante não se fale sobre isso com ninguém.

Capítulo 31
Os divertimentos; em primeiro lugar os honestos e lícitos

A necessidade de um divertimento honesto, para dar uma certa expansão ao espírito e alívio ao corpo, é universalmente reconhecida.

Conta o beato Cassiano que um caçador, encontrando São João Evangelista brincando com uma perdiz que segurava em suas mãos, perguntou-lhe como um homem como ele podia perder tempo com um divertimento semelhante; o santo por sua vez perguntou ao caçador por que ele não tinha sempre o seu arco esticado, ao que este respondeu que, se fizesse assim, o arco perderia toda a força. Retorquiu então o santo apóstolo: Não há, pois, que admirar que dê agora um pouco de descanso ao meu espírito, para o tornar capaz de prosseguir em suas contemplações. Não há dúvida: muito defeituosa é aquela severidade de alguns espíritos rudes, que nunca querem permitir um pouco de repouso nem para si nem para os outros.

Passear, para espairecer um pouco, divertir-se numa conversação animada e agradável, tocar piano ou um outro instrumento, cantar com acompanhamento, ir à caça, todos esses são divertimentos tão honestos que para tomar parte neles basta a prudência vulgar, que regra todas as coisas segundo a ordem, o lugar e a medida conveniente.

Os jogos em que o ganho serve de paga ou recompensa às indústrias e às habilidades do corpo e do espírito, como os jogos de bolas, de balões, de malhas, de argolinhas, o xadrez e as damas, todas essas recreações são em si honestas; só o que se deve evitar é perder muito tempo demais e apostar uma quantia muito alta. Se dás muito tempo ao jogo, ele já não é um divertimento, mas fica sendo uma ocupação, de modo que, em vez de aliviar o espírito e o corpo, sai-se do jogo cansado e estafado, como acontece aos que jogaram xadrez por cinco ou seis horas sem parar, ou, então, tendo gasto muitas forças e energias, como quem joga as bolas por muito tempo, continuamente. Se a quantia apostada é também muito grande, as inclinações aliás honestas dos jogadores se excitam e se tornam paixões e, além disso, é injusto e irrazoável arriscar e fixar um preço tão alto nessas habilidades do jogo, que em si são tão insignificantes e inúteis.

Sobretudo, toma todo o cuidado, Filoteia, que teu coração não se apegue a estas coisas, porque, por melhor que seja um divertimento, não devemos atar a ele o coração e o afeto. Não digo que não se ache gosto no jogo, quando se está jogando, porque senão não seria um divertimento; digo somente que não se deve ir a ponto de desejá-lo ansiosamente, como uma coisa de grande importância.

Capítulo 32
Os jogos proibidos

Os jogos de dados, de cartas e outros semelhantes, em que a vitória depende principalmente do acaso, não só são divertimentos perigosos, como a dança, mas são mesmo por sua natureza absolutamente maus e repreensíveis; por esta razão os proíbem as leis eclesiásticas e as leis civis de muitos países. Dirás talvez: mas que mal há nisso? Eu respondo que, sendo a sorte e não a habilidade do jogador que decide, ganhando muitas vezes o menos industrioso, este procedimento é contrário à razão: nem podes dizer que foi este o ajuste, porque isto só serve para justificar que o vencedor não injuria os outros, mas não tira a desonestidade da convenção e do próprio jogo; o ganho, que deve ser um prêmio da habilidade, torna-se um prêmio da sorte, que não depende de nós e nada merece.

Demais, os jogos são feitos para divertimento nosso; mas esses jogos de acaso não são verdadeiras diversões e sim ocupações fatigantes. Como não há de cansar ter o ânimo continuamente inquieto e agitado por temores e surpresas? Que ocupação mais triste, sem graça e melancólica que a dos jogadores que se melindram uns aos outros, e se agastam, se se diz uma palavra, se se ri e até porque alguém tosse!

Enfim, esses jogos só dão alegria, quando alguém ganha; e não será injusta uma alegria semelhante, que acarreta a perda e o desgosto do próximo? Na verdade, uma tal alegria é indigna de um homem de bem. Foi por estas três razões que esses jogos foram proibidos. São Luís, estando a bordo e ouvindo que seu irmão, o Conde de Anjou, divertia-se jogando com o Senhor Gautier Nemours, levantou-se, embora estivesse muito doente, dirigiu-se com muito custo ao quarto onde estavam, tomou os jogos e uma parte do dinheiro e atirou-os ao mar, demonstrando vivamente a sua indignação. A jovem Sara, falando a Deus de sua inocência na bela oração que lhe dirigiu, protestou que nunca tinha lidado com qualquer espécie de jogadores.

Capítulo 33
Os bailes e outros divertimentos permitidos, mas perigosos

As danças e os bailes são coisas de si inofensivas; mas os costumes de nossos dias tão afeitos estão ao mal, por diversas circunstâncias, que a alma corre grandes perigos nesses divertimentos. Dança-se à noite e nas trevas, que as melhores iluminações não conseguem dissipar de todo, e quão fácil é que debaixo do manto da escuridão se façam tantas coisas perigosas num divertimento como este, que é tão propício ao mal. Fica-se aí até alta hora da noite, perdendo-se a manhã seguinte e conseguintemente o serviço de Deus.

Numa palavra, é uma loucura fazer da noite dia e do dia noite, e trocar os exercícios de piedade por vãos prazeres. Todo baile está cheio de vaidade e emulação e a vaidade é uma disposição muito favorável às paixões desregradas e aos amores perigosos e desonestos, que são as consequências ordinárias dessas reuniões.

Referindo-me aos bailes, Filoteia, digo-te o mesmo que os médicos dizem dos cogumelos, afirmando que os melhores não prestam para nada. Se tens que comer cogumelos, vejas que estejam bem preparados e não comas muito, porque, por melhor preparados que estejam, tornam-se, todavia, um verdadeiro veneno se são ingeridos em grande quantidade.

Se em alguma ocasião, não podendo te escusar, fores coagida a ir ao baile, presta ao menos atenção que a dança seja honesta e regrada em todas as circunstâncias pela boa intenção, pela modéstia, pela dignidade e decência, e dança o menos possível, para que teu coração não se apegue a essas coisas.

Os cogumelos, segundo Plínio, como são porosos e esponjosos, impregnam-se facilmente de tudo quanto lhes está ao redor, até mesmo do veneno de uma serpente que por perto deles se arraste. Do mesmo modo, essas reuniões à noite arrastam para o seu meio ordinariamente todos os vícios e pecados que vão alastrando pela cidade – os ciúmes, as pedanterias, as brigas, os amores loucos; e, como o aparato, a afluência e a liberdade, que reinam nestas festas, agitam a imaginação, excitam os sentidos e abrem o coração a toda sorte de prazeres, caso a serpente murmure aos ouvidos uma palavra indecente ou aduladora, caso se seja surpreendido por algum olhar de um basilisco, os corações estarão inteiramente abertos e predispostos a receber o veneno.

Ó Filoteia, esses divertimentos ridículos são de ordinário perigosos. Dissipam o espírito de devoção, enfraquecem as forças da vontade, esfriam os ardores da caridade e suscitam na alma milhares de más disposições. Por estas razões nunca se deve frequentá-los, e, no caso de necessidade, só com grandes precauções.

Diz-se que, depois de comer cogumelos, é preciso beber um gole do melhor vinho existente; e eu digo que, depois de assistir a estas reuniões, convém muito refletir sobre certas verdades santas e compenetrantes para precaver e dissipar as tentadoras impressões que o vão prazer possa ter deixado no espírito.

Eis aqui algumas que muito te aconselho:

1. Naquelas mesmas horas que passaste no baile, muitas almas se queimavam no inferno por pecados cometidos na dança ou por suas más consequências.

2. Muitos religiosos e pessoas piedosas nessa mesma hora estavam diante de Deus,

cantando os seus louvores e contemplando a sua bondade; na verdade, o seu tempo foi muito mais empregado que o teu!...

3. Enquanto dançavas, muitas pessoas se debatiam em cruel agonia, milhares de homens e mulheres sofriam dores atrocíssimas em suas casas ou nos hospitais. Ah! eles não tiveram um instante de repouso e tu não tiveste a menor compaixão deles; não pensas tu agora que um dia hás de gemer como eles, enquanto outros dançarão?!...

4. Nosso Senhor, a Santíssima Virgem, os santos e os anjos te estavam vendo no baile. Ah! quanto os desgostaste nessas horas, estando o teu coração todo ocupado com um divertimento tão fútil e tão ridículo!

5. Ah! enquanto lá estavas, o tempo se foi passando e a morte se foi aproximando de ti; considera que ela te chame para a terrível passagem do tempo para a eternidade e para uma eternidade de gozos ou de sofrimentos.

Eis aí as considerações que te queria sugerir; Deus te inspirará outras mais fortes e salutares se tiveres santo temor a Ele.

Capítulo 34
Quando se pode jogar ou dançar

Para que um jogo ou uma dança sejam lícitos é necessário que nós nos sirvamos desses divertimentos por deleite, e não por inclinação; por pouco tempo e não até nos estafarmos; raramente e não como uma ocupação diária. Mas em que ocasião é lícito jogar-se e dançar-se? As ocasiões próprias de um jogo ou de uma dança inócua não são raras. Menos frequentes, porém, são as dos jogos proibidos, censuráveis e mais perigosos. Numa palavra: joga e dança, observando as condições que te indiquei, todas as vezes que a prudência e a discrição te aconselharem a ter esta condescendência para com a sociedade em que estiveres; porque a condescendência, sendo um ato de caridade, torna as coisas indiferentes boas e até pode permitir certas perigosas, chega mesmo a tirar a malícia de algumas que de algum modo são más, como nos jogos de azar, que, sendo em si repreensíveis, tornam-se às vezes lícitos, se partilhados por uma justa complacência para com o próximo. Foi um consolo para mim ler na vida de São Carlos Borromeu que tinha muita condescendência para com os suíços, em coisas em que aliás era muito mais severo noutras ocasiões, e ouvir que Santo Inácio de Loyola, convidado uma vez a jogar, aceitou o convite. Santa Isabel da Hungria jogava às vezes e achava-se presente nas reuniões de divertimentos, sem que com isso perdesse a sua devoção. Os rochedos circunvizinhos do Lago de Rieti crescem à proporção que as ondas neles se embatem; assim, a piedade tão arraigada estava na alma desta santa que ia crescendo sempre mais no meio das pompas e vaidades a que estava exposta. As grandes fogueiras inflamam-se com o vento, mas os fogozinhos fracos se apagam se não estão bem cobertos.

Capítulo 35
A fidelidade devida a Deus tanto nas coisas pequenas como nas grandes

O Esposo divino diz no Cântico dos Cânticos que sua Esposa lhe arrebatou o coração por um de seus olhos e por um de seus cabelos. Como devem entender-se estas palavras?

É verdade que o olho é a parte mais admirável do corpo, tanto por sua estrutura e forma como por suas funções; mas que há de mais vil e desprezível que o cabelo?

Filoteia, Deus nos quis ensinar por esta comparação que as nossas mínimas e mais insignificantes ações não lhe são menos agradáveis que as maiores e as de maior brilho e que para lhe agradar é do mesmo modo necessário servir-lhe numas e noutras, podendo nós em ambas indistintamente merecer o seu amor.

É justo e bom, Filoteia, que te prepares para suportar grandes cruzes por Nosso Senhor, que leves o teu amor até ao martírio, que lhe ofereças tudo o que tens de mais caro, se ele o quiser aceitar: pai e mãe, irmão e irmã, marido e mulher, filhos e amigos, teus olhos e até tua vida, coisas todas essas que já lhe deves, porque tais devem ser as disposições contínuas do teu espírito e coração. Mas, enquanto a Divina Providência não exige de ti grandes coisas, enquanto não te pede os olhos por seu amor, oferece-lhe ao menos os teus cabelos. Quero dizer que é necessário suportar com brandura os pequenos incômodos; essas perdas pouco valiosas e essas contrariedades inúmeras de cada dia e essas pequenas ocasiões, sendo suportadas por um verdadeiro amor a Deus, granjear-te-ão inteiramente o seu coração. Sim, esses pequenos atos de caridade que fazes todos os dias, essas dores de cabeça e de dentes, essas constipações, esse mau gênio de um marido ou de uma mulher, o quebrar-se um vidro, o desdém ou mau humor, a perda das luvas, do lenço ou do anel, esses pequenos incômodos de deitar-se cedo e de madrugar pela manhã para rezar ou comungar, essa vergonha passageira que se tem ao fazer algum ato público de piedade; numa palavra, todas essas ações e sofrimentos, sendo animados do amor de Deus, agradam muitíssimo à sua divina bondade, que prometeu o Reino dos Céus a quem der um copo d'água por amor a Ele, isto é, infinitamente mais do que todo o mar em comparação duma gota d'água – e, como essas ocasiões se oferecem a cada instante, podes amontoar riquezas espirituais incalculáveis se as aproveitares bem.

Lendo na vida de Santa Catarina de Sena tantos raptos do espírito em Deus, tantas palavras de uma sabedoria sublime e mesmo sermões inteiros, não duvidei que com este "olho" de contemplação ela tenha arrebatado o coração do Esposo celeste; mas muito me consolou vê-la noutras ocasiões ocupada, por ordem de seu pai, na cozinha, com a assadeira, atiçando o fogo, preparando a comida, amassando pão e fazendo enfim os ofícios mais humildes da casa, cheia de uma coragem oriunda do amor de Deus. E não aprecio menos a simples meditação que ela fazia no meio destes serviços vis e abjetos do que os êxtases e os raptos que lhe foram tão habituais e que constituíram talvez uma recompensa por sua humildade e desprezo.

Sua meditação consistia em pensar que, preparando a comida para seu pai, ela estava trabalhando para Nosso Senhor, como Santa Marta, que sua mãe ocupava o lugar de Nossa Senhora, assim como seus irmãos os dos apóstolos; de sorte que excitava quanto podia o seu fervor, para servir assim em espírito a toda a corte celeste, e a sua convicção de fazer em tudo a vontade de Deus compenetrava sua alma de uma suavidade admirável.

Aduzi-te este exemplo, Filoteia, para veres a importância de fazer todas as tuas ações, por mais pequenas e baixas que pareçam, com os olhos em Deus, para servi-lo e agradar a Ele.

Por isto aconselho-te encarecidamente a imitar a mulher forte, que Salomão tanto louvou, porque, ocupada muitas vezes com ações grandes e importantes, nunca deixava entretanto de fiar à sua roca.

Faze o mesmo: aplica-te frequentemente à oração e à meditação, à recepção dos sacramentos, a instruir-te e a consolar os aflitos, a inspirar o amor a Deus no próximo, a fazer todas as obras de maior importância e excelência que tua vocação abraça; mas não te esqueças do fuso e da roca, isto é, desenvolve também essas virtudes pequenas e humildes que nascem como florezinhas ao pé da cruz; o serviço dos pobres, as visitas aos doentes, os pequenos cuidados de família e as boas obras que lhe são anexas, a utilíssima diligência de te guardares da ociosidade em tua casa e ajunta a tudo isso alguma consideração semelhante às que fazia Santa Catarina de Sena.

Raras são as ocasiões de fazer grandes coisas no serviço de Deus, mas as ocasiões de pequenas obras são muito frequentes. *Quem me servir no pequeno*, diz o Senhor, *receberá o prêmio que dele me servirei para coisas grandes*.

Faze tudo em nome de Deus e tudo será bem-feito. Comendo, bebendo, dormindo, divertindo-te ou ocupando-te com algum trabalho humilde e vil, em toda parte hás de merecer muito diante de Deus, se santificas bem a tua intenção de fazer tudo porque Deus quer que o faças.

Capítulo 36
Devemos ter um espírito justo e razoável

Raro é achar homens verdadeiramente razoáveis, porque só somos homens pela razão e o amor-próprio a perturba muitas vezes e insensivelmente nos leva a praticar injustiças que, por menores que sejam, não deixam de ser muito perigosas. Assemelham-se às raposinhas de que se fala nos Cânticos, das quais não se faz caso por serem muito pequenas, e, por isso, elas causam grande dano à vinha, em vista de sua quantidade. Reflete um pouco e julga se os pontos que vou mencionar não são verdadeiras injustiças.

Nós costumamos acusar o próximo pelas menores faltas por ele cometidas e a nós mesmos nos escusamos de outras muito grandes. Queremos vender muito caro e comprar o mais barato possível. Queremos que se faça injustiça a outros e que se façam graças a nós. Queremos que interpretem as nossas palavras benevolamente e com o que nos dizem somos suscetíveis em excesso. Queremos que o vizinho nos ceda a sua propriedade e não é mais justo que a conserve se o quiser? Agastamo-nos com ele se não no-la quer vender, e não tem ele muito mais razão de se zangar conosco por estarmos incomodando?

Se gostamos de um exercício, negligenciamos todos os demais e censuramos tudo o que não está segundo o nosso gosto. Se alguns dos nossos inferiores não têm boa aparência, ou caiu em nossas más graças, levamos a mal todos os seus atos e nunca cessamos de o contristar. Se, ao contrário, um ou outro, nos agradar pelo seu aspecto, desculpamos-lhe tudo o que faz, por pior que seja. Há filhos virtuosos e ajuizados a quem os pais e as mães quase nem podem ver, por causa de algum defeito natural, e há outros, muito viciosos, cujo ar exterior os torna agradáveis. Em toda parte preferimos os ricos aos pobres, embora não sejam de melhor condição, nem possuam tantas virtudes; chegamos mesmo a preferir aqueles que se destacam por uma vã aparência de seus vestidos. Defendemos com acurada exatidão os nossos direitos e queremos que os outros, quanto aos seus, sejam muito condescendentes. Mantemos os nossos lugares caprichosamente e queremos que os outros cedam os seus humildemente. Queixamo-nos facilmente de tudo e não queremos que ninguém se queixe de nós. Os benefícios ao próximo sempre nos parecem muitos, mas os que os outros nos fazem reputamos em nada. Numa palavra: nós temos dois corações, como as perdizes da Paflagônia; um, doce, caridoso e complacente para tudo que nos diz respeito, e outro – duro, severo e rigoroso para com o próximo. Temos duas medidas, uma para medir as nossas comodidades em nosso proveito e outra para medir as do próximo, igualmente em nosso proveito. Ora, como diz a Escritura, *os que têm lábios dolosos falam com o coração dobrado*, in corde et corde. E *ter duas medidas – uma grande, para receber, e outra pequena, para pagar o que se deve* – diz ela ainda – *é uma coisa abominável diante de Deus.*

Filoteia, sê igual e justa em todas as tuas ações. Toma o lugar do próximo e põe-no no teu, e sempre julgarás com equidade. Ao comprares, põe-te no lugar do vendedor, e, em vendendo, no lugar do comprador, e teu negócio será sempre justo.

Todas estas injustiças aqui enumeradas não são muito grandes nem nos obrigam à restituição, caso nos contenhamos aí somente entre os limites do rigor, no que nos é favorável; mas estamos obrigados a nos corrigir destas faltas, que são contra a razão e a caridade e se assemelham a uma espécie de trapaça contra a equidade natural. Demais, nada se perde com uma vida generosa, nobre e civil e com um coração justo e razoável e, como se diz, leal. Lembra-te, pois, Filoteia, de examinar muitas vezes o teu coração, para ver se ele é tal para o próximo como querias que o seu fosse para ti: esta é a norma da razão verdadeira e reta. Os confidentes de Trajano disseram-lhe um dia que dar audiência a todos não ficava bem à majestade imperial. O imperador respondeu-lhes simplesmente: "E por quê? Não deverei eu ser para os meus súditos um homem tal como eu desejaria que fosse o imperador, se eu fosse um mero cidadão?"

Capítulo 37
Os desejos

Todos sabem que não se deve desejar nada de mal, porque o desejo de uma coisa ilícita torna o coração mau. Mas eu acrescento, Filoteia, que não se deve desejar nada que é perigoso para a alma, como bailes, jogos e outros divertimentos, honras e cargos importantes, visões e êxtases; tudo isso traz muita vaidade consigo e é sujeito a muitos perigos e ilusões. Não desejes também as coisas que ainda estão para vir num futuro remoto, como fazem muitos, dissipando e cansando inutilmente o coração e expondo-o continuamente a muitas inquietações. Se um jovem ambiciona ardentemente ocupar um cargo precocemente, de que lhe poderá servir este desejo? Se uma mulher casada deseja entrar no convento: a que propósito? Se pretendo comprar a propriedade de outrem antes que ele queira me ceder, não é isto perder o meu tempo? Se, estando doente, desejo pregar, dizer missa ou visitar enfermos, ou fazer exercícios dos que têm saúde, não são estes desejos vãos, posto que nada disso está em meu poder? Entretanto estes desejos inúteis ocupam o lugar de outros que deveria ter e que Deus manda que se efetuem, como os de ser paciente, mortificado, obediente e manso em meus sofrimentos. Mas em geral os nossos desejos se parecem com os das mulheres grávidas, que no outono desejam cerejas frescas e uvas novas na primavera.

Não aprovo absolutamente que uma pessoa ande a aspirar a um gênero de vida incompatível com os seus deveres, ou exercícios inconvenientes ao seu estado, porque as pretensões vãs dissipam o coração, atenuando-lhe as forças para os exercícios necessários. Eu perderia meu tempo se me pusesse a desejar a solidão dos cartuxos e esta aspiração tomaria o lugar da que eu deveria ter, de preencher bem os meus deveres atuais. Tampouco quisera que desejasses ter maior engenho, porque são desejos frívolos e estariam em lugar daquele que todos devem ter, de cultivar o seu assim como é; ou, enfim, que desejasse meios que se não possuem de servir a Deus, em vez de empregar fielmente os que se têm à mão. Tudo isso há de se entender dos desejos que se apossam do coração, porque os simples e passageiros não prejudicam muito, visto não serem permanentes.

Quanto às cruzes, é bom desejá-las somente na proporção e sob a condição de que saibas suportar bem aquelas que tens. É um absurdo desejar o martírio e não poder suportar uma pequenina injúria. O inimigo nos engana muitas vezes, inspirando-nos desejos para coisas grandes que estão ainda longe ou mesmo nunca se hão de realizar, a fim de afastar o nosso coração das presentes, que, por menores que sejam, seriam para nós uma fonte abundante de virtudes e merecimentos. Combatemos na mente os monstros da África e nos deixamos matar pelas pequeninas serpentes que rastejam no caminho, por não lhes prestarmos a atenção necessária.

Não desejes também ter tentações, que isto seria temeridade; mas prepara-te para resistir-lhes vigorosamente, quando vierem.

A variedade e a quantidade das iguarias sobrecarregam o estômago e, se é fraco, o arruínam; do mesmo modo a quantidade de desejos para coisas espirituais embaraçam sempre o coração e, se são de coisas mundanas, o corrompem inteiramente. Nossa alma, uma vez purificada de suas más inclinações, sente um grande anelo de coisas espirituais; anseia por mil espécies de exercícios de piedade, de mortificação, de penitência, de caridade, de humildade, de oração. Esta fome espiritual, Filoteia, é um sinal muito bom; mas na convalescença de uma doença é preciso examinar se se pode digerir tudo o que se apetece. Discerne, pois, e escolhe os teus desejos, segundo o conselho de teu diretor espiritual, e procura aqueles que ele aprovar; fazendo assim, Deus te enviará outros oportunamente, quando forem úteis para o teu adiantamento espiritual. Não digo que se perca alguma espécie de desejos bons, mas que sejam regulados e que se deixe amadurecer no coração os que ainda não estão de vez, aplicando a pôr em prática os que já estão maduros. Há de se entender isto mesmo dos desejos de coisas mundanas, porque não há outro meio de se livrar do desassossego e inquietação.

Capítulo 38
Avisos para os casados

O casamento é um grande sacramento, eu digo em Jesus Cristo e na sua Igreja é honroso para todos, em todos, e em tudo, isto é, em todas as suas partes. Para todos: porque as próprias virgens o devem honrar com humildade. Em todos: porque é tão santo entre os pobres como entre os ricos. Em tudo: porque a sua origem, o seu fim, as suas vantagens, a sua forma e matéria são santas. É o viveiro do cristianismo, que enche a terra de fiéis, para tornar completo no céu o número dos eleitos: de sorte que a conservação do bem do casamento é sobremaneira útil para a república; porque é a raiz e o manancial de todos os seus arroios. Prouvera a Deus que o seu Filho muito amado fosse chamado para todas as bodas como o foi para as de Caná; nunca faltaria lá o vinho das consolações e das bênçãos; porque se não as há senão um pouco ao princípio, é porque, em vez de Nosso Senhor, se fez vir a elas Adônis e, em lugar de Nossa Senhora, se faz vir a Vênus. Quem quer ter cordeirinhos bonitos e malhados, como Jacó, precisa como ele de apresentar às ovelhas quando se juntam para conceber umas lindas varinhas de diversas cores; e quem quer ser bem-sucedido no casamento deveria em suas bodas representar a si mesmo a santidade e dignidade deste sacramento; mas em lugar disso dão-se aí mil abusos e excessos em passatempos, festins e palavras. Não é, pois, de admirar que os efeitos sejam desordenados.

Exorto sobretudo os casados ao amor recíproco que o Espírito Santo tanto lhes recomenda na Sagrada Escritura: ó casados, não se deve dizer: amai-vos um ao outro com o amor natural, porque os casais de rolas fazem isto muito bem; nem se deve dizer: amai-vos com amor humano, porque também os pagãos praticaram esse amor; mas digo-vos, encostado ao grande Apóstolo: Maridos, amai as vossas mulheres, como Jesus Cristo ama a sua Igreja; ó mulheres, amai os vossos maridos, como a Igreja ama o seu Salvador. Foi Deus quem levou Eva a nosso primeiro pai Adão, e lha deu por mulher; foi também Deus, meus amigos, que com a sua mão invisível fez o nó do sagrado laço do vosso matrimônio, e que vos deu uns aos outros: por que não haveis então de amar-vos com amor todo santo, todo sagrado, todo divino?

O primeiro efeito deste amor é a união indissolúvel dos vossos corações. Se se grudam duas peças de pinho, uma vez que a cola seja fina, a união fica tão forte, que será mais fácil quebrar as peças noutros sítios do que no sítio da junção; mas Deus junta o marido e a mulher em seu próprio sangue: e por isso é que esta união é tão forte que antes se deve separar a alma do corpo de um e de outro do que separar-se o marido da mulher. Ora esta união não se entende principalmente do corpo, mas sim do coração, do afeto e do amor.

O segundo efeito deste amor deve ser a fidelidade inviolável de um ao outro: antigamente gravavam-se os selos nos anéis que se traziam nos dedos, como a própria santa Escritura testifica. Aqui está o segredo da cerimônia que se faz nas bodas: a Igreja pela mão do sacerdote benze um anel, e, dando-o primeiramente ao homem, dá a entender que sela e cerra o seu coração por este sacramento, para que nunca mais nem o nome, nem o amor de qualquer outra mulher possa nesse coração entrar, enquanto viver aquela que lhe foi dada: depois o esposo mete o anel na mão da própria esposa, para que ela reciprocamente saiba que nunca o seu coração deve conceber afeto por qualquer outro homem, enquanto viver sobre a terra aquele, que Nosso Senhor acaba de lhe dar.

O terceiro fruto do casamento é a geração e a legítima criação e educação dos filhos. Grande honra é esta para vós, ó casados, que Deus, querendo multiplicar as almas que possam bendizê-lo e louvá-lo por toda a eternidade, torna-vos cooperadores de obra tão digna, por meio da produção dos corpos, em que Ele reparte, como gotas celestes, as almas, criando-as e infundindo-as nos corpos.

Conservai, pois, ó maridos, um terno, constante e cordial amor a vossas mulheres: por isto foi a mulher tirada do lado mais chegado ao coração do primeiro homem, para que fosse amada por ele cordial e ternamente. As fraquezas e enfermidades de vossas mulheres, quer do corpo, quer do espírito, não devem provocar-vos a nenhuma espécie de desdém, mas antes a uma doce e amorosa compaixão, pois Deus criou-as assim para que, dependendo de vós, vos honrem e vos respeitem mais, e de tal modo as tenhais por companheiras que contudo sejais os chefes e superiores. E vós, ó mulheres, amai ternamente, cordialmente, mas com um amor respeitoso e cheio de reverência, os maridos que Deus vos deu: porque realmente por isso os criou Deus de um sexo mais vigoroso e predominante, e quis que a mulher fosse uma dependência do homem, e osso dos seus ossos, e carne da sua carne, e que ela fosse produzida por uma costela deste, tirada debaixo dos seus braços, para mostrar que ela deve estar debaixo da mão e governo do marido; e toda a Escritura Santa vos recomenda severamente esta sujeição, que aliás a mesma Escritura vos faz doce e suave, não somente querendo que vos acomodeis a ela com amor, mas ordenando a vossos maridos que a exerçam com grande afeto, ternura e suavidade. Maridos, diz São Pedro, portai-vos discretamente com vossas mulheres como com um vaso mais frágil, honrando-as. Mas assim como vos exorto a afervorar cada vez mais este recíproco amor que vos deveis, estai alerta para que não se converta em nenhuma espécie de ciúme; porque acontece muitas vezes que, como o verme se cria na maçã mais delicada e madura, também o ciúme nasce no amor mais ardente e afetuoso dos casados, cuja substância, aliás, estraga e corrompe; porque pouco a pouco acarreta os desgostos, desavenças e divórcios. Por certo que o ciúme nunca chega aonde a amizade está de parte a parte fundada na verdadeira virtude; e eis a razão por que ela é um sinal indubitável de um amor sensual, grosseiro, e que se dirigiu a objeto em que encontrou uma virtude defeituosa, inconstante e exposta a desconfianças. É, pois, uma pretensão tola querer dar a entender com os zelos a grandeza da amizade, porque o ciúme na verdade é um sinal da magnitude e corpolência da amizade, mas não da sua bondade, pureza e perfeição; pois que a perfeição da amizade pressupõe a firmeza da virtude da coisa que se ama, e o ciúme pressupõe a incerteza.

Se quereis, maridos, que as vossas mulheres vos sejam fiéis, ensinai-lhes a lição com o vosso exemplo: Com que cara, diz São Gregório Nazianzeno, quereis exigir honestidade de vossas mulheres, se vós próprios viveis na desonestidade? Como lhes pedis o que não lhes dais? Quereis que elas sejam castas? Vivei castamente com elas, e, como diz São Paulo, saiba cada um possuir o seu vaso em santificação. Mas, se pelo contrário vós mesmos lhes ensinais as dissoluções, não é de admirar que sofrais a desonra da sua perda.

Mas vós, ó mulheres, cuja honra está inseparavelmente aliada com a pureza e honestidade, conservai zelosamente a vossa glória, e não permitais que nenhuma espécie de dissolução empane a brancura da vossa reputação. Temei toda a sorte de ataques, por pequenos que sejam: nunca permitais que andem em volta de vós os galanteios. Todo aquele que vem elogiar a vossa formosura e a vossa graça deve ser-vos suspeito. Porque quem gaba uma mercadoria que não pode comprar, ordinariamente é muito tentado a roubá-la. Mas se ao vosso encômio alguém adicionar o desprezo de vosso marido, ofende-vos sobremaneira, porque a coisa é clara, que não somente quer perder-vos, mas já vos tem na conta de meio perdida, pois que metade do contrato é feito com o segundo comprador, quando se está desgostoso do primeiro. As senhoras, tanto antigas como modernas, acostumaram-se a levar pendentes das orelhas muitas pérolas, pelo prazer, diz Plínio, que têm em as ouvir tilintar e chocalhar, tocando umas nas outras. Mas quanto a mim, que sei que o grande amigo de Deus, Isaac, enviou à casta Rebeca pendentes de orelhas como os primeiros penhores do seu amor: eu creio que este ornamento místico significa que a primeira coisa que um marido deve ter de uma mulher, e que a mulher lhe deve fielmente guardar, é a orelha, para que nenhuma linguagem ou ruído possa aí entrar, senão o doce e amigável gorjeio das palavras castas e pudicas, que são as pérolas orientais do Evangelho. Porque é preciso lembrar-se sempre de que as almas se envenenam pelo ouvido, como o corpo pela boca.

O amor e a fidelidade juntos trazem sempre consigo a familiaridade e confiança; é por isso que os santos e as santas usaram de muitas carícias recíprocas em seu matrimônio, carícias verdadeiramente amorosas, mas castas; ternas, mas sinceras. Assim Isaac e Rebeca, o casal mais casto dos casados do tempo antigo, foram vistos à janela a acariciar-se de tal sorte que, embora nada nisso houvesse de desonesto, Abimelec conheceu bem que eles não podiam ser senão marido e mulher. O grande

São Luís, tão rigoroso com a sua carne, como terno no amor a sua mulher, foi quase censurado de ser pródigo em tais carícias: embora na verdade antes merecesse encômio por saber despojar-se do seu espírito marcial e corajoso para praticar estas ligeiras obrigações necessárias para a conservação do amor conjugal; porque ainda que estas pequenas mortificações de pura e franca amizade não prendam os corações, contudo aproximam-nos, e servem de agradável isca para a mútua conversação.

Santa Mônica, estando pejada do grande Santo Agostinho, consagrou-o com repetidos oferecimentos à religião cristã e ao serviço da glória de Deus, como ele próprio testifica, dizendo que: já no ventre de sua mãe tinha provado o sal de Deus. É um grande ensinamento para as mulheres cristãs oferecer à Divina Majestade o fruto de seus ventres, mesmo antes que deles tenham saído; porque Deus, que aceita as oblações de um coração humilde e bem formado, ordinariamente favorece os bons desejos das mães nessa circunstância: sejam disso testemunhas Samuel, Santo Tomás de Aquino, Santo André de Fiesole, e muitos outros. A mãe de São Bernardo, digna mãe de um tal filho, tomando seus filhos e filhas nos braços apenas nasciam, oferecia-os a Jesus Cristo; e desde logo os amava com respeito como coisa sagrada, e que Deus lhe tinha confiado: o que lhe deu tão feliz resultado, que todos os seus sete filhos foram muito santos.

Mas uma vez vindos os filhos ao mundo, e começando a ter uso da razão, devem os pais e mães ter um grande cuidado de lhes imprimir o temor de Deus no coração. A boa rainha Branca desempenhou fervorosamente este encargo com o Rei São Luís, seu filho, porque lhe dizia a cada passo: Antes quero, meu caro filho, ver-te cair morto na minha presença do que ver-te cometer um só pecado mortal. O que ficou de tal modo gravado na alma deste santo filho, que, como ele próprio contava, não houve dia da sua vida em que disso se não lembrasse, esforçando-se quanto lhe era possível por observar à risca esta santa doutrina. Na nossa linguagem chamamos casas às linhagens e gerações; e os próprios hebreus chamam à geração dos filhos edificação de casa. Porque foi neste sentido que se disse que Deus edificou casas para as parteiras do Egito. Ora, é para mostrar que não é fazer uma boa casa provê-la de muitos bens mundanos, mas educar bem os filhos no temor de Deus e na virtude. Nisto não devemos esquivar-nos a penas nem trabalhos, pois os filhos são a coroa do pai e da mãe. Assim, Santa Mônica combateu com tanto fervor e constância as más inclinações de Santo Agostinho que, tendo-o seguido por mar e por terra, o tornou mais felizmente filho de suas lágrimas, pela conversão da sua alma, do que o tinha sido do sangue pela geração de seu corpo.

São Paulo deixa como incumbência às mulheres o governo da casa; e por isso muitos seguem esta verdadeira opinião que a sua devoção é mais frutuosa para a família que a dos maridos, que, não tendo uma residência tão continuada entre os domésticos, não podem por conseguinte encaminhá-los tão facilmente para a virtude. Segundo esta consideração Salomão nos seus Provérbios faz depender a felicidade de toda a sua casa do cuidado e esmero da mulher forte que descreve.

Diz-se no Gênesis que Isaac, vendo a esterilidade de sua esposa Rebeca, rogou ao Senhor por ela: ou, segundo o texto hebraico, rogou ao Senhor em frente dela, porque um orava de um lado do oratório e outro do outro lado; e a oração do marido feita deste modo foi ouvida. A maior e mais frutuosa união do marido e da mulher é a que se faz na devoção, à qual se devem excitar à porfia um ao outro. Frutos há, como o marmelo, que, pela aspereza do seu suco, não são agradáveis senão postos de conserva. Há outros que, pela sua brandura e delicadeza, não se podem conservar senão também postos em doce, como as cerejas e os damascos: assim as mulheres hão de desejar que os seus maridos estejam de conserva no açúcar da devoção. Porque o homem sem devoção é um animal severo, áspero e duro; e os maridos devem desejar que as suas mulheres sejam devotas; porque sem a devoção a mulher é em extremo frágil e sujeita a cair ou embaciar a sua virtude. São Paulo disse que o homem infiel é santificado pela mulher fiel, e a mulher infiel pelo homem fiel, porque nesta estreita aliança do casamento um pode facilmente puxar o outro à virtude. Mas que grande bênção há quando o homem e a mulher fiéis se santificam um ao outro num verdadeiro temor de Deus! Além disso, hão de ter tanta condescendência um com o outro, que nunca se aborreçam e irritem ambos ao mesmo tempo e de repente, para que entre eles não se note dissensão nem disputa. As abelhas não podem estar em lugar onde se ouvem ecos e estrondos, e onde soa a voz repetida: nem o Espírito Santo pode demorar numa casa onde há disputas, réplicas e repetição de vozes e altercações.

São Gregório Nazianzeno diz que no seu tempo os casados faziam festa no aniversário dos seus casamentos. E eu por certo aprovaria que se introduzisse este costume, contanto que não fosse com aparatos de diversões mundanas e sensuais, mas que os maridos e mulheres, tendo-se confessado e comungado nesse dia, recomendassem a Deus, mais fervorosamente que de costume, o progresso do seu matrimônio, renovando os bons propósitos de o santificar cada vez mais por uma recíproca amizade e fidelidade, e cobrando alento em Nosso Senhor, para arcar com os encargos da sua vocação.

Capítulo 39
Da honestidade do leito conjugal

O leito conjugal deve ser imaculado, como o chama o Apóstolo, isto é, isento de desonestidades e outras torpezas profanas. Porque o santo matrimônio foi primariamente instituído no paraíso terreal, onde até então nunca tinha havido nenhum desconcerto da concupiscência, nem coisa desonesta.

Há alguma semelhança entre os deleites vergonhosos e os do comer: porque ambos dizem respeito à carne, embora os primeiros, em razão da sua veemência brutal, chamem-se simplesmente carnais. Explicarei, pois, o que não posso dizer de uns pelo que direi dos outros.

1. O comer é destinado a conservar as pessoas. Ora, como o comer simplesmente, para alimentar e conservar a pessoa, é uma coisa boa, santa e prescrita, assim o que se requer no matrimônio para a geração dos filhos, e multiplicação das pessoas, é uma coisa boa e muito santa, porque é o fim principal do casamento.

2. Comer, não para conservar a vida, mas para conservar a recíproca conversação e condescendência que devemos uns aos outros, é coisa sobremaneira justa e honesta: e da mesma sorte a recíproca e legítima satisfação dos cônjuges no santo matrimônio é chamada por São Paulo dívida; mas dívida tão grande que

ele não quer que uma das partes se possa dela isentar sem o livre e voluntário consentimento da outra; e isso nem mesmo para as práticas da devoção, que é o que me levou a dizer as palavras que a este respeito deixei no capítulo da Santa Comunhão*, quanto menos, pois, poder-se-ão eximir por caprichosas afetações de virtude, ou pelas rixas e arrufos.

3. Como os que comem pela obrigação do mútuo trato devem comer livremente, e não como por força, e ademais hão de procurar mostrar ter bom apetite; assim também o débito conjugal deve ser satisfeito fielmente, francamente, exatamente como se fosse com esperança de sucessão, ainda que por alguma circunstância não haja semelhante esperança.

4. Comer não pelas duas primeiras razões, mas simplesmente para contentar o apetite, é coisa tolerável, mas não louvável. Porque o simples prazer do apetite sensual não pode ser causa suficiente para tornar uma ação louvável. Basta porém para que seja tolerável.

5. Comer, não por simples apetite, mas por excesso e desordem, é coisa mais ou me-

---

* Parte II, cap. 20, p. 178.

nos censurável, conforme o grande ou pequeno excesso.

6. Ora, o excesso no comer não consiste somente na grandíssima quantidade, mas também no modo e maneira como se come. É caso para notar, cara Filoteia, que o mel, tão próprio e salutar para as abelhas, pode-lhes contudo ser tão nocivo que às vezes as põe doentes, como quando comem em demasia na primavera: porque isto traz-lhes fluxo do ventre, e algumas vezes fá-las morrer inevitavelmente, como quando estão cobertas de mel no focinho e nas asas.

Na realidade o comércio conjugal, que é tão santo, tão justo, tão recomendável, tão útil à república, é contudo em certos casos perigoso para os que o praticam: porque às vezes faz adoecer as suas almas gravemente com o pecado venial, como sucede com os simples excessos, e algumas vezes dá-lhes a morte pelo pecado mortal, como sucede quando a ordem estabelecida para a geração dos filhos é violada e pervertida; nesse caso, consoante o desvio dessa ordem é maior ou menor, os pecados são mais ou menos abomináveis, mas sempre mortais. Porque, como a geração dos filhos é o primeiro e principal fim do matrimônio, nunca se pode licitamente aberrar da ordem que ela requer: embora por qualquer acidente, não possa por então levar-se a efeito; como sucede, quando a esterilidade, ou a gravidez atual estorvam a produção e a geração; porque nestes casos o comércio corporal não deixa de ser justo e santo, contanto que se observem as regras de geração: não podendo jamais qualquer acidente prejudicar a lei que o fim principal do matrimônio impôs. Na verdade, a infame e execrável ação que Onan fazia no seu matrimônio era detestável aos olhos de Deus, como diz o sagrado texto no citado capítulo trigésimo oitavo do Gênesis; e embora alguns heréticos do nosso tempo, mil vezes mais censuráveis que os cínicos (de que fala São Jerônimo sobre a Epístola aos Efésios) tenham querido dizer que era a perversa intenção deste malvado que desagradava a Deus, todavia a Escritura fala de outro modo, e assegura em particular que a mesma coisa que ele fazia era detestável e abominável aos olhos de Deus.

7. É uma verdadeira prova de um espírito truanesco, vil, abjeto, e infame, pensar nas iguarias e nos manjares antes do tempo da refeição, e ainda mais, quando depois dela se

saboreia o prazer que se teve, comendo, tomando-o por assunto de conversas e pensamentos, e refocilando o espírito na lembrança do prazer que se sentiu ao tragar os bocados, como fazem aqueles que antes do jantar estão com o espírito preocupado no assador, e depois de jantar nos pratos; pessoas dignas de serem moços de cozinha, que fazem, como diz São Paulo, do seu ventre um Deus; as pessoas honradas e dignas não pensam na mesa senão quando se sentam a ela, e depois da refeição lavam as mãos e a boca para não ficar com o gosto, nem com o cheiro do que comeram. O elefante não passa de um grande animal, mas é o mais digno que vive sobre a terra, e que tem mais instinto; eu quero dizer-te aqui um rasgo da sua honestidade: nunca muda de fêmea e ama ternamente a que escolheu, com a qual não tem coito senão de três em três anos, e isto apenas por cinco dias, e tão secretamente, que nunca é visto neste ato; é porém bem-visto ao sexto dia, no qual, antes de tudo, vai direto a algum rio, onde lava todo o corpo, sem querer de modo algum voltar ao rebanho antes de se ter purificado. Não são belas e honestas as qualidades deste animal pelas quais convida os casados a não ficarem presos de afeição às sensualidades e prazeres, que segundo o seu estado tiveram; mas, passadas estas, a lavar delas o coração e o afeto, e a purificar-se o mais cedo possível, para poder depois praticar com toda a liberdade de espírito as outras ações mais puras e elevadas?

Neste aviso consiste a perfeita prática da excelente doutrina que São Paulo ensina aos coríntios: O tempo é breve, diz-lhes, o que resta é que os que têm mulheres sejam mais como se não as tivessem. Porque, segundo São Gregório, tem uma mulher como se não a tivesse aquele que toma as consolações corporais com ela de tal maneira que por isso não é desviado das solicitudes espirituais. Ora, o que se disse do marido entende-se reciprocamente da mulher. Os que usam deste mundo, diz o mesmo Apóstolo, hão de ser como se não usassem; que todos, pois, usem do mundo, cada um conforme o seu estado: mas de tal sorte que, não lhe ganhando afeição, fique-se livre e pronto para servir a Deus, como se dele não usasse. É o grande mal do homem, diz Santo Agostinho, querer gozar das coisas de que só deve usar, e querer usar daquelas de que só deve gozar: devemos gozar das coisas espirituais, e das corporais somente usar; e quando o uso destas se converte em gozo, a nossa alma racional converte-se outrossim em alma brutal e bestial.

Creio ter dito tudo o que queria dizer, e dado a entender, sem o dizer, o que não queria dizer.

Capítulo 40
Avisos para as viúvas

São Paulo instrui a todos os prelados na pessoa do seu Timóteo, dizendo: Honra as viúvas que são deveras viúvas. Ora, para ser verdadeiramente viúva requerem-se estas coisas:

1º) Que não somente a viúva seja viúva de corpo, mas também de coração, isto é, que seja decidida, com inviolável resolução, a conservar-se no estado de uma casta viuvez. Porque as viúvas, que não o são senão enquanto esperam a ocasião de se tornar a casar, não estão separadas dos homens senão segundo o deleite do corpo, mas já estão juntas com eles segundo a vontade do coração. E se a verdadeira viúva, para se confirmar no estado de viuvez, quer oferecer a Deus em voto o seu corpo e a sua castidade, acrescentará um grande ornamento e atavio à sua viuvez, e porá em grande segurança a sua resolução: porque, vendo que depois do voto já não está na sua mão o poder deixar a sua castidade, sem deixar o paraíso, será tão zelosa e desvelada pelo seu intento, que não consentirá nem por um só instante em seu coração os mais simples pensamentos de casamento: de sorte que este sagrado voto porá uma forte barreira entre a sua alma e toda a sorte de projetos contrários à sua resolução.

Santo Agostinho aconselha encarecidamente este voto à viúva cristã: e o antigo e douto Orígenes passa muito mais adiante, porque aconselha às mulheres casadas a que façam voto e se consagrem à castidade na viuvez, no caso em que os seus maridos venham a falecer antes delas, para que contra os prazeres sensuais, que poderão ter no casamento, possam contudo gozar do mérito de uma casta viuvez por meio desta promessa antecipada. O voto torna as obras feitas em seguida a ele mais agradáveis a Deus, corrobora a coragem para as fazer, e não dá somente a Deus as obras, que são como que os frutos da nossa boa vontade, mas dedica-lhe até a própria vontade, que é como que a árvore das nossas ações: pela simples castidade nós entregamos o nosso corpo a Deus, reservando contudo a liberdade de o submeter de novo aos prazeres sensuais, mas pelo voto de castidade fazemos-lhe dele absoluta e irrevogável doação, sem reservarmos nenhum poder de nos desdizermos, tornando-os assim felizmente escravos daquele cujo serviço é melhor que toda a realeza. Ora, como eu aprovo sem restrições os pareceres destes dois grandes homens: também quisera que as almas, que forem tão ditosas e que desejem executá-los, o façam prudentemente, santamente, e com solidez, depois de examinar bem as suas forças, de invocar a inspiração celeste, e de tomar o conselho de algum sábio e devoto diretor, porque assim tudo se fará com mais fruto.

2º) Além disso é preciso que esta renúncia a segundas núpcias se faça pura e simplesmente, para com maior pureza voltar para Deus todos os seus afctos, e em tudo unir o seu coração com o da sua divina Majestade; porque, se o desejo de deixar os filhos ricos, ou qualquer outra espécie de pretensão mundana conserva a viúva na viuvez, ela talvez disso receba louvor, mas não por certo aos olhos de Deus, pois que diante de Deus não pode merecer verdadeiro louvor senão o que é feito por amor de Deus.

3º) Ademais, é preciso que a viúva, para ser verdadeiramente viúva, esteja separada e voluntariamente desprendida dos deleites profanos. A viúva que vive em delícias, diz São Paulo, está morta em vida. Querer ser viúva e sem embargo gostar de ser festejada, acariciada, galanteada; querer achar-se nos bailes, danças e festins; querer andar perfumada, enfeitada e galante, é ser uma viúva viva quanto ao corpo, mas morta quanto à alma. Que importa, peço-te que me digas, que a tabuleta da pousada de Adônis e do amor profano seja feita de plumagens brancas colocadas à laia de penachos, ou de um véu negro estendido à maneira de rede sobre o rosto; e até muitas vezes o preto costuma por vaidade ser preferido ao branco, para mais realce à cor; a viúva, sabendo por experiência de que modo as mulheres podem agradar aos homens, lança em seus espíritos incentivos e iscas mais perigosas. Por isso a viúva, que vive nestas loucas delícias, está morta em vida, e a bem-dizer não é senão um ídolo e aparência de viuvez.

Chegou o tempo da poda, a voz da rola já foi ouvida na nossa terra, diz o Cântico dos Cânticos: a poda das superfluidades mundanas é necessária, para quem quer que deseje viver piedosamente; mas é sobretudo necessária para a verdadeira viúva, que, como casta rola, acaba recentemente de chorar, gemer e lamentar-se da perda do seu marido. Quando Noemi voltou de Moab para Belém, as mulheres da cidade, que a tinham conhecido no princípio do seu casamento, perguntavam umas às outras: Não é esta Noemi? Mas ela respondeu: Não me chames, peço-vo-lo, Noemi, porque Noemi quer dizer graciosa e bela, chamai-me antes Marei, pois o Senhor encheu a minha alma de amargura. O que dizia, porque o seu marido lhe tinha morrido. Assim a viúva devota nunca deve querer ser chamada nem tida como bela, nem como graciosa, contentando-se com ser o que Deus quer que ela seja, isto é, humilde e abjeta a seus olhos.

As lâmpadas, cujo azeite é aromático, quando apagam as suas chamas, deitam um cheiro mais suave; assim as viúvas, cujo amor foi puro em seu matrimônio, derramam um maior perfume de virtude de castidade quando a sua luz, isto é, o seu marido, é apagada pela morte: amar o marido, enquanto ele vive, é coisa bastante comum entre as mulheres, mas amá-lo tanto, que depois da morte dele não se queira outro, é um grau de amor que não pertence senão à verdadeira viúva. Esperar em Deus, enquanto o marido serve de arrimo, não é coisa muito rara; mas esperar em Deus, quando se fica privada deste apoio, é coisa digna de grande louvor. É por isso que se conhece mais facilmente na viuvez a perfeição das virtudes que se praticaram no matrimônio.

A viúva que tem filhos, que precisam da sua direção e governo, principalmente no que toca à sua alma e à ordenação da sua vida, não pode, nem deve de maneira alguma abandoná-los: porque o Apóstolo São Paulo diz claramente que elas são obrigadas a esse cuidado para pagar o que por elas fizeram seus pais e mães; e muito mais ainda porque, se alguém não olha pelos seus, e principalmente pelos da sua família, é pior que um infiel, mas se os filhos estão em condições de não precisar de ser governados, a viúva então deve empregar todos os seus afetos e pensamentos para os aplicar mais puramente no seu aproveitamento e progresso no amor de Deus.

Se alguma violenta força não obriga a consciência da verdadeira viúva aos desaires e contratempos de fora, como são os processos e demandas, aconselho-lhe que se abstenha de tudo, e que siga o método de orientar os seus negócios, que para ela seja mais suave e tranquilo, embora se lhe afigure que não é o mais prático e frutuoso. Porque é preciso que os frutos de tais desarmonias sejam deveras grandes, para se poderem pôr em confronto com o bem de uma santa tranquilidade, sem deitar conta a que o processo e subsequentes desavenças dissipam o coração, e muitas vezes abrem as portas aos inimigos da castidade, visto que por comprazer com aqueles, de cujo favor e proteção se carece, chegam-se a adotar atitudes indevotas e desagradáveis a Deus.

Seja a oração o contínuo exercício da viúva, porque, não devendo já ter amor senão por Deus, nunca mais deve falar senão com Deus; e como o ferro, que sendo impedido de seguir a atração do ímã por causa da presença do diamante, arremessa-se para o mesmo ímã, apenas o diamante é levado para longe: assim o coração da viúva, que não podia com facilidade abismar-se inteiramente em Deus, nem seguir os atrativos do seu divino amor, durante a vida do seu marido, deve logo depois do falecimento deste ir ardentemente à cata dos perfumes celestiais, dizendo à imitação da Esposa sagrada: ó Senhor, agora que sou toda minha, recebei-me como toda vossa, levai-me atrás de Vós, nós corremos ao odor dos vossos perfumes.

A prática das virtudes próprias da viúva santa são a perfeita modéstia, a renúncia às honras, às reuniões, às assembleias, aos títulos, e todas as classes de vaidades semelhantes; a assistência dos pobres e dos doentes, a consolação dos tristes e aflitos, a iniciação das donzelas na vida devota, e o empenho em se tornar perfeito modelo de todas as virtudes para as mulheres novas; a limpeza e a simplicidade são os dois enfeites e guarnições dos seus vestidos; a humildade e a caridade, os dois enfeites e ornamentos das suas ações; a honestidade e a mansidão, os dois asseios da sua linguagem; a modéstia e o pudor, as duas luzes de seus olhos; e Jesus crucificado, o único amor de seu coração.

Para abreviar, a verdadeira viúva é na Igreja uma pequena violeta de março, que derrama uma suavidade sem par, pelo odor de sua devoção, e se conserva quase sempre escondida sob as largas folhas da sua humildade, e pela sua cor menos deslumbrante dá provas da sua mortificação; ela nasce nos lugares frescos e não cultivados, não querendo ser apoquentada pelo comércio dos mundanos, para melhor conservar a frescura de seu coração contra todos os calores que o desejo dos bens, das honras ou até dos amores lhe poderia trazer. Ela será bem-aventurada, diz o Santo Apóstolo, se perseverar desta maneira.

Teria muitas outras coisas a dizer sobre este assunto, mas teria dito tudo quando dissesse que a viúva, zelosa da honra da sua condição, lesse atentamente as belas epístolas que o grande São Jerônimo escreveu a Fúria e a Sálvia, e a todas as outras matronas que tiveram a singular ventura de ser filhas espirituais de tão grande pai; porque nada se pode acrescentar ao que ele lhes disse, senão esta advertência: que a verdadeira viúva nunca deve criticar, nem censurar aquelas que passam a segundas, ou até a terceiras e quartas núpcias; porque, em certos casos, Deus assim o dispõe para a sua maior glória. E é preciso ter sempre presente a doutrina dos antigos, que nem a viuvez, nem a virgindade têm no céu outro lugar que não seja o que lhes é marcado pela humildade.

Capítulo 41
Uma palavra sobre a virgindade

Ó virgens, se pretendeis casar-vos, conservai então cuidadosamente o vosso primeiro amor para a pessoa que o céu vos destinar. É uma fraude apresentar-lhe um coração que já foi possuído, usado e gasto pelo amor, em vez de um coração inteiro e sincero. Mas se, por vossa felicidade, vos sentis chamadas para as núpcias castas e virginais do Cordeiro imaculado, ah! então conservai com toda a delicadeza de consciência todo o vosso amor para este Divino Esposo, que, sendo a própria pureza, nada ama mais do que a pureza e a quem são devidas todas as primícias, máxime as do amor.

As cartas de São Jerônimo contêm todos os outros conselhos que vos são necessários; e, como o vosso estado vos obriga à obediência, escolhei um confessor sob cuja direção vos podeis consagrar à divindade mais santamente e com maior segurança.

PARTE IV

Avisos necessários contra as tentações mais comuns

Capítulo 1
Não se deve fazer caso do que dizem os mundanos

Assim que a tua devoção se for tornando conhecida no mundo, maledicências e adulações te causarão sérias dificuldades de praticá-la. Os libertinos tomarão a tua mudança por um artifício de hipocrisia e dirão que alguma desilusão sofrida no mundo te levou por pirraça a recorrer a Deus.

Os teus amigos, por sua vez, se apressarão a te dar avisos que supõem ser caridosos e prudentes sobre a melancolia da devoção, sobre a perda do teu bom-nome no mundo, sobre o estado de tua saúde, sobre o incômodo que causas aos outros, sobre a necessidade de viver no mundo conformando-se aos outros e, sobretudo, sobre os meios que temos para salvar-nos sem tantos mistérios.

Filoteia, tudo isso são loucas e vãs palavras do mundo e, na verdade, essas pessoas não têm um cuidado verdadeiro de teus negócios e de tua saúde: *Se vós fôsseis do mundo*, diz Nosso Senhor, *amaria o mundo o que era seu; mas, como não sois do mundo, por isso ele vos aborrece.*

Veem-se homens e mulheres passarem noites inteiras no jogo; e haverá uma ocupação mais triste e insípida do que esta? Entretanto, seus amigos se calam; mas, se destinamos uma hora à meditação ou se nos levantamos mais cedo, para nos prepararmos para a Santa Comunhão, mandam logo chamar o médico, para que nos cure desta melancolia e tristeza. Podem-se passar trinta noites dançando, que ninguém se queixa; mas por levantar-se na noite de Natal para a Missa do Galo, começa-se logo a tossir e a queixar de dor de cabeça no dia seguinte.

Quem não vê que o mundo é um juiz iníquo, favorável aos seus filhos, mas intransigente e severo para os filhos de Deus?

Só nos pervertendo com o mundo poderíamos viver em paz com ele, e impossível é contentar os seus caprichos – *Veio João Batista, diz o Divino Salvador, o qual não comia pão nem bebia vinho, e dizeis: Ele está possesso do demônio. Veio o Filho do Homem, come e bebe, e dizeis que é um samaritano.*

É verdade, Filoteia, se condescenderes com o mundo e jogares e dançares, ele se escandalizará de ti; e, se não o fizeres, serás acusada de hipocrisia e melancolia. Se te vestires bem, ele te levará isso a mal, e, se te negligenciares, ele chamará isso baixeza de coração. A tua alegria terá ele por dissolução e a tua mortificação por ânimo carrancudo; e, olhando-te sempre com maus olhos, jamais lhe poderás agradar.

As nossas imperfeições ele considera pecados, os nossos pecados veniais ele julga mortais, e malícias, as nossas enfermidades; de sorte que, assim como a *caridade,* na expressão de São Paulo, *é benigna,* o mundo é maligno.

A caridade nunca pensa mal de ninguém e o mundo o pensa sempre de toda sorte de pessoas; e, não podendo acusar as nossas ações, condena ao menos as nossas intenções. Enfim, tenham os carneiros chifres ou não, sejam pretos ou brancos, o lobo sempre os há de tragar, se puder.

Procedamos como quisermos, o mundo sempre nos fará guerra. Se nos demorarmos um pouco mais no confessionário, perguntará o que temos tanto que dizer; e, se saímos depressa, comentará que não contamos tudo. Espreitará todas as nossas ações e, por uma palavra um pouco menos branda, dirá que somos insuportáveis. Chamará avareza o cuidado por nossos negócios, e idiotismo a nossa mansidão. Mas, quanto aos filhos do século, sua cólera é generosidade; sua avareza, sábia economia; e suas maneiras livres, honesto passatempo. É bem verdade que as aranhas sempre estragam o trabalho das abelhas!

Abandonemos este mundo cego, Filoteia; grite ele quanto quiser, como uma coruja, para inquietar os passarinhos do dia. Sejamos firmes em nossos propósitos, invariáveis em nossas resoluções e a constância mostrará que a nossa devoção é séria e sincera. Os cometas e os planetas parecem ter o mesmo brilho; mas os cometas, que são corpos passageiros, desaparecem em breve, ao passo que os planetas brilham continuamente. Do mesmo modo muito se parece a hipocrisia com a virtude sólida e só se distingue porque aquela não tem constância e se dissipa como a fumaça, ao passo que esta é firme e constante.

Demais, para assegurar os começos de nossa devoção, é muito bom sofrer desprezos e censuras injustas por sua causa; deste modo nós nos premunimos contra a vaidade e o orgulho, que são como as parteiras do Egito, às quais o infernal faraó mandou matar os filhos varões dos judeus no mesmo dia de seu nascimento. Enfim, nós estamos crucificados para o mundo e o mundo deve ser crucificado para nós. Ele nos toma por loucos; consideremo-lo como um insensato.

Capítulo 2
É preciso dotar-nos de coragem

Por mais bela e suave que seja a luz, ela nos deslumbra os olhos se estivermos muito tempo na escuridão; e, por mais honestos e amáveis que sejam os habitantes de um lugar em que se é estranho, não se deixa de estar no começo um pouco embaraçado. Poderá, pois, acontecer, Filoteia, que esta grande separação das loucas vaidades do mundo e esta mudança de vida choquem o teu coração com um certo ressentimento de tristeza. Mas tem um pouco de paciência, eu te peço; tudo isso não é nada e passará com o tempo; foi a novidade que causou um pouco de admiração; espera e bem depressa voltarão as consolações. Tens saudades talvez da glória dos aplausos que os loucos motejadores do mundo davam às tuas vaidades; mas, ó meu Deus, queres perder a glória com que o Deus da verdade te coroará eternamente? Os vãos prazeres dos anos passados virão ainda adular o teu coração, para voltares atrás; mas queres tu renunciar às delícias da eternidade, por mesquinhezas enganadoras? Crê-me, se perseverares, verás em breve a tua perseverança recompensada com tão deliciosas consolações que hás de confessar que o mundo só tem fel, em comparação deste mel celeste, e que um só dia de devoção vale mais do que mil anos de uma vida mundana.

Consideras a altura da montanha de perfeição cristã e dizes: como hei de subir lá em cima? Coragem, Filoteia; as ninfas das abelhas, que estão começando ainda a tomar a sua forma, não têm ainda asas para ir colher o mel nas flores das montanhas e das colinas; mas, nutrindo-se pouco a pouco do mel que suas mães lhes prepararam, as asas lhes vão crescendo e tanto se fortificam que enfim tomam o voo até aos lugares mais elevados. Na verdade, nós nos devemos considerar como pequenas abelhas nos caminhos da devoção e não podemos adquirir a perfeição de uma vez, como quereríamos. Mas comecemos a trabalhar para isso, por nossos desejos e boas resoluções; esperemos que um dia teremos força bastante para chegarmos até lá; alimentemo-nos, nesse meio-tempo, com o mel suavíssimo de tantas instruções que os santos e santas nos deixaram e peçamos a Deus, com o profeta-rei, que nos dê as asas da pomba, a fim de que não somente nos elevemos à perfeição da vida presente, mas também ao repouso da bem-aventurança eterna.

Capítulo 3
Natureza das tentações; diferença entre o sentir e o consentir

Imagina, Filoteia, uma jovem princesa extremamente amada por seu esposo e que um jovem libertino pretende corromper e seduzir à infidelidade, por meio de um infame confidente que lhe envia para tratar com ela sobre o seu desígnio abominável. Primeiro, este confidente transmite à princesa esta proposta do seu amo; em seguida, a proposta lhe agrada ou desagrada; por fim, ela consente e a aceita ou a rejeita. Deste modo, o mundo, o demônio e a carne, vendo uma alma ligada ao Filho de Deus, como sua esposa, armam-lhe tentações, nas quais primeiramente o pecado lhe é proposto, depois ele lhe agrada ou desagrada e, por fim, ela lhes dá o seu consentimento ou as rejeita. Eis aí os degraus que conduzem à iniquidade: a tentação, o deleite, o consentimento; e, embora estas três coisas não se distingam evidentemente em todos os pecados, todavia aparecem sensivelmente nos pecados maiores.

Uma tentação, embora durasse toda a nossa vida, não nos pode tornar desagradáveis à Divina Majestade, se não nos agrada e não consentimos nela, porque na tentação nós não agimos, mas sofremos, e, como não nos deleitamos com ela, de nenhum modo incorremos em alguma culpa. Por longo tempo sofreu São Paulo tentações da carne e tão longe estava de se tornar com isso desagradável a Deus que, pelo contrário, muito o glorificou. A bem-aventurada Ângela de Foligno foi também atormentada tão cruelmente que causa pena ouvir contar. Nem menores foram as tentações de São Francisco e São Bento, quando aquele se lançou nos espinhos e este sobre a neve para as combater, e, entretanto, longe de fazê-lo perder a graça de Deus, só serviram para a aumentar muito.

É preciso, pois, Filoteia, ter grande coragem nas tentações e nunca se crer vencido, enquanto elas são desagradáveis, distinguindo bem entre o sentir e o consentir. Podemos senti-las, embora desagradem; mas não podemos consentir sem ter gosto nelas, porque o prazer é de ordinário um grau de consentimento. Ofereçam-nos, pois, os inimigos de nossa salvação tantos engodos e atrativos quantos quiserem; conservem-se sempre à porta do nosso coração, prontos para entrarem; façam-nos tantas propostas quantas quiserem; enquanto nos conservarmos na disposição de não nos deleitarmos com estas coisas, é impossível que ofendamos a Deus; do mesmo modo que o esposo da princesa mencionada acima não poderia de modo algum exprobrar-lhe a proposta que lhe fizeram, se ela a abomina e detesta. Existe contudo esta diferença entre a princesa e a alma: aquela pode mandar embora o intermediário, se o quer, sem lhe dar ouvidos, e a alma muitas vezes não se pode livrar de sentir as tentações, conquanto esteja sempre em seu poder não consentir. E esta é a razão por que uma tentação, por mais impertinente que seja, não nos pode causar nenhuma espécie de dano, enquanto nos desagrada.

Quanto ao deleite que pode seguir à tentação, é muito de notar que o homem tem em si como que duas partes, uma inferior e outra superior e que a inferior nem sempre se conforma à superior e atua muitas vezes separadamente desta. Disto decorre tão frequentemente que a parte inferior se deleita numa tentação sem o consentimento da parte superior e mesmo mau grado seu. Este é justamente o combate que São Paulo descreve, dizendo que *a carne deseja contra o espírito e que há uma lei dos membros e outra do espírito etc.*

Já viste, Filoteia, um grande braseiro de fogo coberto de cinzas? Vindo-se aí umas dez ou doze horas depois buscar fogo, só a muito custo é que se encontra alguma brasa restante; contudo, ainda há fogo aí, e essa brasa pode servir para acender os outros carvões apagados. Eis aí como a caridade, que é tua vida espiritual, subsiste em ti, apesar de todas as tentações: a tentação, pois, deleitando a parte inferior, sobrecarrega e cobre, por assim dizer, uma pobre alma com tantas disposições que lhe reduz o amor a Deus a bem pouca coisa. É só lá no fundo do coração que ele ainda subsiste e mesmo aí, às vezes, é só a custo que se encontra. Entretanto, ele aí está de um modo todo real, porque, apesar da perturbação geral da alma e do corpo, sempre se conserva a firme resolução de não consentir nem no pecado nem na tentação: o deleite que apraz ao homem exterior desagrada ao homem interior, e ainda que cerque, por assim dizer, a nossa vontade, o deleite não entra nela, e isso nos faz julgar que é involuntário e que, enquanto permanece assim, não pode ser pecado.

Capítulo 4
Dois belos exemplos sobre este assunto

É tão importante, Filoteia, que compreendas bem este ponto, que de bom grado vou explicá-lo um pouco mais. O mancebo citado por São Jerônimo achava-se deitado num leito muito macio, preso por cordões de seda, e foi tentado por todos os modos imagináveis por uma mulher impudica, da qual se serviram para abalar a sua constância; quanto devem ter sofrido os seus sentidos e a sua imaginação! Entretanto, no meio de tantas e tão horríveis tentações, ele testemunhava que seu coração não estava vencido e sua vontade não consentia de modo algum; pois sua alma, vendo tudo revoltado contra ela e até de seu corpo não tendo nenhuma parte à sua disposição, exceto a língua, ele a cortou com os dentes e a lançou no rosto daquela mulher vil, que lhe era mais cruel que os mais furiosos carrascos; inutilmente pensara o tirano vencer pelos prazeres esta alma nobre, que não pôde vencer pelos tormentos.

A história das tentações interiores e exteriores que Deus permitiu ao espírito maligno causar a Santa Catarina de Sena, contra o pudor, é simplesmente surpreendente e nada se pode imaginar de mais horrível do que o que ela sofreu neste combate espiritual, seja por sugestões do inimigo em sua imaginação e espírito, seja à vista das mais infames representações, que os demônios lhe faziam, de figuras humanas, seja ainda pelas mais abomináveis palavras desonestas.

Ora, conquanto todo este espetáculo detestável só lhe ofendesse os sentidos, todavia tanto o seu coração se agitava que ela mesma confessa que estava todo cheio e que nada mais lhe restava que não estivesse à mercê desta tempestade, exceto a parte racional de sua vontade. Estas provas duraram por muito tempo, até que afinal, aparecendo-lhe um dia o Senhor, ela lhe perguntou: "Onde estáveis, Senhor, quando meu coração se achava cheio de trevas e impurezas?"

Respondeu-lhe o Senhor: "Eu estava, minha filha, aí no teu coração mesmo". "E como – replicou ela – como podíeis habitar num tal coração?"

Então Nosso Senhor lhe perguntou se aquelas tentações tinham produzido em sua alma algum sentimento de prazer ou de tristeza, e amargura ou desgosto; e, como a santa lhe respondesse "de tristeza e amargura", Nosso Senhor lhe disse: "Quem produzia essa tristeza e amargura em tua alma senão eu, que aí estava escondido no fundo do teu coração? Sabe, minha filha, que, se eu não estivesse presente, estas tentações que cercavam tua vontade sem a poder vencer teriam sido recebidas com prazer e com pleno consentimento de teu livre-arbítrio, causando a morte à tua alma. Mas, estando eu presente, eu te dava esta força irresistível, com a qual te preservavas de cair em tentação; e, não podendo resistir tanto quanto querias, isso te causava um desgosto e ódio muito maiores contra a tentação e contra ti própria. Deste modo estes sofrimentos têm sido para ti uma fonte de aumento de virtudes, forças e merecimentos".

Eis aí, Filoteia, como este fogo estava coberto de cinzas e como a tentação com os seus atrativos tinham entrado neste coração e sitiado a vontade, a qual, sozinha, por auxílio da graça divina, resistia com amargura, desgostos e detestação de todo o pecado, recusando sempre o seu consentimento.

Ah! Que desolação para uma alma que ama a Deus nem sequer saber se Ele está ou não nela e se o amor divino, pelo qual ela combate, está ou não inteiramente extinto nela! Mas nisto consiste a sublimidade do amor celeste: de fazer combater o amante pelo amor, sem saber se tem o amor pelo qual combate.

Capítulo 5
Consolação para uma alma que se acha tentada

Filoteia, Deus só permite estas tentações violentas a almas que Ele quer elevar a uma grande perfeição de seu amor; mas não há para elas uma certeza que, tendo passado por estas provas, adquiram afinal esta perfeição, porque tem acontecido muitas vezes que alguns, não correspondendo em seguida fielmente à graça que os tinha feito combater com constância, sucumbiram tristemente a tentações muito mais leves.

Quero dizer-te, a fim de que, se te achares algum dia em provas tão penosas, te consoles com o desígnio que Deus tem em vista e, portanto, humilde em sua presença, nunca te creias em segurança contra as pequenas tentações, depois de ter superado muito maiores, para que sejas sempre fiel à sua graça e, se te sobrevier alguma tentação e sentires algum prazer nela, não te perturbes absolutamente enquanto a tua vontade recusar o seu consentimento a uma coisa e outra, porque de modo algum ofendeste a Deus.

Quando um homem cai sem sentidos e não dá nenhum sinal de vida, põe-se-lhe a mão sobre o coração e, se algum movimento se sente, por mais insignificante que seja, conclui-se daí que ainda está vivo e que se pode com algum remédio forte e eficaz restituir-lhe as forças.

Julguemos também assim da alma na violência das tentações que parecem às vezes consumir todas as suas forças. Examinemos se o coração e a vontade têm ainda algum movimento de vida espiritual, isto é, se a vontade recusa o seu consentimento à tentação e ao deleite; porque, enquanto notamos este movimento em nossa vontade, podemos estar certos de que a vida da caridade não está extinta e que Jesus Cristo, embora oculto, está presente em nossa alma; de modo que, pelo exercício contínuo da oração e recepção dos sacramentos e pela confiança em Deus, podemos recuperar todas as forças perdidas e viver para sempre em Deus, numa vida doce e perfeita.

Capítulo 6
Como a tentação e a deleitação podem ser pecados

A princesa de que vos tenho falado não pode ser censurada em vista do requesto que lhe fizeram, pois, como supusemos, foi inteiramente contra as suas intenções; mas ela teria culpa se, de qualquer modo que fosse, tivesse dado motivo para virem a este pensamento; eis aí como a tentação pode ser às vezes pecado, em razão de ser provocada. Por exemplo, um homem sabe que o jogo lhe excita facilmente a cólera e a cólera o faz blasfemar; logo, o jogo é para ele uma verdadeira tentação.

Afirmo que esse homem peca todas as vezes que jogar e que o tornam culpável as tentações que daí provêm. Outro sabe que a conversa com uma certa pessoa lhe é ocasião de quedas; logo, se a procura deliberadamente, tem culpa da tentação que pode seguir-se.

Podendo-se evitar a deliberação que a tentação produz, é sempre um pecado não o fazer, e mais ou menos considerável, conforme o prazer e o consentimento são maiores ou menores, demorados ou breves. Se a princesa supracitada não só escutasse a proposta desonesta que lhe enviaram, mas ainda sentisse prazer nisso, ocupando com ela a sua mente, tornar-se-ia, em consequência disso, muito repreensível, porque, embora não quisesse de modo algum que se realizasse, consentia que seu coração se ocupasse com estas coisas desonestas, tendo nisso prazer.

Ora, já preocupar-nos com a desonestidade é pecado, como se fosse por meio dos sentidos, e tanto assim que nisso consiste exatamente a desonestidade; de modo que não há pecado se aplicamos só os sentidos involuntariamente.

Logo que sentires uma tentação, examina se foste tu que a ocasionaste voluntariamente, porque já é um pecado pôr-se em risco de pecar; supõe isso que tenhas podido evitar razoavelmente a ocasião e que tenhas previsto ou devido prever a tentação que se seguiria; mas, se não deste motivo algum à tentação, absolutamente não te poderá ser imputada em pecado.

Quando, podendo, não se evita a deleitação causada pela tentação, há aí sempre alguma sorte de pecado, proporcional ao tempo em que se deteve com ela e segundo a causa que a ocasionou. Uma mulher que, não tendo dado ensejo a ser galanteada, sente contudo prazer em o ser, não deixa de ser repreensível se este prazer provém unicamente do galanteio. Ao contrário, se alguém que a quer seduzir tocar primorosamente o violino, de forma que o seu prazer não provém das adulações, mas da harmonia e suavidade dos sons, aí não haveria pecado nenhum para ela, conquanto não deva se deleitar por muito tempo com este prazer, pelo perigo que corre em senti-lo por ser galanteada. Do mesmo modo, se me fazem uma proposta muito ardilosa de me vingar de meus inimigos, sem que eu consinta ou me deleite com a vingança, mas sinta gosto no ardil e sutileza do artifício, sem dúvida eu não peco. Mas é perigoso que me detenha por muito tempo com este prazer, porque ele pouco a pouco me levaria a deleitar-me com a própria vingança.

Surpreendem-nos às vezes certas impressões de deleites que seguem imediatamente a tentação, quase antes que se note. Claro está que isso não passaria no máximo de um pecado venial; só no caso em que por negligência, uma vez conhecido distintamente o mal, ainda se estivesse aí demorando com uma decisão de consentimento ou recusa ou, pior ainda, se não se sentisse vontade alguma de rejeitá-lo, é que o pecado se poderia tornar mais grave; pois se voluntariamente e com deliberação se está resolvido a deleitar-se com algum objeto notavelmente mau, este mesmo desejo e propósito já constituem em si um grave pecado. Assim é gravemente culpável uma mulher que anda sempre a entreter amores pecaminosos, conquanto não queira se entregar a eles.

Capítulo 7
Meios contra as grandes tentações

Logo que notes uma tentação, imita as criancinhas que, vendo um lobo ou um urso, lançam-se ao seio do pai e da mãe ou ao menos os chamam em seu socorro. Recorre assim a Deus e implora o socorro de sua misericórdia: este é o meio que Nosso Senhor mesmo nos indica nas palavras: *Orai, para não cairdes em tentação*.

Se a tentação continua e se torna mais forte, abraça em espírito a santa cruz, como se estivesses vendo Jesus Cristo diante de ti; protesta-lhe que não hás de consentir; suplica-lhe que te defenda do inimigo e continua renovando esses protestos e súplicas até que passe a tentação.

Fazendo esses protestos, não penses tanto na tentação mesma, mas olha unicamente para Jesus Cristo; porque, detendo com Ele o teu espírito, poderia facilmente, se é forte, arrebatar o teu coração. Dá, pois, uma outra direção aos teus pensamentos, ocupando-te com alguma reflexão boa e louvável, que poderá também extinguir todo o deleite da tentação, pela posse que tomará de teu coração.

O grande meio de vencer todas as tentações, grandes e pequenas, é abrir o coração a um diretor espiritual, pondo-o a par das sugestões do inimigo e das impressões que deixam. O silêncio é, pois, a primeira condição que o inimigo impõe àquele que quer seduzir, à semelhança do libertino que, querendo seduzir uma mulher ou uma moça, antes de tudo lhe sugere ocultar tudo a seu marido ou a seu pai; conduta do demônio, inteiramente oposta à de Deus, que quer que até as suas inspirações sejam examinadas pelo confessor e pelos superiores. Se a tentação ainda continua, importuna, a nos perseguir e aborrecer, nada mais temos que fazer senão recusar com generosa constância o nosso consentimento. Uma pessoa nunca se poderá casar, enquanto diz que não; e também uma alma nunca poderá ser vencida por uma tentação, enquanto recuse o seu consentimento.

Não disputes com o inimigo e a todas as suas sugestões não lhe respondas senão com as palavras com que o Salvador o confundiu: *Retira-te, satanás, adorarás ao Senhor teu Deus e só a Ele servirás.*

Uma mulher honesta abandona honrosamente um homem desonesto, sem o olhar e sem lhe responder, voltando para o esposo o seu coração e renovando secretamente os sentimentos de fidelidade que lhe prometeu; a alma devota, atacada pelo inimigo, não deve estar aí e lhe dar respostas ou disputar com as tentações; basta-lhe voltar-se simplesmente para Jesus Cristo, seu esposo, e lhe protestar que lhe quer pertencer sempre e exclusivamente e com a mais perfeita fidelidade.

Capítulo 8
É preciso resistir às pequenas tentações

Ainda que tenhamos que combater contra as grandes tentações com ânimo inquebrantável e a vitória nos seja de suma utilidade, é todavia ainda mais útil combater as pequenas, cuja vitória por causa de seu número pode trazer tanta vantagem como a daqueles que venceram felizmente grandes tentações. Os lobos e os ursos são certamente mais para temer do que as moscas; as moscas, porém, são mais importunas e experimentam mais a nossa paciência. É fácil não cometer um homicídio; mas é difícil repelir continuamente os pequenos ímpetos da cólera, que se oferecem em todas as ocasiões. É fácil a um homem ou a uma mulher não cometer adultério, mas não há igual facilidade em assim conservar a pureza dos olhos, não dizer ou ouvir com prazer nada daquilo que se chama adulações, galanteios, não dar nem receber amor ou pequeninas provas de amizade.

É bem fácil não dar rival ao marido, nem rival à mulher, quanto ao corpo, mas não é assim fácil não o dar quanto ao coração. É bem fácil não manchar o tálamo nupcial, mas bem difícil manter ileso o amor conjugal. É fácil não furtar os bens do próximo, mas dificultoso é não os desejar e cobiçar. É fácil não levantar falsos testemunhos em juízo, mas difícil não mentir em conversa; fácil é não embriagar-se, difícil ser sempre sóbrio; é bem fácil não desejar a morte ao próximo, difícil contudo não desejar a sua incomodidade; fácil é não difamar alguém, mas é difícil não desprezar. Enfim, essas pequenas tentações de cólera, de suspeitas, de ciúmes, de invejas, de amizades tolas e vãs, de duplicidades, de vaidade, de afetação, de artifícios, de pensamentos maus, tudo isso, digo, forma o exercício cotidiano, mesmo das almas mais devotas e resolvidas a viver santamente. Por isso, Filoteia, ao passo que nos devemos mostrar generosos em combater as grandes tentações, quando aparecem, é muito necessário que nos preparemos cuidadosamente para as pequenas tentações, convictos de que as vitórias que obtivermos assim de nossos inimigos ajuntarão outras tantas pedras preciosas à coroa que Deus nos prepara no paraíso.

Capítulo 9
Meios contra as pequenas tentações

Quanto a essas tentações miúdas de vaidade, de suspeitas, de desgosto, de ciúmes, de inveja, de amizades sensuais e outras semelhantes tolices que, como moscas e mosquitos, vêm passar por diante de nossa vista, e agora picam-nos a face, logo mais o nariz, a melhor maneira de lhes resistir, já que é de todo impossível ficar livre dessa importunação, é não nos apoquentarmos com elas. Nada disso nos pode prejudicar, embora nos aborreça, uma vez que estejamos firmes na vontade de servir a Deus.

Despreza, pois, Filoteia, esses ligeiros ataques do inimigo e não penses mais neles, assim como nas moscas que deixas voar e voltejar ao redor de ti. E, quando os sentires, contenta-te simplesmente de repeli-los ocupando-te interior ou exteriormente com alguma coisa boa e especialmente com o amor de Deus.

Se me dás fé, não hás de combater essas tentações, senão indiretamente e não de um modo direto, como seja praticando as virtudes contrárias, porque seria demais estar aí a disputar contra o inimigo e não lhe responder.

Tendo, porém, o tempo para ver a qualidade da tentação e tendo-lhe oposto a virtude contrária, volve então o teu coração para Jesus Cristo crucificado, beija-lhe em espírito os pés, com todo o amor; é este o melhor modo de vencer o inimigo, tanto nas grandes como nas pequenas tentações; porque o amor de Deus, contendo em si todas as perfeições de todas as virtudes num grau muito elevado, é também o remédio mais salutar contra todos os vícios; e teu espírito, acostumando-se a recorrer nas tentações a esse remédio universal, não precisará examinar a qualidade das tentações e se acalmará deste modo. Simples, mas terrível para o espírito maligno, que se retira, quando vê que suas sugestões só servem para nós nos exercermos no amor de Deus.

Eis aí, pois, o que temos que fazer contra estas tentações pequenas, mas frequentes, em vez de examiná-las e combatê-las cada uma de per si; de outra forma ter-se-ia muito trabalho, nada conseguindo.

Capítulo 10
Modo de fortificar o coração contra as tentações

Considera de tempos em tempos que as paixões costumam mostrar-se principalmente em teu coração e, tendo-as conhecido, trata de estabelecer para ti normas de vida que lhes sejam inteiramente contrárias em pensamentos, palavras e obras. Por exemplo, se é a vaidade, pensa muitas vezes quantas misérias tem a vida humana, quanto sofrerá a tua consciência na hora da morte, por causa dessas vaidades, quanto são indignas de um coração generoso, devendo ser consideradas como brinquedos de criança.

Fala muitas vezes contra a vaidade e, embora te pareça que o fazes constrangida, não deixes de falar dela com desprezo, porque, à força de falar contra uma coisa, acabamos por odiá-la, embora a estimássemos muito a princípio; deste modo te obrigarás, mesmo em razão de tua honra, a tomar um partido contrário à vaidade.

Faze obras de abjeção e humildade tantas quantas puderes, embora te pareça que as praticas forçada; assim te exercitarás na humildade e recalcarás a vaidade; de modo que, sobrevindo a tentação, a tua inclinação já não será favorável e acharás em ti mesma mais força para a combater.

Se teu coração é propenso à avareza, pensa muitas vezes na insensatez desta paixão, que nos torna escravos daquilo mesmo que só foi feito para nos servir; pensa que na hora da morte hás de deixar tudo e quem sabe se em mãos de alguém que o há de dissipar e condenar-se ainda por cima.

Fala muitas vezes contra a avareza e louva o desprezo do mundo. Reage às vezes para dar esmolas ou deixar passar alguma ocasião propícia de ajuntar maiores bens.

Se te sentes inclinada a comércios amorosos, reflete frequentemente quanto perigo vai nisso para ti e para os outros, quão indigno é profanar essa mais nobre inspiração de tua alma, quanto manchará a tua fama esse modo leviano de vida.

Fala muitas vezes em louvor da pureza e simplicidade do coração. Faze, quanto está ao teu alcance, ações conforme esta virtude, evitando todas as maneiras afetadas e os galanteios.

Em tempo de paz, isto é, enquanto o inimigo não te tenta relativamente à tua má tendência, realiza continuadamente atos da virtude contrária; vai mesmo em busca de ocasiões, se é que elas não se apresentem por si. É deste modo que te premunirás contra as tentações futuras.

Capítulo 11
A inquietação

A inquietação não é simplesmente uma tentação, mas uma fonte de muitas tentações; por isso é necessário que diga algumas palavras sobre este assunto.

A tristeza não é mais do que o pesar que sentimos de algum mal de que somos vítima – seja ele exterior, como a pobreza, doenças, o desprezo; ou então interior, como a ignorância, securas espirituais, repugnâncias ao bem, tentações.

A alma, pois, ao sentir-se em vista de algum mal, sente desgosto nisso, e eis aí a tristeza. O desejo de livrar-se desse mal e de ter os meios necessários para isso a segue imediatamente; até aqui é razoável o nosso procedimento, porque todos fogem, por natureza, do mal e desejam o bem.

Se é pelo amor de Deus que a alma procura os meios de livrar-se de seus males, os procurará de certo com paciência e doçura, com humildade e tranquilidade, esperando este favor muito mais da amabilíssima providência de Deus do que de sua indústria, meios e trabalhos. Ao contrário, se é o amor-próprio que leva a procurar alívio, ele se revelará numa grande inquietação e desassossego, como se este bem dependesse mais dele do que de Deus. Não digo que o amor-próprio pense assim, mas age como se pensasse assim.

Caso não se encontre imediatamente o que se deseja, torna-se irrequieto e impaciente; e, como essas inquietações, longe de aliviar o mal, o aumentam ainda por cima, a alma é dominada por uma grande tristeza, que, perdendo ao mesmo tempo a coragem e a força, faz com que os males cresçam sem remédio.

Estás vendo, pois, que a tristeza, por mais justa que seja ao princípio, produz inquietações, e estas, por sua vez, tanto podem aumentar a tristeza que ela se torne extremamente perigosa.

A inquietação é o maior mal da alma, com exceção do pecado; assim, pois, como as sedições e as revoluções civis de um Estado o desolam inteiramente e o impedem de resistir aos inimigos exteriores, também o espírito inquieto e perturbado não tem força bastante nem para conservar as virtudes adquiridas, nem para resistir às tentações do inimigo, que envida então todos os seus esforços para pescar, como se diz, em águas turvas.

Provém o desassossego de um desejo desregrado de se livrar de um mal que se sente ou de adquirir um bem que se não possui; e no entanto nada há que mais aumente o mal e dificulte a aquisição do bem que exatamente a inquietação e a precipitação; assim como acontece aos passarinhos que, caindo numa armadilha, tanto mais se emaranham quanto mais se mexem.

Ao sentires, portanto, o desejo de te subtraíres a algum mal ou de alcançar algum bem, antes de tudo procura acalmar-te, tranquiliza teu espírito e teu coração, e só então segue o movimento do teu desejo, empregando calmamente e com ordem os meios conducentes ao teu intento. Dizendo, porém, calmamente, não entendo com isso negligentemente, mas sem precipitação e desassossego; de outra forma, longe de adquirir os teus intentos, perderias o tempo, só conseguindo te embaraçar mais e mais.

Minha alma, Senhor, está sempre em minhas mãos e não tenho esquecido vossa lei, dizia Davi. Examina, Filoteia, mais de uma vez ao dia, principalmente pela manhã e à noite, se tens, como ele, a alma entre as mãos ou se alguma paixão ou desassossego ta arrebatou. Considera se o teu coração ainda se submete sempre ao teu domínio ou se ele se tem escapulido de tuas mãos para se entregar a amores desregrados, à raiva, à inveja, à avareza, ao temor, à tristeza, à alegria; e se ele tem escapado, vai logo em sua procura e reconduze-o brandamente à presença de Deus, submetendo todos os teus afetos e todos os teus desejos à obediência e beneplácito de sua divina vontade. À semelhança daqueles que, temendo perder alguma coisa que lhes é muito preciosa, a guardam sempre em suas mãos, também nós, imitando o profeta-rei, devemos dizer continuamente: *Ó meu Deus, minha alma está em perigo de perder-se; por isso eu a trago sempre em minhas mãos e isso me impede de es-*

quecer-me de vossa santa lei. Jamais te deixes inquietar por teus desejos, por poucos e insignificantes que sejam; porque aos pequenos seguirão os grandes, que acharão o teu coração bem disposto à tristeza e ao desregramento. Sentindo-te, pois, inquieta, recomenda-te a Deus e toma a resolução de nada fazer daquilo que o desejo pede, se é que se possa adiar, enquanto não passar todo o desassossego; se a demora, porém, for prejudicial, então esforça-te suavemente para reprimir ou moderar o teu desejo e faze então o que pensas que a razão e não o que o desejo exige de ti.

Se te é possível descobrir o teu desassossego ao teu confessor ou ao menos a um amigo confidente ou devoto, acharás imediatamente a calma, porque esta expansão de um coração agitado e inflamado o alivia tanto como uma sangria atenua a violência da febre de um doente; este é o melhor remédio para o coração. Sim, diz o Rei São Luís a seu filho, tendo alguma coisa que te pese no coração, confia-a imediatamente ao teu confessor ou a alguma pessoa devota, porque a consolação que receberes te ajudará a suportar mais suavemente os teus trabalhos.

Capítulo 12
A tristeza

A tristeza que é segundo Deus, diz São Paulo, *produz para a salvação uma penitência estável, mas a tristeza do século produz a morte.*

A tristeza pode, pois, ser boa ou má, conforme os diversos efeitos que em nós opera; mas em geral ela opera mais maus do que bons, porque os bons são só dois: a misericórdia e a penitência; e os maus são seis: o medo, a indignação, o ciúme, a inveja, a impaciência e a morte; pelo que diz o sábio: *a tristeza mata a muitos e a ninguém aproveita.*

O inimigo serve-se da tristeza para tentar os bons até em suas boas obras, como se esforça também por levar os maus a se alegrarem de suas más ações; e, como ele não pode nos seduzir ao mal senão fazendo-o parecer agradável, assim também não nos pode apartar do bem senão fazendo-o parecer incômodo. Pode dizer-se que, sendo ele mesmo acabrunhado de uma tristeza desesperadora por toda a eternidade, quer que todos os homens sejam tristes como ele.

A má tristeza perturba a alma, inquieta-a, inspira temores desregrados, tira o gosto da oração, traz ao espírito uma sonolência de morte, impede-a de tirar proveito dos bons conselhos, de tomar resoluções e ter o ânimo e a força de fazer qualquer coisa. Numa palavra, ela produz nas almas as mesmas impressões que o frio excessivo nos corpos, que *se tornam hirtos e incapazes de se mover.*

Se fores algum dia, Filoteia, acabrunhada por essa má tristeza, lembra-te destas regras:

Se alguém de vós está triste, diz São Tiago, *pois que ele reze.* E, com efeito, a oração é um remédio salutar contra a tristeza porque eleva o nosso espírito a Deus, que é a nossa alegria e consolação.

Emprega em tuas orações essas palavras e afetos que inspiram maior confiança em Deus e em seu amor: Ó Deus de misericórdia! ó Deus infinitamente bom! meu benigníssimo Salvador! ó Deus de meu coração, minha alegria e minha esperança! ó caro Esposo de minha alma! ó Dileto de meu coração!

Combate animosamente qualquer inclinação que tenhas para a tristeza e, embora te pareça que combates fria e negligentemente, não o deixes de fazer; porque o inimigo, que nos quer dar essa indiferença e tibieza para as boas obras, cessará de nos afligir, vendo que, sendo elas feitas com repugnância, têm tanto mais valor.

Consola-te com algum canto espiritual; muitas vezes têm eles servido para interromper o curso das operações do espírito maligno; sirva de exemplo Saul, a quem Davi, com os suaves acordes de sua harpa, livrou do demônio, que o assediava ou possuía.

Será bom ocupar-se com alguma ocupação exterior e variar de ocupações, seja para subtrair a alma aos objetos que a entristecem, seja para purificar e aquecer o sangue e os humores; porque a tristeza é uma paixão de natureza fria e seca.

Faze algumas ações de fervor, mesmo sem gosto algum, tomando nas mãos o crucifixo, apertando-o ao peito, beijando os pés e as mãos do Salvador, levantando os olhos e as mãos ao céu, elevando a voz a Deus, com palavras de amor e confiança, como as seguintes: *Meu amado é meu e eu sou dele. Meu amado é um ramalhete de mirra em meu coração. Meus olhos desfalecem de atentos à tua palavra, ó meu Deus, dizendo: Quando me consolarás?*

Ó Jesus, sede meu, Jesus! Viva Jesus e minha alma viverá! *Quem me separará do amor de meu Deus?*

O uso moderado da disciplina é um bom meio contra a tristeza, porque este sofrimento exterior traz ordinariamente a consolação interior, e a alma, sentindo alguma dor externa, presta menos atenção às internas. Mas o melhor de tudo é a comunhão frequente, porque este pão celeste fortifica e alegra o espírito.

Narra a teu diretor com humilde sinceridade a tua tristeza e todos os afetos e mais sugestões que daí provenham e procura falar tanto quanto puderes com pessoas espirituais. Enfim, resigna-te à vontade de Deus, preparando-te a sofrer com paciência essa tristeza enfadonha como um justo castigo de tuas vãs alegrias e não duvides que Deus, depois de ter provado o teu coração, venha em teu auxílio.

Capítulo 13
As consolações espirituais e sensíveis e como nos devemos portar nelas

Deus só conserva a existência deste grande mundo por uma contínua alternativa de dias e noites, de estações que se vão sucedendo umas às outras e de diferentes tempos de chuvas e de secas, de um ar tranquilo e sereno e de vendavais e tempestades, de modo que quase não há um dia igual ao outro: admirável variedade, que tanto contribui para a beleza do universo!

O mesmo se passa no homem, que, na expressão dos antigos, é um mundo abreviado. Nunca ele está no mesmo estado e sua vida passa sobre a terra como as águas de um rio, numa contínua variação de momentos, que ora o levantam a grandes esperanças, ora o abatem ao temor, já o inclinam à direita com a consolação, já à esquerda com a tristeza, de sorte que nunca um de nossos dias, nem mesmo uma hora sequer é inteiramente igual à outra.

Cumpre-nos, pois, conservar, no meio de tamanha desigualdade de acontecimentos e acidentes, uma igualdade contínua e inalterável do coração e, de qualquer modo que as coisas variem e se movam ao redor de nós, permaneceremos sempre imóveis e fixos nesse único ponto de nossa felicidade, que é ter somente a Deus em vista, ir a Ele e aceitar só de suas mãos todas as coisas.

O navio pode tomar qualquer rumo que se lhe der, pode navegar para o Oriente ou para o Ocidente, para o sul ou para o norte, com qualquer vento que seja, mas a bússola, que deve dirigir a sua rota, estará sempre apontando para a estrela polar.

Revolucione-se tudo em volta de nós mesmos, isto é, esteja nossa alma triste ou alegre, em amargura ou em consolação, em paz ou tribulações, em trevas ou em luzes, em tentações ou calma, nas delícias da devoção ou em securas espirituais; seja ela como uma terra ressecada pelo sol ou refrigerada pelo orvalho: ah! sempre é necessário que nosso coração, espírito e vontade tendam invariável e continuamente para o amor a Deus, seu Criador, seu Salvador, seu único e soberano bem. *Ou vivamos ou morramos, somos de Deus; e quem nos separará de seu amor?*

Não, nada nos poderá separar jamais: nem as tribulações, nem angústias, nem a morte, nem a vida, nem as dores presentes, nem o temor das futuras, nem as ciladas do espírito maligno, nem as mais altas consolações, nem a confusão das humilhações, nem a ternura da devoção, nem as securas do espírito, nada de tudo isso nos deve separar jamais da caridade santa, que é fundada em Jesus Cristo.

Essa resolução absoluta de nunca abandonar a Deus e a seu amor serve de contrapeso para nossa alma, a fim de dar-lhe uma santa invariabilidade no meio de tanta variedade de acidentes anexos à nossa vida; assim como as abelhas agitadas pelo vento apanham pedrinhas para se poderem librar melhor nos ares e lhe resistir mais facilmente, a nossa alma, tendo-se consagrado a Deus por uma viva resolução de o amar, permanece sempre a mesma no meio das vicissitudes das consolações e tribulações espirituais e temporais, interiores e exteriores.

Mas, além desta instrução geral, é necessário dar algumas regras particulares:

1. A devoção não consiste nessa suavidade nem nas consolações sensíveis e nesse doce

enternecimento do coração, que o excitam às lágrimas e aos suspiros e que tornam nossos exercícios espirituais uma ocupação agradável.

Não, Filoteia, a devoção e as doçuras não são a mesma coisa, porque muitas almas há que, sentindo essas doçuras, não renunciam a seus vícios e, portanto, não possuem um verdadeiro amor a Deus e muito menos uma verdadeira devoção.

Saul, perseguindo a Davi até ao deserto, para o matar, entrou sozinho numa caverna em que Davi estava escondido com os seus; facilmente poderia este desfazer-se de seu inimigo, mas não quis nem sequer lhe causar medo, contentando-se em o chamar depois que saíra da gruta, para fazer ver o que lhe poderia ter feito e para lhe dar ainda esta prova de sua inocência. Pois bem, o que não fez Saul para mostrar a Davi quanto seu coração estava enternecido! Chamou-o seu filho, chorou copiosamente, louvou a sua benignidade, rezou a Deus por ele, publicou altamente que ele reinaria depois de sua morte e lhe recomendou a sua família. Poderia ele manifestar maior doçura e ternura de coração? Contudo o seu coração não estava mudado e ele não deixou de perseguir cruelmente a Davi. Do mesmo modo, pessoas há que, considerando a bondade de Deus e a paixão de Nosso Senhor, sentem-se com o coração enternecido a ponto de verterem muitas lágrimas e soltarem suspiros nas orações e ações de graça muito sensíveis, dando a aparência de uma grande devoção. Mas, se as pomos à prova, bem depressa se verá que são as chuvas de verão, que, passageiras, caem em torrente sobre a terra, mas não a penetram e só servem para produzir cogumelos; ver-se-á, digo, que essas lágrimas tão ternas caem num coração viciado e não o penetram, são-lhe inteiramente inúteis, porque essas pessoas não largariam nem um ceitil de todos os bens injustos que possuem, não renunciariam à menor de suas más inclinações e não sofreriam o mais leve incômodo pelo serviço de Jesus Cristo, pelo qual tanto choravam; todos esses bons movimentos do coração não passaram de falsos sentimentos de devoção, semelhantes aos cogumelos, que são um produto falso da terra. Ora, o que é mais deplorável é que uma alma enganada por esses artifícios do inimigo se entretenha com essas consolações mesquinhas e viva por aí satisfeita, sem aspirar a uma devoção sólida e verdadeira, que consiste numa vontade constante, pronta e ativa de fazer o que se sabe que agrada a Deus. Uma criança entra em choro desfeito, vendo tirar sangue de sua mãe; mas, se ao mesmo tempo a mãe lhe pede uma bagatela qualquer que tem nas mãos, não lha quer dar. Semelhantes são a maior parte de nossas ternas devoções, quando, vendo o coração de Jesus crucificado e traspassado de uma lança, vertemos muitas lágrimas. Ah! Filoteia, é bom chorar a morte e paixão dolorosas de nosso Pai e Salvador; mas por que então não lhe dar o nosso coração e amor, que esse querido Redentor está pedindo? Por que não lhe sacrificamos essas inclinações, satisfações e complacências, que Ele nos quer arrancar do coração e com as quais preferimos nos deliciar do que com a sua graça divina? Ah! não passam de amizades de crianças ternas, mas fracas, fantásticas e sem efeito, que procedem de uma compleição débil e suscetível a movimentos que se quer ter, ou às vezes a impressões artificiosas do inimigo sobre a nossa imaginação.

2. Esses afetos ternos e doces são às vezes, todavia, muito úteis; dão à alma o gosto

pela piedade, confortam o espírito e ajuntam à prontidão da devoção uma santa alegria, que torna nossas ações, mesmo exteriormente, mais belas e agradáveis; é o gosto que se tem pelas coisas divinas, do qual fala Davi:

Certamente a menor consolação que a devoção nos dá vale mais, em todos os sentidos, do que os prazeres mais raros do mundo. É o leite que nos lembra os favores do Divino Esposo e que a Escritura prefere ao vinho mais excelente; quem a saboreou uma vez só acha fel e absinto em todas as consolações humanas.

Sim, como aqueles que trazem na boca um pouco de erva cítica sentem tão grande doçura que não têm mais fome nem sede, do mesmo modo aqueles a quem Deus tem dado o maná das consolações celestes e interiores já não podem desejar ou saborear as da terra e muito menos aí apegar e ocupar o seu coração.

São pequeninos antegostos dos gozos eternos que Deus faculta às almas que o procuram, como uma mãe que atrai o seu filho com doces ou como o médico que fortifica o coração de uma pessoa fraca por essas águas chamadas cordiais; e são também às vezes penhores da recompensa eterna do seu amor. Conta-se que

Alexandre Magno, viajando por mar, pressentiu que já não estava longe da Arábia Feliz, pelo odor suavíssimo que penetrava nos ares, o que muito contribuiu para animar a sua frota; eis aí como as suavidades da graça, entre todas as tempestades desta vida mortal, nos fazem pressentir as delícias inefáveis da pátria celeste, às quais aspiramos.

3. Mas, poderás dizer, se há consolações sensíveis e boas, que vêm de Deus, e outras inúteis, perigosas e mesmo prejudiciais, que procedem de nossa compleição ou vêm do inimigo, como é que as poderemos distinguir?

É um princípio geral, Filoteia, que podemos conhecer as nossas paixões por seus efeitos, assim como se conhecem as árvores por seus frutos. O coração que tem boas inclinações é bom, e as inclinações são boas se produzem boas obras. Conclui, pois, deste princípio que, se as consolações nos tornam mais humildes, pacientes e caritativos, mais sensíveis ao sofrimento do próximo, mais tratáveis, mais fervorosos em mortificar as nossas paixões, mais assíduos em nossos exercícios, mais dispostos à obediência, mais simples em todo o nosso procedimento; conclui, digo,

Filoteia, que indubitavelmente elas vêm de Deus; mas, se essas ternuras só têm doçura para nós e nos tomam curiosos, rancorosos, excitados, impacientes, teimosos, vaidosos, presunçosos, severos para com o próximo, e se, já pensando que somos santos, não nos queremos sujeitar à direção e à correção de outrem, podes concluir que são, sem dúvida, consolações falsas e perniciosas. Uma árvore boa só produz bons frutos.

4. Sentindo essas suaves consolações, antes de tudo é necessário:

1. Que nos humilhemos muito diante de Deus. Livremo-nos de dizer por causa dessas doçuras: Oh! que bom sou eu! Não, Filoteia, isso não nos torna melhores do que somos, porque, como disse, a devoção não consiste nisso. Digamos antes: *Oh! como Deus é bom para os que esperam nele, para a alma que o procura!* Quem tem açúcar na boca não pode dizer que sua boca seja doce; do mesmo modo, ainda que a consolação seja muito boa e que Deus, que a concede, seja a mesma bondade, daí não se deduz que quem a recebe seja bom também.

2. Reconheçamos que somos ainda criancinhas que precisam de leite, como diz São

Pedro, porque, fracos e débeis, não podemos aguentar um alimento mais forte; e que são necessárias essas doçuras para nos atraírem ao amor de Deus.

3. Humilhando assim a nós mesmos, tenhamos em grande estima essas graças, não pelo que valem em si mesmas, mas porque vêm das mãos de Deus, que as opera em nosso coração; uma criança, se tivesse juízo, estimaria muito mais as carícias de sua mãe, que lhe põe balas na boca, do que essas balas. Assim, Filoteia, é muito ter essas boas consolações; mas muito maior ainda é que Deus queira aplicar sua mão amorosa sobre o nosso coração, sobre o nosso espírito, e sobre a nossa alma, para as produzir.

4. Tendo-as recebido assim humildemente, empreguemo-las cuidadosamente segundo a intenção daquele que no-las dá. Pois essas doçuras não as dá Deus para nos fazer suaves com todos e mais amorosos para com Ele? A mãe dá uma bala ao filhinho para que ele a beije. Beijemos, pois, este Salvador que nos dá tantas doçuras. E beijar o Salvador é obedecer-lhe, observar os seus mandamentos, fazer a sua vontade, seguir os seus desejos, numa

palavra, abraçá-lo ternamente com obediência e fidelidade. Portanto, quando recebermos alguma consolação espiritual, é preciso que nesse dia sejamos mais diligentes em praticar o bem e em nos humilharmos.

5. Além disso, é necessário renunciar de vez em quando a essas disposições doces e ternas, sobressaindo nosso coração ao prazer que daí procede e protestando que, embora as aceitemos com humildade e estimemos como dons de Deus e atrativos de seu amor, não procuramos as consolações, mas o Consolador, não a doçura, mas o espírito suave de Deus, não as ternuras sensíveis, mas aquele que faz as delícias do céu e da terra; que só procuramos, numa palavra, unicamente a Deus e a seu santo amor, prontos a nos conservarmos no amor de Deus, mesmo que não tenhamos consolação alguma por toda a nossa vida; indiferentes a dizer assim no Tabor como no Calvário: *Bom é para mim, Senhor, estar convosco em toda parte em que estiverdes, quer na cruz, quer na vossa glória.*

6. Enfim, eu aconselho que, se essas consolações, sensibilidades e lágrimas de alegria forem muito abundantes e te acontecer al-

guma coisa de extraordinário nesse estado, o manifestes fielmente a teu diretor, para aprenderes como te deves servir delas e moderá-las; porque está escrito: *Achando o mel, come só o suficiente.*

Capítulo 14
Securas e esterilidades espirituais

Esse tempo tão belo e agradável não durará muito, Filoteia; perderás tanto, às vezes, o gosto e o sentimento da devoção, que tua alma se parecerá com uma terra deserta e estéril, onde não verás nem um caminho, nem uma vereda para ir a Deus e onde as águas salutares da graça não correrão mais para a regar no tempo da seca, o que a tornará árida e desolará completamente. Ah! bem digna de compaixão é a alma neste estado, sobretudo se o mal é violento; porque então ela se nutre de lágrimas, como Davi, dia e noite, enquanto o inimigo lhe diz por escárnio, para a levar ao desespero: Ah! miserável, onde está teu Deus? Por que caminho o poderás achar? Quem te poderá dar jamais as alegrias da graça?

Que farás, nesse tempo, Filoteia? Vai à fonte do mal. Muitas vezes essas esterilidades e securas se originam de nós mesmos.

1. Como uma mãe tira o açúcar a seu filho atacado de vermes, também Deus nos priva das consolações de sua graça logo que começam a dar origem a uma complacência vã e suntuosa, que é o verme da alma. *É bom para mim, meu Deus, que me humilhaste; porque, antes de me humilhares, eu te ofendi*, dizia o profeta-rei.

2. Quando omitimos, por negligência, de fazer algum bem ou não usamos prontamente das suavidades e delícias do amor de Deus, ele se retira e nossa negligência é castigada, como os israelitas preguiçosos que, não indo recolher o maná logo cedo, já o achavam derretido aos primeiros raios de sol.

3. A Esposa dos Cantares, deitada indolentemente em seu leito, não quis se incomodar para ir abrir a porta a seu Esposo e perdeu a doçura de sua presença; eis aí o que nos acontece também. Tontos que estamos com as consolações sensuais e passageiras, não queremos nos privar delas para nos dar aos exercícios espirituais. Jesus Cristo que pede entrada em

nosso coração por suas inspirações, retira-se e nos deixa continuar a dormir, e depois, quando o formos procurar, muito trabalho temos em o achar; trabalho este que é um justo castigo do desprezo infiel que temos dado a seu amor, para seguir os atrativos do amor mundano. Ah! pobre alma, tens feito provisão da farinha do Egito, não recebes o maná do céu. As abelhas odeiam todo o perfume artificial e as suavidades do Espírito Santo são incompatíveis com as delícias artificiais do mundo.

4. A dobrez e fingimentos nas confissões e conferências espirituais com o diretor provocam as securas e esterilidades, porque é justo que, tendo mentido ao Espírito Santo, seja-se privado de suas consolações. Não queres ir a teu Pai celeste com a sinceridade e simplicidade de um filho e não poderás receber as doçuras paternas.

5. Teu coração está cheio e saciado dos prazeres do mundo; que admira, pois, que não sintas gosto para as alegrias espirituais? Não diz o antigo provérbio que as pombas saciadas acham as cerejas amargas? *Deus encheu de bens os que tinham fome* – dizia a Santíssima Virgem – e *aos ricos despediu vazios*, porque os

que se regozijam de prazeres mundanos não são capazes de saborear os espirituais.

6. Tens conservado o fruto das primeiras consolações? Se assim for, receberás ainda mais, *porque se dará àquele que já tem alguma coisa; e a respeito daquele que não tem o que lhe foi dado, porque perdeu, ser-lhe-á tirado mesmo o que não possui*, isto é, será privado mesmo das graças que estavam preparadas para si. É muito verdade que a chuva vivifica as plantas ainda viridentes, mas consome e destrói inteiramente as que já o não são.

Por estas e outras razões semelhantes perdemos as consolações do serviço de Deus e caímos num estado de aridez e esterilidade de espírito e muito nos devemos examinar sobre estas faltas, mas sem inquietação e curiosidade. Se, depois de um bom exame, achamos em nós mesmos alguma fonte deste mal, devemos agradecer a Deus, tanto mais que o mal já está curado parcialmente, se lhe descobrimos a causa. Se, ao contrário, não te parece teres dado ensejo algum a essa secura, não te esforces mais em procurar a sua causa e observa com toda a simplicidade o que te vou dizer aqui.

1. Humilha-te profundamente na presença de Deus, reconhecendo o teu próprio nada e as tuas misérias e dizendo: Ah! que sou eu quando sigo a mim mesma? Nada mais, Senhor, do que uma terra seca e escampada, que tanto necessita de chuvas e que o vento reduz a areia.

2. Invoca o santo nome de Deus e pede-lhe a suavidade da graça: *Dai-me, Senhor*, a alegria salutar de vosso espírito. Meu Pai, se é possível, afastai de mim este cálice, Vós, ó Jesus, que tendes imposto silêncio aos ventos e aos mares, contende este vento infrutuoso, que resseca minha alma, e mandai-lhe a aprazível e vivificante brisa do meio-dia, que pede vossa esposa para espalhar por toda parte os perfumes das plantas aromáticas do seu jardim.

3. Vai ter com o teu confessor; expande-lhe teu coração, faze-lhe ver todas as dobras de tua alma e segue seus conselhos com humilde simplicidade; porque Deus, que ama infinitamente a obediência, abençoa muitas vezes os conselhos que recebemos do próximo e, sobretudo, daqueles a quem confiou a direção das almas, mesmo sem esperança de um êxito feliz. Foi isso o que aconteceu a

Naamã, que ficou limpo da lepra em se banhando no Jordão, como o Profeta Eliseu lhe tinha mandado, sem nenhuma razão natural que parecesse aceitável.

4. Mas, depois de tudo, nada é tão útil do que não desejar com inquietação e sofreguidão o fim desse sofrimento e abandonar-se inteiramente à Providência Divina, para suportar enquanto for esta a vontade de Deus. Digamos, pois, no meio dos desejos lícitos de sermos libertados e no meio dos espinhos que sentimos: *Ó meu Pai, se é possível, fazei passar este cálice*; mas ajuntemos animosamente: *Entretanto, faça-se a vossa vontade e não a minha*; e aquietemo-nos com toda a tranquilidade possível. Deus, vendo-nos nesta santa indiferença, nos consolará pelas graças mais necessárias, do mesmo modo que, vendo Abraão disposto a sacrificar seu filho, contentou-se com esta resignação à sua vontade e o consolou pela alegre visão e com a bênção que lhe deu para toda a sua posteridade. Devemos, pois, em qualquer aflição corporal ou espiritual, nas distrações e privações da devoção sensível, dizer de todo o coração e com profunda submissão: O Senhor me deu esta consolação, o Senhor ma tirou; bendito seja o seu

santo nome. E, perseverando nós nesta humilde disposição, Ele nos prodigalizará suas graças preciosas; foi o que aconteceu com Jó, que assim falava em todas as suas desolações.

5. Não percamos a coragem, Filoteia, neste lastimoso estado; esperemos com paciência a volta das consolações, sigamos direito o nosso caminho, não omitamos nenhum dos exercícios de devoção, multipliquemos até as nossas boas obras. Ofereçamos a Nosso Senhor o nosso coração, por mais árido que esteja; ser-lhe-á tão agradável como se estivesse desfazendo-se em suavidade, uma vez que tenha seriamente determinado amar a Deus.

Diz-se que, quando a primavera é bela, as abelhas trabalham muito para fazer o mel e se multiplicam pouco; e que, quando ela é triste e sombria, multiplicam-se mais e fazem menos mel.

Assim acontece muitas vezes, Filoteia, que a alma, vendo-se na bela primavera das consolações celestes, tanto se ocupa em as saborear que, na abundância das delícias celestiais, faz muito menor número de boas obras; ao contrário, vendo-se ela privada das doces disposições da devoção sensível, multiplica suas obras, enriquece-se mais e mais em suas verdadeiras virtudes, como a paciência, humildade, abjeção de si mesma, resignação, abnegação de seu amor-próprio.

Grande é, pois, o erro de muitas pessoas, principalmente mulheres, que creem que o serviço prestado a Deus sem gosto, sem ternura de coração, seja menos agradável a sua divina majestade; pois que, como as rosas que, estando mais frescas, parecem mais belas, mas têm menos perfume e força do que quando estão secas, assim também a ternura torna as nossas ações mais agradáveis a nós mesmos, julgando-se pela deleitação que produzem; têm, entretanto, muito mais suave odor para o céu e são de muito maior merecimento diante de Deus, feitas num estado de secura espiritual.

Sim, Filoteia, nossa vontade entrega-se então ao serviço de Deus, apesar de todas as repugnâncias e, por conseguinte, é necessário que empregue mais força e constância do que no tempo de uma devoção sensível.

Não merece grande louvor servir a um príncipe nas delícias da paz e da corte; mas servi-lo em tempos tumultuosos e de guerra é um sinal de fidelidade e constância. A bem-

-aventurada Ângela de Foligno diz que a oração mais agradável a Deus é aquela que se reza contrafeito, isto é, aquela que fazemos não por gosto e por inclinação, mas reagindo para vencer a repugnância que aí achamos devido à nossa secura espiritual.

O mesmo penso também de todas as boas obras; porque, quanto maiores empecilhos, sejam interiores, sejam exteriores, encontramos, tanto mais merecem diante de Deus. Quanto menor é o nosso interesse particular na prática das virtudes, tanto mais resplandece a pureza do amor divino.

A criança beija facilmente a sua mãe, quando esta lhe dá açúcar; mas isto seria um sinal de uma grande afeição se o fizesse depois que ela lhe tivesse dado absinto ou sumo amargo de aloés.

Capítulo 15
Frisante exemplo para esclarecimento da matéria

Para tornar mais evidente o que deixamos dito, vou narrar aqui um belíssimo passo da vida de São Bernardo assim como o li num autor tão sábio quão judicioso. "É coisa comum, diz ele, a todos aqueles que começam a servir a Deus e que não têm ainda experiência das vicissitudes da vida espiritual, perderem logo todo o ânimo e caírem numa grande pusilanimidade, porque lhes faltam o gosto da devoção sensível e as iluminações agradáveis pelas quais corriam nas vias do Senhor".

E eis aqui a razão apresentada por aqueles que têm grande experiência na direção das almas. O homem não pode viver por muito tempo sem algum prazer ou desta terra ou do céu.

Ora, como as almas que, pelo gosto dos prazeres superiores à natureza, elevaram-se acima de si mesmas renunciaram facilmente aos bens sensíveis e visíveis, acontece às vezes que, privando-as Deus das alegrias salutares de seu espírito, desprevenidas, como estão, de todo o consolo temporal e não sendo ainda bastante fortes para esperar com paciência a volta do sol da justiça, parece-lhes que não estão nem no céu nem na terra e que vivem cercados das trevas de uma noite perpétua; assemelham-se às crianças desmamadas, que choram, gemem e se tornam enfadonhas e insuportáveis a todo o mundo e principalmente a si mesmas.

Foi exatamente isto o que aconteceu numa das viagens de São Bernardo a um religioso chamado Godofredo de Péronne, o qual se tinha consagrado, havia pouco, ao serviço de Deus. Privado subitamente de toda a consolação e envolto em trevas espirituais, começou ele a recordar-se de seus amigos, do mundo, de seus pais e de seus bens. Seguiu-se uma tentação tão violenta que um dos seus mais íntimos confidentes a notou pelos seus gestos e, chamando-o à parte, disse-lhe em segredo e com muita brandura: Que significa isso, Godofredo? Qual a causa por que te vejo, contra o teu costume, tão pensativo e triste? – Com um profundo suspiro respondeu ele: ó meu irmão, jamais em minha vida terei alegria. – O amigo, tocado de compaixão e de um verdadeiro zelo de caridade fraterna, foi imediatamente comunicar isso ao seu pai comum, São Bernardo. Dirigiu-se logo este santo à igreja vizinha, para rezar pelo pobre aflito, que de tão triste se deitara sobre uma pedra e adormecera. Quando o santo, daí a pouco, saiu da igreja, acordou o religioso com o rosto tão risonho e um ar tão tranquilo que o amigo, admirado de tamanha e tão rápida mudança, não pôde deixar de repreendê-lo um pouco por causa da resposta que pouco antes lhe tinha dado; ao que replicou Godofredo: Oh! se eu disse que jamais em minha vida eu teria alegria, asseguro-te agora que nunca mais terei tristeza por toda a minha vida.

Esta foi, pois, a tentação. Mas, Filoteia, será bom refletires um pouco sobre ela.

1. Deus faz saborear as delícias celestes de ordinário àqueles que entram em seu serviço, para desprendê-los dos prazeres do século e para assegurar o seu coração nos caminhos de seu amor, como uma mãe que se serve do mel para acostumar o seu filhinho a amamentar-se.

2. Entretanto, depois de algum tempo, tira-lhes Deus o leite e o mel segundo as sábias disposições de sua misericórdia, para os acostumar a um alimento mais sólido, isto é, a fim de fortificar a devoção por prova de desgostos e tentações.

3. Levantam-se às vezes grandes tentações no meio das securas e esterilidades do espírito, e aqui é necessário distinguir bem; porque as tentações, posto que não podem vir de Deus, devemos combatê-las continuamente; mas as

securas espirituais que, segundo os planos de Deus, nos devem servir de exercício, cabe-nos sofrer com paciência.

4. Não nos devemos deixar abater pelos desgostos, nem dizer como o bom Godofredo: Nunca mais terei alegria; porque durante a noite devemos esperar pela luz. E igualmente não se deve dizer nos dias prósperos e felizes da vida espiritual: Nunca mais terei tristeza; porque o sábio nos aconselha: *Nos dias felizes lembra-te da desgraça* (Ecl 11,21).

Nos trabalhos e sofrimentos, portanto, é preciso ter esperanças; nas prosperidades, temor; e num e noutro estado, uma grande e contínua humildade.

5. Ótimo meio, enfim, é descobrir todo o mal a um amigo sábio e espiritual, que possa ajudar.

Enfim, para concluir estes avisos salutares, observo que neste ponto, como em todas as coisas, Deus e o inimigo têm pretensões diametralmente opostas; Deus nos quer levar, por esses trabalhos, a uma grande pureza de coração, a uma renúncia de todo o interesse próprio, com respeito ao seu serviço, a uma abnegação inteira de nós mesmos. Mas o espírito maligno só intenta nos fazer sensuais e tornar-nos enfadonhos a nós mesmos e aos outros, a fim de difamar e desonrar a santa devoção. Mas, se pões em prática os ensinamentos que tenho dado, as aflições muito contribuirão para o teu aperfeiçoamento; por isso, antes de terminar, vou dizer-te ainda duas palavras sobre elas.

Originam-se às vezes essas aflições da indisposição do corpo, que o excesso de vigílias, trabalhos e jejuns extenuaram e causaram um adormecimento e doenças semelhantes, que não deixam de incomodar muito o espírito, em razão de sua íntima união com o corpo. Nestas ocasiões é preciso empregar, quanto possível for, toda a força do espírito e da vontade para fazer muitos atos de virtude; porque, embora pareça que a alma esteja oprimida de modorra e cansaço, nem por isso deixa de ser agradável a Deus o que ela faz. E podemos dizer então como a Esposa dos Cantares: *Eu durmo, mas o meu coração vigia*; e, se nos custa trabalhar assim, será muito maior, como tenho dito, o merecimento da virtude. O melhor remédio, entretanto, é aliviar o corpo e reparar as suas forças por uma honesta recreação.

São Francisco ordenou a seus religiosos de moderarem tanto os trabalhos que não servissem de impedimento ao fervor do espírito. E este glorioso patriarca foi atacado e agitado uma vez por uma melancolia tão profunda que não a podia ocultar inteiramente. Se queria conversar com os religiosos, não o podia, e, se procurava a solidão, achava-se pior ainda. A abstinência e a maceração da carne o extenuavam e a oração não lhe trazia algum alívio. Dois anos passou ele neste estado lastimoso, crendo-se abandonado por Deus. Mas, depois desta atroz tempestade, que ele sustentou humildemente, Nosso Senhor num momento lhe restituiu a tranquilidade. Aprendemos daí que nem os maiores servos de Deus foram livres destas provações e que os outros não se devem admirar, se às vezes lhes acontece alguma coisa semelhante.

PARTE V

Avisos e exercícios necessários para renovar e conservar a alma na devoção

Capítulo 1
Necessidade de renovar todos os anos os bons propósitos

O primeiro ponto deste exercício consiste em reconhecer bem a sua importância. A fragilidade e as más inclinações da carne, que agravam a alma e arrastam para as coisas da terra, nos fazem abandonar facilmente as nossas boas resoluções, a menos que, à força de as guardar, nos esforcemos muitas vezes para nos elevar aos bens celestes, como os pássaros, que, para não cair por terra, precisam bater continuamente com as asas no ar. Eis aí a razão, Filoteia, por que deves renovar assiduamente os bons propósitos de servir a Deus, com receio de que com o tempo recaias no primeiro estado ou, antes, noutro muito pior ainda, porque as quedas na vida espiritual nos colocam sempre muito abaixo ainda do que estávamos antes nas veredas da devoção. Não há relógio, por melhor que seja, a que não se precise dar corda de vez em quando e que não seja necessário consertar e limpar periodicamente; e é necessário às vezes passar óleo nas rodas, para que os movimentos se façam mais suavemente e elas não criem tanta ferrugem. E todo aquele que cuida bem do seu coração lhe deve dar corda, por assim dizer, de manhã e à noite (para o que servem os exercícios indicados), e observar-lhe sempre os movimentos, para o poder regular bem. É necessário que ao menos uma vez ao ano ele examine minuciosa e cuidadosamente as suas disposições, para reparar as faltas que se poderão ter intrometido, renová-las inteiramente e procurar premunir-se quanto possível com a unção da graça que recebe na confissão e na comunhão. Este exercício, Filoteia, há de reparar as tuas forças debilitadas pelo tempo, há de reanimar o fervor de tua alma, há de fazer reviver as tuas boas resoluções e reflorescer em ti todas as virtudes.

Era esta a prática dos antigos cristãos, que, ao celebrar a Igreja a memória do batismo de Nosso Senhor, renovavam, como refere São Gregório Nazianzeno, as promessas do seu batismo. Toma, pois, esta prática, Filoteia, com toda a boa vontade e aplicação; escolhe um tempo oportuno, segundo o conselho do teu diretor, para um retiro de alguns dias; e, então, com todo o recolhimento, medita sobre os pontos seguintes, segundo o método expendido na segunda parte.

Capítulo 2
Consideração da bondade de Deus em nos chamar ao seu serviço, segundo as protestações feitas na primeira parte

1. Considera os pontos dessa protestação. O primeiro é ter detestado, deixado e renunciado para sempre todo o pecado mortal. O segundo é ter consagrado tua alma, teu corpo, com todas as suas potências e faculdades, ao serviço de Deus. O terceiro é que, se cometeres alguma falta, te levantes imediatamente. Não são estas resoluções louváveis, justas, generosas? Pensa, pois, quão razoável, santa e desejável é esta protestação.

2. Considera a quem fizeste esta protestação: a Deus. Se os compromissos tomados deliberadamente com os homens nos obrigam tão estritamente, quanto mais os que assumimos com Deus! *Ah! Senhor*, dizia Davi, *a ti foi que eu disse: Meu coração formou uma boa resolução, da qual nunca me esquecerei.*

3. Considera na presença de quem protestaste servir a Deus: diante de toda a corte celeste. Ah! a Santíssima Virgem, São José, teu anjo da guarda, São Luís e todos os bem-aventurados santos e santas te olharam com particular amor quando, ajoelhada aos pés de Nosso Senhor, consagraste-lhe o teu coração. Fizeram então por ti uma festa de alegria na Jerusalém celeste, e agora ela há de ser comemorada se quiseres renovar a tua consagração.

4. Considera os meios que tiveste para fazer esta protestação. Ah! Quão doce e misericordioso então foi Deus para contigo! Dize-o sinceramente: o Espírito Santo não fez o teu coração sentir todos os seus atrativos? Deus não te atraiu a si pelos laços do seu amor, para te conduzir, por entre as tempestades do mundo, para o porto de salvação? Oh! quantas delícias de sua graça te fazia Ele saborear nos

sacramentos, na leitura espiritual, na oração! Ah! Filoteia, estavas dormindo e Deus velava sobre ti, com pensamentos de paz e de amor.

5. Considera quando Deus te atraiu a si: na flor de teus anos. Oh! que felicidade aprender tão cedo o que só podemos saber tão tarde. Santo Agostinho, tendo-se convertido já com trinta anos, exclamava: *Ó antiga beleza, quão tarde te tenho conhecido! Ah! estavas diante de meus olhos e eu não te via.* Ou poderás dizer: ó delícia eterna, por que não te tenho saboreado mais cedo? Ah! Filoteia, é que então não o merecias ainda. Reconhecendo, pois, a bondade e a graça de Deus, que te atraíram a Ele desde a juventude, exclama com Davi: *Ó meu Deus, esclareceste meu espírito e tocaste meu coração desde a minha mocidade; eternamente louvarei a tua misericórdia.* Caso só tenhas tido essa felicidade em tua velhice, ó Filoteia, que graça que, depois de teres usado tão mal os anos precedentes, Deus cortou o curso de tua miséria antes da morte, que a tornaria eterna!

6. Considera os efeitos de tua vocação; creio que acharás em ti mesma felizes mudanças, comparando o que és com o que foste.

Não pensas que é uma grande coisa saber falar a Deus pela oração, ter inclinação para amá-lo, ter acalmado tantas paixões que te inquietavam, ter evitado tantos pecados e embaraços de consciência, e ter unido tantas vezes a tua alma, pela comunhão, à fonte inexaurível dos bens eternos? Ah! que graças imensas! É preciso ponderá-las, Filoteia, aos pés do santuário; foi a destra de Deus que fez tudo isso. *A mão de Deus, infinitamente boa, dizia Davi, operou este prodígio; a sua destra levantou-me de minha queda. Ah! já não morrerei, mas viverei e cantarei com os meus lábios, meu coração e por todas as minhas ações, as maravilhas de sua bondade.*

Depois destas considerações, que são cheias dos melhores afetos, cumpre concluir simplesmente por uma ação de graças e por uma fervente oração, para pedir a Deus graças e forças de tirar proveito daí; e, retirando-te então com muita humildade e confiança, reservarás as tuas resoluções para tomar depois do segundo ponto deste exercício.

Capítulo 3
Exame da alma sobre o seu adiantamento na vida devota

O segundo ponto deste exercício é um tanto longo, e por isso aconselho-te que o tomes por partes, por exemplo, tomando de uma vez o que concerne com teu procedimento para com Deus; o que diz respeito a ti mesmo, para outra; depois o que toca ao próximo e enfim a consideração das paixões. Não é necessário estar de joelhos senão ao princípio, para te apresentares a Deus, e no fim, para fazer os afetos. As outras partes deste exame, podes fazê-las com utilidade, mesmo na cama, se puderes estar aí algum tempo deitada sem adormecer; mas para isto é necessário que as tenhas lido atentamente. Cumpre que faças tudo o que concerne a este segundo ponto em três dias e duas noites no máximo, tomando cada dia e cada noite algumas horas para isto, conforme te for possível; pois, fazendo estes exercícios em ocasiões distantes uma da outra, eles já não farão as impressões que deverão produzir. Em cada uma das partes do exame hás de notar bem as tuas faltas, quer para as confessar, quer para pedir conselho, quer para formar sobre elas as tuas resoluções e fortificar o teu espírito. Conquanto não seja necessário que nestes e noutros dias te abstenhas de falar, como de costume, convém entretanto que te retires um pouco mais cedo à noite, para que assim possas repousar o corpo e o espírito, como é necessário à meditação. Durante o dia faze frequentes aspirações a Deus, a Nossa Senhora, aos anjos, a toda a Jerusalém celeste; mas dirige-as com um coração cheio de amor a Deus e de desejos de tua própria perfeição.

Para começar, pois, este exame:

1. Põe-te na presença de Deus.

2. Pede luzes ao Espírito Santo, como Santo Agostinho, que exclamava diante de Deus, em espírito de humildade: *Ó Senhor, conheça eu a Vós e conheça-me a mim mesmo!* Dize com São Francisco: *Quem sois vós, meu Deus, e quem sou eu?* Protesta que não queres conhecer o teu adiantamento para te regozijares em ti mesma, mas unicamente para te alegrares em Deus, glorificá-lo e agradecer-lhe. Protesta também que, se, como pensas, achares muito diminuto progresso ou até retrocesso, de nenhum modo te deixarás abater ou desanimar,

mas que, ao contrário, procurarás te animar e melhorar, reparando as tuas faltas com a graça de Deus.

Depois disso examina tranquilamente como tem sido a tua vida para com Deus, para com o próximo e para contigo mesma.

Capítulo 4
Exame do estado da alma
para com Deus

1. Que diz o teu coração com respeito ao pecado mortal? Tens a firme resolução de não cometê-lo por nada neste mundo? Nisto consiste realmente o fundamento da vida espiritual.

2. Que diz o teu coração relativamente aos mandamentos de Deus? Ele os acha bons, suaves e agradáveis?

Ah! Filoteia, quem tem o paladar e o estômago sadio gosta dos pratos bons e rejeita os maus.

3. Que diz o teu coração acerca do pecado venial? É impossível velarmos tanto sobre nós mesmos que não cometamos nenhum.

Mas não há algum para o qual tenhas uma inclinação especial, ou, o que seria pior ainda, ao qual tenhas afeto?

4. Que diz o teu coração dos exercícios espirituais? gostas deles? tu os estimas? não te desagradam? não sentes desgosto neles? a qual deles sentes mais ou menos afeto? Ouvir a Palavra de Deus, ler e falar dela, meditá-la, servir-se dela em suas aspirações, confessar-se, pedir conselhos espirituais, preparar-se para a Santa Comunhão, comungar, moderar as suas inclinações; que há em tudo isso para o que sentes aversão? E, se achas alguma coisa que tenha menos atrativos para ti, examina de onde vem isso.

5. Que diz o teu coração de Deus mesmo? Desagrada-te a lembrança de Deus? ou achas consolo nisso? *Ah!* diz Davi, *lembrei-me de Deus e logo fiquei consolado*. Sentes em teu coração uma facilidade de amá-lo e um gosto particular para saborear este amor? Sentes alegria em pensar na imensidade de Deus, em sua bondade e misericórdia? Se a lembrança de Deus se apresenta ao teu coração no meio das ocupações e vaidades do mundo, tens aí

lugar para ela? Está tua alma possuída dela? Voltas-te para este lado e vais-lhe, por assim dizer, ao encontro?

Certamente que há destas almas. Uma mulher, que sabe que seu marido volta depois de uma longa viagem ou ouve a sua voz, deixa tudo o que está fazendo, mesmo as ocupações mais importantes, para ir recebê-lo; nada mais lhe prende o coração e ela abandona todos os outros pensamentos, para pensar só nele.

O mesmo acontece com as almas que amam a Deus; por mais ocupadas que estejam com outras coisas, assim que a lembrança de Deus se lhes apresenta, perdem logo quase toda a atenção para as outras coisas, pelo prazer que sentem neste pensamento. É um ótimo sinal.

6. Que diz o teu coração a respeito de Jesus Cristo, o homem Deus? Achas nele o teu prazer? As abelhas gostam de estar ao redor de seu mel e as vespas em redor das imundícies; as almas santas põem a sua alegria em estar com Jesus Cristo e têm um amor todo terno para com Ele, mas as almas vãs e loucas vão procurá-lo nas vaidades do mundo.

7. Que diz o teu coração de Nossa Senhora, dos santos e de teu anjo da guarda? Tens amor para com eles? Tens amor especial e confiança em sua proteção? Gostas de suas imagens, de sua vida, de seus louvores?

8. Quanto à tua linguagem, como é que falas de Deus? Falas com gosto, segundo o teu estado e capacidade? Gostas de entoar os cânticos espirituais cheios de amor de Deus?

9. Quanto a tuas obras, pensa se tens tido zelo para a glória exterior de Deus e desejo de fazer alguma coisa para sua honra. Os que amam a Deus estimam também o ornamento de sua casa. Podes dizer que tens renunciado a algum afeto ou a alguma coisa por Deus? É um sinal seguro de amor privar-se de algum objeto de que se gosta, por amor do amado. Que tens, pois, deixado até agora por amor de Deus?

Capítulo 5
Exame do estado da alma para consigo mesma

1. Que amor tens para contigo mesma? Não te amas demasiadamente com amor mun-

dano? Se é assim, desejarás ficar muito tempo no mundo e terás cuidado de estabelecer-te aí; mas, se é para o céu que te amas, terás grande desejo de deixar esta terra; ao menos te conformarás facilmente a deixá-la, quando for a vontade de Deus.

2. É bem regrado este amor para contigo mesma? O amor desregrado é, pois, a nossa própria ruína. Ora, o amor regrado quer que amemos mais a alma que o corpo, que tenhamos mais cuidado de adquirir virtudes do que tudo o mais e que estimemos mais a glória eterna do que as honras mundanas e passageiras. Um coração regrado diz muitas vezes a si mesmo: Que dirão os anjos, se penso nisto ou naquilo? E não dirá: Que dirão os homens?

3. Que amor tens à tua alma? Não te aborrece cuidar dela em suas enfermidades? Ah! deves-lhe este cuidado, quando as paixões a atormentam; é preciso deixar tudo por isso e ainda por cima procurar a caridade de outros.

4. Que pensas de ti mesma perante Deus? Que és um nada, sem dúvida; mas não é grande humildade que uma mosca se tenha por nada ao pé de uma montanha, nem que uma gota de água se tenha por nada em compara-

ção com o mar, nem que uma faísca ou centelha se julgue nada à vista do sol; a humildade consiste em não te preferires aos outros e em não quereres que os outros te deem essa preferência. Como estás neste ponto?

5. Quanto à tua língua, não te vanglorias de uma maneira ou de outra? Não te lisonjeias falando de ti mesma?

6. Quanto a tuas ações, buscas algum divertimento contrário à tua saúde, quero dizer, divertimentos e prazeres vãos, inúteis, até alta noite etc.?

Capítulo 6
Exame do estado da alma para com o próximo

Cumpre amar a um marido ou a uma esposa com um amor suave e tranquilo, firme e contínuo, e isso porque Deus assim o quer. O mesmo digo dos filhos, dos parentes próximos e amigos, segundo o grau dos laços que nos unem.

Mas, para falar em geral, quais são as disposições do teu coração para com o próximo?

Amas sinceramente a todos por amor a Deus? Para o conheceres, relembra-te de algumas pessoas desagradáveis, enfadonhas e mal asseadas; é exatamente aqui onde se mostra o amor ao próximo, por Deus, ainda mais quando se tratam bem aqueles que nos ofenderam por suas ações ou palavras. Examina se teu coração não sente uma grande repugnância em amá-las.

Não és leviana no falar em desproveito do próximo, sobretudo das pessoas que não estimas? Causas algum dano ao próximo diretamente? Com um pouco de cuidado poderás averiguá-lo facilmente.

Capítulo 7
Exame sobre as paixões

Demorei-me mais nos pontos antecedentes, que servem para conhecer os progressos feitos na vida espiritual; porque o exame dos pecados tem em mira a confissão daqueles que não aspiram à perfeição. Entretanto, é bom deter-se em cada um desses pontos, considerando o estado da alma e as faltas maiores que se poderão ter cometido.

Mas, para resumir tudo, limitemos este exercício ao exame das paixões e consideremos unicamente o que temos sido e como nos temos comportado quanto aos pontos seguintes:

Em nosso amor para com Deus, para com o próximo e para com nós mesmos;

No ódio aos pecados, tanto aos nossos como aos dos outros; porque tanto devemos desejar a sua correção como a nossa;

Em nossas ambições de riquezas, prazeres e honras;

No temor dos perigos de pecar e de perder os bens desta vida, se tememos muito a uns e pouco aos outros;

Na esperança fundada, talvez muito, neste mundo e nas criaturas, e pouco em Deus e nas coisas eternas;

Na tristeza, se é demasiada e por coisas que não a merecem;

Na alegria, se é excessiva e por coisas indignas.

Enfim, observemos que afetos embaraçam o nosso coração, que paixões o possuem e em que pontos principalmente ele se tem desregrado. Pelas paixões se conhece o estado da alma; porque, como o violinista toca todas as cordas para afinar as dissonantes, esticando mais umas e afrouxando outras, assim também se, depois de termos observado todas as nossas paixões, as achamos pouco conformes ao nosso desejo de glorificar a Deus, as poderemos ajustar com a graça divina e o auxílio do diretor espiritual.

Capítulo 8
Afetos que se devem seguir a este exame

Depois de reconheceres o teu estado, excita em tua alma estes afetos:

Se fizeste algum progresso, por pouco que seja, agradece a Deus e reconhece que o deves unicamente a sua misericórdia.

Humilha-te diante de Deus, protestando que é por tua culpa que não tens adiantado mais, porque não correspondeste com fidelidade, ânimo e constância às suas inspirações, luzes e moções, quer na oração, quer fora dela.

Promete-lhe louvar eternamente as graças pelas quais Ele operou em ti essas melhoras.

Pede-lhe perdão por tua infidelidade, oferece-lhe teu coração, suplicando-lhe tomar posse dele e torná-lo fiel.

Invoca a Santíssima Virgem, teu anjo da guarda, os santos e principalmente teu padroeiro, São José e os outros.

Capítulo 9
Considerações próprias para renovar os bons propósitos

Depois de teres conferenciado com o teu diretor sobre as tuas faltas e os meios de remediá-las, toma cada dia uma das considerações seguintes para torná-las objeto de tuas orações, conforme o método de meditação expedido na primeira parte, quanto à preparação e afetos, pondo-te antes de tudo na presença de Deus e pedindo-lhe graça para te firmares sempre mais no amor a Ele e no seu serviço.

Capítulo 10
Primeira consideração: a excelência de nossa alma

Considera a nobreza e excelência de tua alma em vista do seu conhecimento deste mundo visível, dos anjos, de Deus, o Senhor soberano e infinitamente bom, da eternidade e em geral de tudo o que é necessário para viveres neste mundo, para te associares aos anjos no paraíso e para gozares eternamente de Deus.

Tua alma tem uma vontade capaz de amar a Deus e incapaz de odiá-lo nele mesmo. Vê quão nobre é teu coração, que, nada achando entre as criaturas que o possa saciar plenamente, só encontra o seu repouso em Deus. Lembra-te vivamente dos prazeres mais queridos e procurados que outrora ocuparam teu coração e julga agora imparcialmente se não eram misturados de muita inquietação, pesar, aborrecimento e amargura, de sorte que teu pobre coração só achava aí misérias.

Ah! com demasiada ânsia vai o nosso coração atrás dos bens criados, persuadido de achar neles a satisfação dos seus desejos; mas assim que os saboreia, reconhece a impossibilidade. Deus não quer que ele ache repouso em parte alguma, como a pomba que saiu da arca de Noé, para que volte a seu Deus, de quem se tem afastado.

Oh! quão grande é a excelência do nosso coração! E por que o conservamos nós, contra a sua vontade, na escravidão das criaturas?

Ó minha alma, deves dizer, tu podes perfeitamente conhecer e amar a Deus; para que te entreténs com coisas tão baixas? Podes pretender a eternidade, e por que procuras bens passageiros? Foi esta a infelicidade do filho pródigo; tendo podido viver à mesa deliciosa de seu pai, viu-se forçado a comer o resto dos animais. Ó alma, tu és capaz de possuir a Deus; infeliz de ti, se te contentas com menos do que Deus!

Eleva, pois, e anima tua alma, que é eterna, a contemplar e aspirar à eternidade de que ela é digna.

Capítulo 11
Segunda consideração: excelência das virtudes

Considera que somente as virtudes e a devoção podem tornar o teu coração feliz neste mundo. Admira as suas belezas e compara-as aos vícios contrários. Quanta suavidade na paciência, na humildade, em comparação com a vingança, a cólera e a tristeza, a ambição e a arrogância; na caridade, na sobriedade, em comparação com a avareza, a inveja e as desordens da intemperança! As virtudes encerram isso de admirável: que a sua prática deixa na alma uma consolação inefável; ao passo que os vícios a lançam num abatimento e desolação deploráveis. Por que, pois, não nos esforçamos por procurar toda aquela alegria?

Quem se dá a um vício não vive feliz, e quem se dá a muitos é um homem infeliz; mas quem tem algumas virtudes já participa de suas alegrias e sua felicidade cresce à proporção que suas virtudes avultam. Ó vida devota, quão bela és tu e quão suave e agradável! Suavizas as aflições e aumentas a suavidade das consolações; sem ti o bem é mal, os prazeres só causam desassossego, perturbação e abatimento.

Ah! quem te conhece bastante pode dizer com a samaritana: *Senhor, dai-me desta água! Domine, da mihi hanc aquam!* Aspiração esta, muito frequente, de Santa Teresa e Santa Catarina de Gênova, embora por motivos diferentes.

Capítulo 12
Terceira consideração: o exemplo dos santos

Considera os exemplos dos santos de todos os tempos, de ambos os sexos, de todos os estados! Que não fizeram eles para amar a Deus com um devotamento completo? Considera os mártires inquebrantáveis em suas resoluções; quantos tormentos preferiram eles sofrer a transigir num só ponto! Olha para essas pessoas tão belas e florentes, ornamentos do sexo devoto, mais cândidas que o lírio, por sua pureza, e mais rubicundas que a rosa, por sua caridade. Umas na idade de 12, 13 e 15 anos, outras com 25 anos, sofreram diversos martírios por não mudar de resolução, não só em matéria de fé, mas também no tocante à devoção, seja quanto à virgindade ou ao serviço dos pobres desamparados, seja quanto ao consolar os condenados ao suplício ou ao sepultar os mortos! Ó meu Deus, que constância mostrou esse sexo fraco em ocasiões semelhantes!

Considera os milhares de santos confessores: com que força de espírito desprezaram o mundo! Que invencível foi a sua firmeza!

Nada conseguiu quebrá-la. Abraçaram sem reserva as suas resoluções e as mantiveram sem exceção. Meu Deus, que não disse Santo Agostinho de sua mãe! Com que constância observou ela seu propósito de servir a Deus fielmente, no estado matrimonial e na viuvez. Quantos impedimentos, obstáculos e acidentes sustentou e combateu Santa Paula, a filha espiritual de São Jerônimo, como ele nos refere! E que devemos nós fazer ante exemplos tão magníficos? Os santos eram o que nós somos, faziam tudo pelo mesmo Deus e trabalharam por adquirir as mesmas virtudes. Por que, pois, não faremos outro tanto em nossa condição e segundo a nossa vocação para manter o nosso propósito e protesto de pertencer só a Deus?

Capítulo 13
Quarta consideração: o amor de Jesus Cristo por nós

Considera o amor com o qual Jesus Cristo tanto sofreu neste mundo, principalmente no

Jardim das Oliveiras e no Calvário. Esse amor tinha a nós em mira e nos impetrava do Pai eterno, por tantos sofrimentos e trabalhos, as boas resoluções e protestos que fizemos de coração e as graças necessárias para as nutrir, fortificar e realizar. Ó santas resoluções, quão preciosas sois, sendo o fruto da paixão de Nosso Senhor! Oh! quanto minha alma vos deve apreciar, pois que tanto custastes a Jesus! Ó Senhor de minha alma, Vós morrestes para me conceder a graça de fazê-las; dai-me, pois, a graça de antes morrer do que perdê-las!

Pondera bem, Filoteia; é certo que o coração de nosso Jesus pregado na cruz estava considerando o teu, que Ele amava e para o qual impetrava por este seu amor todos os bens que tens recebido e receberás no futuro. Sim, Filoteia, bem podemos dizer com Jeremias: *Senhor, antes de eu ter nascido olhavas para mim e me chamavas pelo nome.* Não duvidemos; o bom Jesus, que nos regenerou na cruz, nos leva em seu coração, como uma mãe ao filho em seu seio; a Bondade divina preparou-nos aí todos os meios gerais e particulares de nossa salvação, todos os atrativos e graças de que Ele se serve agora para conduzir nossa alma à perfeição: como uma mãe que prepara para seu filho tudo que sabe lhe poderá ser necessário depois do nascimento.

Ah! meu Deus, devíamos gravar isso profundamente em nossa memória! É possível que eu tenha sido amado e amado tão ternamente de meu Salvador, que Ele tenha pensado em mim individualmente e em todas as pequenas ocasiões pelas quais Ele me quis atrair a si? Na verdade, quanto devemos amar, apreciar e empregar utilmente tudo isso! Dulcíssimo pensamento: o coração terníssimo de Jesus pensava em Filoteia, amava-a e lhe procurava mil meios de salvação, como se não houvesse no mundo outras almas em que Ele tivesse que pensar; o sol, iluminando um único lugar na terra, não seria mais claro que agora, quando a ilumina toda inteira. *Ele me amou*, diz São Paulo, e *se entregou por mim*; como se Ele nada tivesse feito para os outros homens. Eis aí, Filoteia, o que deves gravar em tua alma, para apreciar devidamente e nutrir a tua resolução, que foi tão estimada e preciosa ao coração do Salvador.

Capítulo 14
Quinta consideração: o amor eterno de Deus por nós

Considera o amor eterno que Deus tem tido por nós. Antes da encarnação e da morte de Jesus Cristo a Majestade divina te amava infinitamente e te predestinava para o seu amor. Mas quando é que Ele começou a te amar? Começou a fazê-lo quando começou a ser Deus. E quando começou a ser Deus? Nunca, porque sempre o foi sem começo nem fim; e seu amor por ti, que nunca teve começo, preparou-te desde toda a eternidade as graças e favores que tens recebido. Diz Ele a nós todos pelo Profeta Jeremias: *com um amor perpétuo eu te tenho amado e te atraí a mim, tendo misericórdia de ti*. Ele o diz a ti, como a todos os outros; deves, pois, ao seu amor todas as boas resoluções que tens tomado.

Ó Deus, quão preciosas devem ser essas resoluções que desde toda a eternidade a Divina Sabedoria e Bondade tinha em vista! Quão caras e preciosas devem elas ser para nós! Que não deveríamos sofrer antes que perdê-las, embora todo o mundo tivesse que perecer!

Porque todo o mundo junto não vale uma alma e uma alma não vale nada sem estas resoluções.

Capítulo 15
Afetos gerais sobre as considerações precedentes para concluir este exercício

Ó santas resoluções, contemplo-vos como a santa árvore de vida que Deus plantou no meio de meu coração e que Nosso Senhor veio regar com o seu sangue, para que produza frutos abundantes. Antes mil mortes do que permitir que a arranquem de meu coração. Não, nem as vaidades, nem as delícias da vida, nem as riquezas, nem as aflições me obrigarão a mudar de intenções.

Ah! Senhor, é a vossa bondade paternal que acolheu meu coração, por pior que seja, para trazer frutos dignos de Vós, a quem eu devo tudo isso. Quantas almas não tiveram esta felicidade! Quando, pois, poderei me humilhar bastante perante vossa misericórdia?

Ó resoluções deliciosas e santas, se eu vos conservo, vós me conservareis a mim; se vós viveis em minha alma, minha alma viverá em vós. Ficai, pois, para sempre em meu coração, ó queridas resoluções, eternas que sois na misericórdia de Deus! Estai e vivei sempre em mim, que jamais vos abandonarei.

Depois destes afetos, será bom particularizar aqui os meios de conservar estes propósitos. São principalmente o uso frequente dos sacramentos, as boas obras, o cuidado de corrigir as faltas que reconhecemos ter cometido, a fuga das ocasiões más e a fidelidade em seguir os conselhos que nos derem.

Enfim, protesta vivamente milhares de vezes que hás de perseverar nestas resoluções; como se tivesses o coração nas mãos, oferece-o a Deus, consagrando e santificando-lho inteiramente, dizendo que o pões nas suas mãos, que jamais quererás retomá-lo, mas, sim, que queres fazer sempre e em toda parte a sua santa vontade. Pede a Deus que te renove inteiramente e que te abençoe e conserve assim pelo poder de seu espírito; invoca a Santíssima Virgem, teu anjo da guarda, os santos, São Luís e outros.

Nestas santas disposições, com o coração comovido pela graça, ajoelha-te aos pés de teu diretor espiritual; acusa-lhe numa confissão geral as faltas principais que notaste e, tendo pronunciado diante dele e assinado a protestação que tens feito, recebe a absolvição com esses mesmos sentimentos. Enfim, une o teu coração, assim renovado, a seu princípio e a seu Salvador pela recepção do Sacramento da Eucaristia.

Capítulo 16
Sentimentos que se devem conserva depois deste exercício

No dia em que fizeres esta renovação e nos dias seguintes deves pronunciar muitas vezes com o coração e com os lábios estas ardentes palavras de São Paulo, Santo Agostinho e Santa Catarina de Gênova: Não, eu não pertenço mais a mim; seja viva, seja morta, eu pertenço a meu Salvador. Nada tenho de mim, nada para mim. É Jesus que vive em mim e tudo o que posso chamar meu lhe pertence, ó mundo, permaneces sempre o mesmo! E eu também até agora tenho sido sempre eu mesma; mas dora em diante não o serei mais. Não, não seremos mais nós mesmos, porque teremos o coração mudado; e o mundo, que nos enganou, enganar-se-á sobre nós; porque, notando só aos poucos a nossa mudança, ele nos crerá semelhantes a Esaú e por fim nos achará semelhantes a Jacó.

Nosso coração deve conservar por muito tempo as impressões deste exercício e passar suavemente das meditações aos negócios e conversas com os homens, temendo que a unção das boas resoluções não se perca de repente, porque é necessário que nossa alma esteja compenetrada delas com todas as suas potências, mas sem que isso nos custe um esforço violento do espírito e do coração.

Capítulo 17
Resposta a duas objeções possíveis contra esta introdução

Dir-te-á o mundo, Filoteia, que estes conselhos e exercícios são tantos que quem os quisesse observar não poderia dar atenção a outra coisa. Ah! Filoteia, mesmo que não fizéssemos mais nada, já teríamos feito bastante, pois que teríamos feito o que devemos fazer neste mundo. Mas não estás vendo o ardil do inimigo? É verdade que, se nos dedicássemos todos os dias a estes exercícios, eles nos ocupariam todo o tempo. Mas Deus não os exige senão em certos tempos e em certas ocasiões. Quantas leis civis há no Digesto e no Código que se têm que observar, mas não todos os dias e sempre!

Demais, Davi, embora fosse rei e se ocupasse de negócios de alta importância, dava-se a muito mais exercícios do que os indicados. São Luís, tão grande monarca na guerra e na paz e tão empenhado em administrar a justiça e manejar os negócios do reino, ouvia todos os dias duas missas, recitava as Vésperas e Completas com o seu capelão, fazia a sua meditação, visitava os hospitais, confessava-se todas as sextas-feiras e trazia um cilício. Muitas vezes ele assistia aos sermões, além de muito frequentes conferências espirituais; e com tudo isso nunca faltou ele com a necessária aplicação e exatidão a um só negócio do bem público e sua corte era muito mais bela e florescente do que no tempo de seus antecessores. Pratica, pois, animosamente estes exercícios assim como os deixei apontados e Deus te dará tempo e forças bastantes para os teus negócios, mesmo que fosse necessário fazer parar o sol, como aconteceu a Josué. Sempre fazemos muito quando Deus trabalha conosco.

O mundo dirá que eu pressuponho aqui que Filoteia tenha o dom da oração mental e, como nem todos o possuem, esta introdução não poderá servir para todos. Confesso que o pressupus e que nem todos o têm. Mas é verdade também que quase todos o podem ter, mesmo os mais rudes, uma vez que escolham bons diretores e que, para o alcançar, queiram trabalhar tanto quanto a matéria o merece; e se alguns não o possuírem nem no seu grau mais ínfimo (o que, penso, será muito raro), um sábio diretor suprirá facilmente esta falta, mandando-lhes ler com atenção estas considerações e meditações.

Capítulo 18
Três avisos importantes para terminar esta introdução

Nos primeiros dias de cada mês renova depois da meditação a protestação que se acha na primeira parte, repetindo, depois, no decurso do dia, como Davi: *Não, meu Deus, eu nunca me esquecerei de tua lei, porque nela foi que vivificaste minha alma.*

E, quando sentires alguma mudança maior em ti, toma nas mãos a fórmula da protestação e, proferindo-a de todo o coração, com profunda humildade e abnegação, nisso obterás grande alívio.

Faze profissão manifesta não de ser devoto ou devota, mas de querer sê-lo, e não te envergonhes das ações comuns e necessárias que nos conduzem ao amor a Deus. Confessa resolutamente que procuras fazer a meditação, que preferes morrer antes do que cometer um pecado mortal, que queres frequentar os sacramentos e seguir os conselhos do teu diretor espiritual, o qual, porém, por diversas razões, é melhor que não se nomeie.

Esta declaração sincera de querer servir a Deus e consagrar-se de todo o coração ao seu amor é muito aceita da Divina Majestade, que não quer que se tenha vergonha de seu serviço e da cruz de seu Filho; além disso isto corta o caminho a muitos laços que o mundo nos quereria armar e nos obriga mesmo por nossa honra a sermos perseverantes. Os filósofos declaravam-se filósofos para que os deixassem viver filosoficamente e nós declararemos o nosso desejo de vida devota, para que nos deixem viver devotamente. Se alguém te disser que a devoção não exige a prática de todos esses conselhos e exercícios, não o negues; mas responde com brandura que tua fraqueza é tão grande que precisa de mais auxílios e socorros que outros.

Enfim, eu te conjuro, Filoteia, por tudo o que há de sagrado no céu e na terra, pelo batismo que recebeste, pelo coração com que Jesus te amou, pelas entranhas de sua misericórdia, em que depões a tua confiança, continua com perseverança no teu feliz propósito de levar uma vida devota. Os dias voam e a morte está a bater à porta.

A trombeta, diz São Gregório Nazianzeno, *toca a retirada; cada um se prepare para o juízo, que está próximo*.

A mãe de São Sinforiano, vendo conduzirem seu filho ao martírio, exclamava-lhe: Meu filho, meu filho, lembra-te da vida eterna, olha para o céu e contempla quem ali reina. Eis-te aí no termo desta vida curta e miserável.

Eu também te digo, Filoteia: olha para o céu e não o queiras trocar pela terra; olha para o inferno e não te lances aí por um prazer momentâneo; olha para Jesus Cristo e não o renuncies pelo mundo; e, quando a prática das virtudes te parecer árdua, canta com São Francisco:

"É tão grande o bem que espero,

Que a dor com prazer tolero!"

Viva Jesus! Ao qual com o Pai e o Espírito Santo sejam dadas honra e glória, agora e sempre, por todos os séculos dos séculos.

Assim seja.

Índice alfabético*

Abjeção III, 6.
Afetos, na meditação II, 6.
Alma, seu valor V, 10.
Alegria III, 23.
Amizade I, 4; III, 17-22.
Amor a Deus I, 1; V, 4.
– de Deus por nós V, 13-14.
– ao próximo III, 15-16; V, 6.
– Cf. tb. Amizade. Amor-próprio III, 15, 36; IV, 11; V, 5.
Aridez espiritual II, 9; IV, 14-15.
Avareza III, 14-15; IV, 10.

Bailes III, 33-34.
Benefícios de Deus I, 11; V, 2.
Bens terrenos III, 10, 15; V, 10.

* A numeração remete ao sumário. A romana indica a parte e a arábica o capítulo.

Bispos – Prefácio.
Bondade III, 34,36.

Calúnia III, 7, 29.
Cargos, como desempenhá-los III, 10.
Caridade III, 1, 24, 27-28, 36. Cf. Amor.
Casados, avisos aos III, 38-39.
Castidade III, 12-13, 27.
Céu I, 17.
Ciúmes III, 28.
Cólera III, 8.
Comunhão II, 20; III, 13.
Confissão I, 6, 19; II, 19.
Conformidade com a vontade de Deus III, 16.
Confrarias II, 15.
Consciência III, 29.
Consolações espirituais IV, 13, 15.
Conversas III, 24, 26, 30.
Coração de Jesus V, 13.
Correção III, 18, 29.
Criação do homem I, 9.

Dança – cf. Bailes.
Desânimo IV, 2.
Desapego I, 24; III, 15.
Desconsolações espirituais – cf. Aridez.
Desejos III, 37; IV, 11.
Detração – cf. Maledicência.
Devoção – cf. Vida espiritual.
Dias santos II, 15.
Diretor espiritual – Prefácio; I, 4; IV, 14.
Divertimentos I, 23; III, 31-34.
Doenças III, 3.
Domingo – cf. Dias santos.

Educação III, 8.
Escritura Sagrada II, 17; III, 13.
Esmola III, 15.
Eucaristia II, 14. Cf. Comunhão.
Eutrapelia III, 27.
Exame de consciência II, 11; V, 8.

Fama III, 7.
Fenômenos místicos III, 2.

Fidelidade a Deus III, 35.
Fim do homem I, 10.

Graça – Prefácio.
Graças particulares III, 5.

Hipocrisia III, 1.
Honra III, 4.
Humildade III, 4-7.

Igualdade de alma IV, 13.
Imaginação II, 4.
Imperfeições I, 5, 24.
Inferno 15, 17.
Inquietação IV, 11.
Inspirações da graça II, 18.
Irmandades – cf. Confrarias.

Jaculatórias II, 13.
Jejum III, 23.
Jogos – cf. Divertimentos.

Juízo final I, 14.
Juízos temerários III, 28.

Leitura espiritual II, 17.

Maledicência III, 7, 29.
Mandamentos I, 1; V, 4.
Mansidão III, 8-9.
Matrimônio III, 38-39. Cf. Casados.
Meditação II, 1-8.
Mentira III, 30.
Missa S. II, 14.
Modéstia III, 24-25.
Morte I, 13.
Mortificação III, 23.
Mundo IV, 1.
Murmuração – cf. Maledicência.

Namoro III, 18.
Negócios III, 10.
Nossa Senhora II, 16.

Obediência I, 4; III, 11.
Oração II, 1, 11, 14-15; V, 17.
Oração litúrgica II, 15.

Paciência III, 3.
Paixões V, 8.
Palavra de Deus II, 17; III, 13.
Pecado I, 6-8, 12, 22.
Penitências III, 23.
Pensamentos bons II, 13.
Perseverança IV, 1; V, 17-18.
Piedade V, 11.
Pobreza III, 14-16.
Precipitação III, 10; IV, 11.
Presença de Deus II, 2, 12-13.
Pressa – cf. Precipitação.
Propósitos V, 1, 9-15.
Pureza III, 26, 41.
Purificação da alma I, 5.

Recolhimento II, 12.
Reforma interior III, 23. cf. Purificação.

Repreensão – cf. Correção.

Reputação – cf. Fama.

Resoluções II, 6, 8. Cf. Propósitos.

Respeito humano IV, 1; V, 18.

Retiro V, 1-7.

Riqueza III, 14.

Rosário II, 1.

Santificação IV, 2.

Santos II, 16-17; V, 12.

Secura espiritual – cf. Aridez.

Serviço de Deus I, 20-21; V, 2.

Sermões II, 17.

Sociabilidade III, 24, 27.

Sofrimentos III, 3, 37.

Solidão do coração – cf. Presença de Deus.

Tentação III, 37; IV, 3-9.

Tibieza I, 7.

Tristeza IV, 12.

Vaidade III, 4; IV, 10.
Vanglória III, 4.
Vida espiritual I, 1-2, 18; IV, 13.
Vida social – cf. Sociabilidade.
Virgindade III, 41.
Virtudes III, 1-2, 11; V, 11.
Viúvas III, 40.
Vocação VI, 2.
Vontade de Deus III, 16.

Conecte-se conosco:

f facebook.com/editoravozes

⊙ @editoravozes

𝕏 @editora_vozes

▶ youtube.com/editoravozes

☎ +55 24 2233-9033

www.vozes.com.br

Conheça nossas lojas:
www.livrariavozes.com.br

Belo Horizonte – Brasília – Campinas – Cuiabá – Curitiba
Fortaleza – Juiz de Fora – Petrópolis – Recife – São Paulo

EDITORA VOZES LTDA.
Rua Frei Luís, 100 – Centro – Cep 25689-900 – Petrópolis, RJ
Tel.: (24) 2233-9000 – E-mail: vendas@vozes.com.br